JN074404

中小企業の経営を支援する会 著

公認会計士 田村亮人 監修

弁護士 鈴木郁子 監修

最初からそう教えて
くれればいいのに！

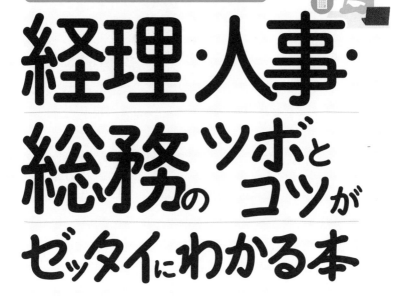

経理・人事・総務のツボとコツがゼッタイにわかる本

秀和システム

はじめに

　中小企業庁から公表された「中小企業白書2021」によると、日本には小規模事業者が約304.8万者、中規模企業が約53.0万者（2016年の企業者数）存在するそうです。

　大企業であれば、経理・人事・総務といった管理部門に相応の人員を割くことができますが、中小企業では人材不足や経験不足により、管理業務がおざなりになっているケースもあるように見受けられます。日本では、会社の規模の大小を問わずに適用されるルールが存在しており、どんな会社でも税法に従って確定申告をしなければなりませんし、従業員を雇用している会社は労働法を遵守しなければなりません。コンプライアンスは大企業だけをターゲットにしているのではなく、中小企業にも求められているのです。

　これらの管理業務ではミスが許されません。経理のミスは決算のミスとなり、納税額のミスとなります。そうなると、税務申告のミスとして加算税が課せられてしまい、結局は経営の負担になってしまうのです。中小企業にとっては、想定外の支出になってしまうこともあり、会社の浮沈問題になってしまうことすらあります。しかし経営資源の限られた中小企業では、「ないないづくし」の中で、正確に管理業務を遂行していかなければなりません。本書では、正確に管理業務を遂行していくために必要な基礎知識やノウハウを、中小企業の限られた経営資源を想定して、ひとり管理部でもできるように紹介していきます。

　また、昨今の新型コロナウイルス感染症拡大により、従業員全員がオフィスに出社して業務を実施することが当然ではなくなりました。ただ、大企業ではリモートワークの導入が進んでいますが、中小企業でリモートワークを実現するのは相当の困難が伴うようです。

　本書では、中小企業においてもリモートワークを実現できるよう、章を設けて解説しています。こちらは類書に比して厚く説明していますので、ぜひ参考にしてください。

　本書の構成は以下の通りとなっています。

第1章　管理部門の仕事

　管理部門の仕事の全体像を確認していきます。

第2章　会社運営の基礎

会社を運営していく上で必要となる事項を確認していきます。

第3章　日常業務
第4章　月次で発生する業務
第5章　四半期次・半期次で発生する業務
第6章　年次で発生する業務
第7章　不定期に発生する業務

管理部門の業務の具体的な内容を発生するタイミングごとに分けて説明していきます。

第8章　管理業務のリモート化
第9章　リモート化を支えるシステムインフラ

コロナ禍で注目されるようになったリモートワークを中小企業の管理部門でも実現するために必要な事項を説明していきます。

また、巻末に「職能別対照表」と題して、各節の内容がそれぞれ経理・人事・総務のどの職能に対応するかまとめました。

たとえば、管理業務のなかでも経理のみを担当する方は「経理」に〇が付いている節を拾い読みすれば、一通り業務が遂行できるように構成してあります。ぜひご活用ください。

本書は、法律の専門家である弁護士と経理の専門家である公認会計士、労務の専門家である社会保険労務士、税務の専門家である税理士がチームを組んで執筆しました。中小企業の管理業務の助けになれば、著者一同望外の喜びです。

著者を代表して

公認会計士　田村亮人

最初からそう教えてくれればいいのに！

経理・人事・総務のツボとコツがゼッタイにわかる本

Contents

第7章　**不定期に発生する業務**

第9章　リモート化を支えるシステムインフラ

第1章 管理部門の仕事

1 業務の分類

管理部門の業務はどのような業務があるの？

管理部門の業務は大きく分けて、経理・人事・総務があります！

経理

経理の業務は主に、会社の状況を数字で表し、管理する業務です。

- **現金預金**等の管理や会社で行われている取引の管理
- 取引内容に応じた**会計処理**
- **月次決算、年次決算、決算書の作成**
- 税金計算、税金の申告
- **事業計画**の作成や、**資金調達**

　経理の仕事は、会社の**経営成績**や**財政状態**を把握し、その数値をもとに将来の計画を立てるため、重要な仕事です。

　また、会社運営には、**決算書**の作成や、**確定申告書**に基づいた法人税や消費税などの納付が必須となるため、経理業務は必ず行わなくてはいけない業務です。

　会社の税務に関する専門家としての**公認会計士**や**税理士**に必要に応じて専門家としてのアドバイスを受けつつ、適切な処理や、節税対策を行うこともできるため、有効に活用しましょう。

人事

　人事は、給与等の計算や、従業員の評価を始めとする、従業員の処遇に関する業務です。

- **給与計算、賞与計算、年末調整**
- **社会保険、労働保険**の取扱い
- **就業規則、36協定**等の作成
- 従業員の**採用**と**退職**に関する手続き
- **労働時間管理、休日・割増賃金**
- **年次有給休暇、振替休日**と**代休**の扱い
- **健康管理、休職・休業**

　人事の仕事は、会社の根幹をなす人財に関するものであり、適法かつ適切な従業員の処遇の基礎となる重要な仕事です。また、個々の従業員に関する問題を取扱いますので、個人情報の取扱い等に慎重な対応を求められます。また、問題への初期対応等で従業員の不満の程度が大きく変わる等、適時適切なコミュニケーションも大事になります。

　人事については、**社会保険労務士**や**弁護士**等の専門家のアドバイスを受けることが考えられます。

総務

　総務は、会社が適法に活動を行うために欠かせない事務等、他のどの部署にも所属しない業務を広く包含します。会社内部の連携や、対外的な業務等多岐にわたりますし、会社によって担当する業務内容も異なりますが、主に以下の業務があります。

- **印鑑**の管理
- **書類**の整理と保存
- **印紙・切手**や**備品**の管理
- **定款**や**登記事項証明書**の管理
- **契約書**の管理
- **マイナンバー**管理
- **株主総会、取締役会、監査役会**等の事務運営

2 管理部門の業務スケジュールってどんな感じ？

1年を通じた管理部門の仕事のスケジュールを教えて！

管理部門の仕事をカレンダー形式でまとめました！

1年間を通じた主要イベント

　会社として行わなければいけない業務は、法律などで定められたものであり、時期を守って必ずきちんと処理する必要があります。

　こうした業務には、一定の頻度で定期的に行う必要があるものと、その都度随時行うものの2種類があります。また、前者には、毎日・毎週レベルで実施しなくてはいけないものから、年に1度・数年に1度行えばいいものまであります。

　ここでは、年に1度～数か月に1度の頻度で行う必要のある主な業務について、経理・人事・総務ごとに分けてカレンダーにまとめてみました。

　なお、経理の業務は会社の決算月に応じて変わることが多い（年末調整、支払調書等作成、償却資産税申告は除く）一方で、人事の業務は暦の月が決まっているものが大半となります。

▼業務スケジュール

※ 3月決算の会社の一例

	経理	人事	総務
毎月あるもの	入金・支払の管理源泉税の納付	給与・預り金の計算 社会保険料の納付	
4月	決算業務の開始	新入社員対応	
5月	法人税等の確定申告・納付 消費税等の確定申告・納付		
6月		労働保険の年度更新・納付 (7月10日まで)	株主総会の開催
7月		社会保険料算定基礎届の届出	
8月			
9月			
10月			
11月	(法人税等の中間申告・納付)	年末調整の準備 (書面の配布、回収等)	
12月		年末調整 源泉徴収票の交付	大そうじ
1月	法定調書・給与支払報告書作成 償却資産税申告・納付		
2月			
3月	棚卸		

1

3 会社の重要イベントには何がある？

これだけは忘れちゃいけない、ということがあれば教えてください！

このページに書いてあることだけは絶対やりましょう！

管理部門として必ずやらなくてはいけないこと

　管理部門の仕事には、法律などで定められたものがあり、時期を守って必ずやらなくてはいけません。

　言い方を変えれば、管理部門はこうした「必ずやらなくてはいけない」ことを確実にかつスムーズに進めるためにあると言っても過言ではありません。

　必要な手続きをきちんとこなすために、このページに書いてあることを頭に入れておきましょう。

▼重要イベント：経理の仕事

業務	時期	やること
年次決算	決算月から1か月程度	経理を1年で締めて、年度の業績を確定させる業務です。日々記帳した帳簿の見直し・修正をするだけではなく、年度の業績を算定するための特別な処理（決算整理仕訳）もする必要があります。
税務申告	決算月から2か月程度	1年間の利益に応じて、法人税（個人事業主なら所得税）・住民税・事業税を計算して納めます。そのために、先に年次決算を確定させておく必要があります。
法定調書の作成	毎年1月	従業員に支払った給与・賞与や弁護士・税理士に払った報酬、そしてこれらを支払った際に預かった源泉税について、1年分の合計を取りまとめて、税務署に報告する書類を作成します。

▼重要イベント：人事の仕事

業務	時期	やること
預り金の計算	毎月	給与を支払う際に、従業員から預かる源泉税・住民税・雇用保険料・社会保険料を計算して、支払額から天引きします。 預かったお金は、労働保険料を除き、原則として翌月に納めます。
労働保険の年度更新	毎年6月1日〜7月10日	前年度の支払額に応じて、新しい年度の労働保険料を計算して、事前に納めます。
年末調整	毎年11月〜12月	毎月の給与の支払い時に天引きした源泉税の合計と、1年間の給与から計算された所得税の差額を計算し、年末に従業員に対して差額を支払います。
健康診断	毎年1回	従業員に健康診断を受けさせます。

▼重要イベント：総務の仕事

業務	時期	やること
株主総会の開催	通常は決算月の3か月後	1年の会社の事業内容を承認・確定させるために、株主総会を開き、議事録を残しておきます。
法人登記	必要に応じて	役員が変わったときなど、必要に応じて法人登記をする必要があります。
大そうじ	6か月に1回	実は、「労働安全衛生規則」という法律（厳密には省令）で大そうじをすることが義務付けられています。

4 法人と個人（個人事業主）の違いって？

経理 人事 総務

法人と個人のどちらで事業を行った方がいいのかな。何が違うの？

法人は、法律により権利義務の主体となることが認められる存在です。個人と異なり、設立手続きや意思決定のルール等が法律で定められている点、注意が必要です

法人とは

個人（自然人、人間）は、当然に、法律関係の当事者となることができます。契約の当事者となったり、権利義務の主体となるのに、特別な手続きは必要ありません。意思決定も、自分の意思で決めればよく、特に手続きは必要ありません。

これに対して、**法人**は、法律が特に法律関係の当事者となることを認めた存在です。法人というモノが自然に存在するわけではなく、社会生活上の便宜のために、**法人格**が与えられているにすぎません。したがって、法人が存在するためには、法が定めた**設立手続き**を経る必要があるのが原則です（後記参照）。また、法人が意思決定をするためには、法が定める方法による必要があるのが原則です（6-18節、6-17節参照）。

なお、法人には、様々な種類がありますが、以下では、株式会社を念頭においてご説明します。

▼法人の種類

分類	名称	根拠法等
営利法人	株式会社	会社法
	合同会社、合資会社、合名会社	
	特定非営利活動法人（NPO法人）	特定非営利活動促進法
非営利法人	社団法人、財団法人	一般社団法人及び一般財団法人に関する法律　等
	学校法人、医療法人、社会福祉法人、管理組合法人　等	私立学校法、医療法、社会福祉法、区分所有法　等

法人と個人とは別の法人格であること

　株式会社を設立した場合、あくまで、株式会社と、その株式会社に関係している個人 (株主、取締役等) は、別の法人格 (権利義務の主体) となります。

　自分の権利義務関係は自分で決めるというのが民法の大原則であり (自己決定、自己責任)、法人が行った行為の効果はあくまで法人にのみ帰属し、別人格である個人には及ばない (個人が義務を負うことはない) のが原則です (**株主有限責任の原則**)。

　したがって、個人事業主として事業を行っており、個人として多額の負債を負った場合、自身が所有している財産すべてを返済に充てなければなりませんが、株式会社を設立して事業を行っており、株式会社が多額の負債を負った場合には、会社が所有している会社財産を返済に充てればよく、株主や取締役個人は、原則として、個人の財産を犠牲にして返済する義務を負いません。

1

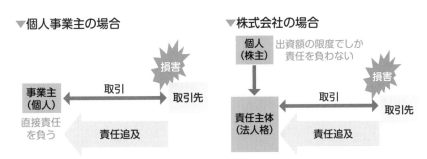

▼個人事業主の場合　　　　　▼株式会社の場合

　反対に、株式会社に対する債務について株主や取締役等の個人にも責任を負ってほしい場合には、株式会社を契約当事者とするだけではなく、当該個人を保証人にする必要があります。

コメント

　なお、例外的に、取締役としての任務を怠って他者に損害を与えた場合等には、当該個人が直接責任を負うこともあります。また、株式会社に実態がないような場合には、株主個人と株式会社を区別することが許されず、株主に責任が認められることもあります。株式会社を設立すれば個人が一切責任を負わなくなるというわけではありません。

27

設立（開業）手続き

　個人事業主は、設立手続きは不要であり、開業に当たって**税務署**に**開業届**を提出すれば足ります。

　他方で、**法人**の場合は、そもそも設立手続きを経る必要があります。株式会社は、本店所在地で、設立の**登記**をすることにより成立します。株式会社の設立に必要な手続きの概要は、以下のとおりです。そして、設立後に、**税務署**その他官公署への法人設立届出等を行います。

①定款の作成、認証（2-2節参照）
②会社代表印の作成
③資本金の払込
④登記申請（2-1節参照）、会社代表印届出

税務上の取扱いの違い

　個人事業主に対しては、**所得税**が課税されるのに対して、**法人**では、**法人税**が課税されるという違いがあります。また、住民税や事業税も、個人か法人かにより税率が異なります。

　更に、**個人事業主**の場合は自分に給料を払って経費にするということはできませんが、**法人**の場合、経営者に**役員報酬**を支払い、経費にすることができる等、経費についても差があります。

社会保険の取扱いの違い

　個人事業主の場合は、特定の業種で従業員が常時5人以上いる等の要件を満たす場合に限り**強制適用事業所**となりますが、**法人**の事業所はすべて**強制適用事業所**となります。

第2章
会社運営の基礎

1 登記事項とは？

会社はどんなことを登記しないといけないの？　登記事項証明書って何？

会社は、商号や代表者等の所定の事項を登記所に申請して登記しなければなりません。この登記事項を法務局が証明する書面が、登記事項証明書です

登記事項

　設立の登記には、株式会社を成立させる効力があります（1-4節を参照）。登記は、会社の概要を一般の人が知ることができるようにする**公示制度**であり、登記しなければならない事項は、すべて法律で定められています。

　すべての会社において設立登記において登記しなければならない**登記事項**は、基本的に以下のとおりです。会社の状況に応じて、この他の事項（株式の内容、株券発行会社である旨、取締役以外の機関設計、役員等の免責等）も登記する必要が生じます。

　なお、登記事項と定款の記載事項（2-2節参照）とは異なります。定款は会社の根本規範として作成されるものであり、登記とは目的が異なるためです。

　　①商号
　　②目的
　　③本店の所在場所
　　④資本金の額
　　⑤発行可能株式総数
　　⑥発行済株式の総数、その種類及び種類ごとの数
　　⑦取締役の氏名
　　⑧代表取締役の氏名及び住所
　　⑨公告方法

登記すべき事項に変更が生じた場合は、その都度、原則として変更が生じたときから**2週間以内**に、変更の登記を行う必要があります（7-20節参照）。

登記事項証明書

登記事項証明書とは、コンピュータ化された登記簿に記録されている事項の全部又は一部を証明した書面のことです。最寄りの登記所で**登記事項証明書交付申請書**を提出して、手数料を納付すれば、誰でも会社の登記事項証明書を取得することができます。

登記事項証明書には、以下の4種類があります。

▼登記事項証明書の種類

証明書名	記載される事項
現在事項証明書	証明書が発行される時点で効力を有する登記事項
履歴事項証明書	現在事項証明の記載事項に加え、過去（当該証明書の交付請求日の3年前の日が属する年の1月1日から請求の日までの間）に抹消された事項等 なお、抹消された事項には下線が引かれています。
閉鎖事項証明書	会社が解散している場合、本店移動等により管轄の法務局が変わった場合等、閉鎖された登記記録に記録されている事項
代表者事項証明書	会社の代表者の代表権に関する事項 （資格証明書に代わる証明書として使われます）

なお、登記所のコンピュータ化前は、紙の登記簿で記録されていました。コンピュータ化に伴い閉鎖された登記簿等、コンピュータで管理されていない登記簿の写しは、**登記簿謄本**（全部の写し）又は**登記簿抄本**（一部だけの写し）といいます。

以下は、法務省のホームページ（http://www.moj.go.jp/MINJI/minji06_00001.html）で提供されている登記事項証明書（商業・法人登記）の見本です。

▼履歴事項全部証明書のサンプル

履 歴 事 項 全 部 証 明 書

東京都中央区日本橋茅場町一丁目2番1号
第一電気株式会社

会社法人等番号	0000-00-000000
商　号	第一電気株式会社
本　店	東京都中央区日本橋茅場町一丁目2番1号
公告をする方法	官報に掲載してする
会社成立の年月日	令和1年10月10日
目　的	1　家庭電器用品の製造及び販売 2　家具、什器類の製造及び販売 3　光学機械の販売 4　前各号に附帯する一切の事業
発行可能株式総数	400株
発行済株式の総数 並びに種類及び数	発行済株式の総数 　　200株
資本金の額	金300万円
株式の譲渡制限に 関する規定	当会社の株式は、株主総会の承認がなければ譲渡することができない
役員に関する事項	取締役　　　法 務 太 郎
	東京都千代田区霞が関一丁目1番1号 代表取締役　　法 務 太 郎
登記記録に関する 事項	設立 　　　　　　　　　　　　　　令和　1年10月10日登記

整理番号　カ000000　　＊　下線のあるものは抹消事項であることを示す。　　　1／2

出典：法務省ウェブサイト（http://www.moj.go.jp/MINJI/minji06_00001.html）の【参考】登記事項証明書（商業・法人登記）の見本（http://www.moj.go.jp/content/001309413.pdf）より

2 定款とは？

定款って何？　必要なものなの？

定款とは、会社の最も根本的な規則であり、設立時に必ず作成する必要があります。定款に記載する事項は、会社法で規定されています

定款とは

定款とは、会社の**商号**、**目的**、**本店所在地**等、会社に関する基本的な事項を記載するものであり、会社の最も根本的な規則です。会社設立時には必ず作成する必要があります。会社設立時に作成された定款は、最初の定款という意味で、特に**原始定款**と呼ばれます。株式会社の場合、原始定款は、印紙を貼付し、**公証役場**で**認証**を受ける必要があります。

会社法は、法人格が特別に付与された会社について、内部関係（機関構成）、外部関係（外部に対して負う責任等（民法の変容））の最低限のルールを定めた上で、その他の事項については会社の自治に委ねています。この会社自治の根底が定款であり、会社は、自分で定めた定款の内容に反することはできません。定款の内容を変更する必要がある場合は、**株主総会**の決議を経る必要があります（7-20節参照）。

株式会社は、定款を**本店**及び**支店**に備え置かなければなりません。なお、原始定款は、公証役場でも20年間保管されますので、会社が紛失してしまった場合には、公証役場で謄本を取得することで内容を確認することができます。

コメント

会社法は、当事者自治を原則とした上で、その例外として、定款等によっても変えられない一定のルール（自治の限界）を定めています。裏をかえせば、自社の意思決定に必要な手続きを確認するためには、会社法の確認だけでは十分ではなく、必ずその会社の定款等もあわせて確認する必要があります。定款は必ず保管をしておいてください。

定款の記載事項

定款の記載事項には、以下の種類があります。

① 絶対的記載事項

　　必ず定款に記載しなければならないと法律上で定められており、漏れがあると定款そのものが無効となってしまう事項。

　　具体的には、以下の事項が該当します。

　・目的
　・商号
　・本店所在地
　・設立に際して出資される財産の価額又はその最低額
　・発起人の氏名又は名称及び住所

② 相対的記載事項

　　定款に記載してもしなくても良い（定款自体は有効）のですが、定款に記載した場合に限り効力が認められる事項。

　　たとえば、以下の事項が挙げられます。

　・変態設立事項（現物出資、財産引受、発起人の報酬、設立費用）
　・株主名簿管理人
　・株式の内容（譲渡制限等の定め）、単元株式数、株券発行
　・相続人に対する売渡請求
　・種類株式の発行
　・招集通知期間の短縮
　・株主総会の定定数や決議要件（会社法と異なる定めをする場合）　等

③ 任意的記載事項

　　定款に記載してもしなくてもよく（定款自体は有効）、また、定款に記載しなくても効力が否定されるものではない事項。

　　たとえば、以下の事項が挙げられます。

- ・株主名簿の基準日、名義書換手続き
- ・株主総会の招集時期、議長
- ・取締役等の役員の数、役付取締役、取締役会の招集権者
- ・事業年度
- ・公告の方法　等

コメント

　中小の会社の場合、絶対的記載事項ではありませんが、知らない株主が会社に入ってこないように、株式に譲渡制限の定めをおいたり、相続人に対する売渡請求の定めをおくことが多いので、記載する必要がないか検討した方がよいでしょう。

2

　定款に記載する内容は、株式の内容や機関設計をどうするか等により変わりますので、会社ごとに、どのような会社にしたいのか、そのためには何を記載すべきなのかを検討する必要があります。

　日本公証人連合会のホームページ（http://www.koshonin.gr.jp/format）では、株式会社の定款記載例が紹介されています。

3 税務関係でやらなければ いけないことはどんなこと？

税務関係でやらなければならないことの概要を教えてくれるかな

税務署等への届出や税金の申告・納税が必要になりますよ！

税務署等への届出

　主に、会社を設立する際に、**税務署**や**都道府県税事務所**などに提出しなければならない書類がいくつかあります。この書類の中には、提出していないと**税制上の優遇**を得られないものもあるため注意が必要です。

　また、どの書類を提出したか管理できるように、提出した書類の控えは必ず貰うようにしましょう。紙で提出する場合、税務署や都道府県税事務所などに提出する書類を二部作成する必要があります。そのうち一部は提出し、もう一部を控えとして受け取ります。控えには日付が入っている税務署や都道府県税事務所などの**収受印**を押してもらいましょう。なお、電子申告をする場合には、税務署や都道府県税事務所などが受領したことを証明する**メール詳細**という電子データを入手でき、これが収受印の代わりになります。

　会社設立時に提出しておくべき書類は以下のとおりです。

　①税務署に提出する書類
　・法人設立届出書
　・給与支払事務所等の開設・移転・廃止届出書
　・青色申告の承認申請書
　・源泉所得税の納付の特例の承認に関する申請書
　・申告期限の延長の特例の申請書

②都道府県税事務所、市町村役場に提出する書類

・法人設立届出書

法人税の申告・納税

　会社は原則として**決算日の翌日から2か月以内**に法人税や法人事業税・住民税などの**申告書**を税務署や都道府県税事務所などに提出し、**納税**する必要があります。原則として、決算日から実際に申告・納税するまでの2か月間で**決算書**を作成して**株主総会**で承認を受け、**申告書**を作成する必要があります。余裕を持ったスケジュールで動くようにしましょう。

　なお、**税務署**と**都道府県税事務所**などに**申告期限の延長の特例の申請書**を提出し、承認されると、申告期限が**決算日の翌月から3か月以内**に延長（1か月分延長）されます。もっとも、この場合でも納税期限は延長されないため、決算日の翌月から2か月以内に概算で納税し、申告時に差額を納付することになります。利子税や延滞金がかかるので、申告期限を延長する場合には税理士に相談するのがよいでしょう。

消費税の申告・納税

　原則として、設立したばかりの会社に消費税はかかりませんが、第3期から消費税がかかる会社があります。大まかに説明すると、たとえば、2021年3月期の売上高が1,000万円を超える場合、2023年3月期から消費税がかかるようになります（業種や売上の種類によって判定結果が異なるため、2021年3月期の売上高が1,000万円を超えそうな場合には税理士に相談することをお勧めします）。

　消費税も法人税などと同じく、決算日の翌日から**2か月以内**に申告・納税することが必要です。

その他の税金

　その他、役員や従業員、専門家等の個人に給与や報酬を支払う際に、**源泉所得税**を預かり、当該個人の代わりに納税する必要があります。また、土地や建物、機械、車などを購入した場合には、**不動産取得税・固定資産税・自動車税**などがかかることがあります。加えて、紙で領収書を発行したり、契約書を作成したりする場合には、**印紙税**がかかり、収入印紙を領収書や契約書などに貼る必要がある場合があります。

4 就業規則とは？

従業員を雇うときには、必ず、会社に就業規則を準備しなければならないの？

常時10人以上の労働者を使用する事業所は、就業規則を作成し、労働基準監督署に提出しなければなりません

就業規則とは

就業規則とは、労使間のトラブルを回避するために、労働時間や賃金をはじめ、人事・服務規律など、労働者の労働条件や待遇の基準を統一的・画一的に定めたものをいいます。

コメント

従業員の雇用条件を定めるものとして、就業規則の他に、雇用契約がありますが（7-7節）、就業規則より低い基準で定めた雇用契約はその部分について無効となりますが、一方で、就業規則より有利な条件を定めた雇用契約は、有効となります。

就業規則の作成義務がある場合～ 10人以上の事業所には必要～

就業規則は、**常時使用する労働者**が**10人以上**の**事業場**のある会社について就業規則を作成する義務が生じます。

　①会社単位ではなく、事業所単位で提出する必要があること
　②10人には、正社員だけでなく、契約社員やパートタイムも含まれること

に注意が必要です。

就業規則の内容

必ず規定しなければならない事項（**絶対的記載事項**）としては以下のものがあります。

①労働時間関係
始業及び終業の時刻、休憩時間、休日、休暇並びに労働者を二組以上に分けて交替に就業させる場合においては就業時転換に関する事項

②賃金関係
賃金の決定、計算及び支払の方法、賃金の締切り及び支払の時期並びに昇給に関する事項

③退職関係
退職に関する事項（解雇の事由を含みます）

定めた場合に効力を有する事項（**相対的記載事項**）としては以下のものがあります。

①退職手当関係
適用される労働者の範囲、退職手当の決定、計算及び支払の方法並びに退職手当の支払の時期に関する事項

②臨時の賃金・最低賃金額関係
臨時の賃金等（退職手当を除く）及び最低賃金額に関する事項

③費用負担関係
労働者に食費、作業用品その他の負担をさせることに関する事項

④安全衛生関係

⑤職業訓練関係

⑥災害補償・業務外の傷病扶助関係

⑦表彰・制裁（懲罰）関係

⑧事業場の労働者すべてに適用されるルールに関する事項

以下の**厚生労働省のモデル就業規則**を参考に作成してみるとよいでしょう。必ず、会社の実情にあうように作成してください。

https://www.mhlw.go.jp/content/000496428.pdf

コメント

　労働法上必要な規定などの雛形は、厚生労働省や労働基準監督署のホームページにのっていることが多いので、積極的に利用してみてください。

コメント

　賃金に関するものや、育児介護休業・休暇に関するものを、賃金規定や、育児介護休業・休暇規定とすることは可能です。ただ、あくまで就業規則の一部なので、10名以上の事業所の場合は、これを労働基準監督署へ提出しなければなりません。変更する場合も同じです。

就業規則の作成手続き（意見の聴取と労基署の提出）と周知

　作成した就業規則については、**過半数労働組合**か**過半数代表者**の意見を聴取し、その者の署名又は記名押印のある書面（**意見書**）を添付し、所轄の**労働基準監督署**に提出しなければなりません。

　そして、締結した就業規則は、労働者の一人ひとりへの配付、労働者がいつでも見られるように職場の見やすい場所への掲示、備付け、あるいは電子媒体に記録し、それを常時モニター画面等で確認できるようにするといった方法により、労働者に**周知**しなければなりません。

　周知しなければ、就業規則の効力は発生しませんので、注意してください。

コメント

　就業規則の内容を変更した場合には、同じように、過半数組合、過半数代表者の意見聴取と労働基準監督署への提出が必要となります。労働法は、よく法改正がなされますが、法改正に伴い、就業規則の変更が必要となることも多いので注意してください。法改正については、厚生労働省や労働基準監督署のホームページに、わかりやすいパンフレットやＱ＆Ａや、就業規則の変更条項案がのっていますので、積極的に利用してみてください。

5 労働日・労働時間について

人事

労働日・労働時間は自由に決めていいの？

法律上、様々な制約があるので、正しく理解する必要があります

2

労働日・労働時間について決めなければならないこと（所定労働時間・所定休日）

従業員の**労働日**・**労働時間**については、以下を決めなければなりません。

①所定労働時間（1日、1週に何時間働くか）
②所定休日（いつを休日とするか）
③始業時刻
④終業時刻
⑤休憩時間

所定労働時間・**所定休日**・**休憩時間**は、以下の範囲で定める必要があります。

▼所定労働時間・所定休日・休憩時間の範囲

所定労働時間	1日8時間・1週40時間（法定労働時間）以下
所定休日	1週1日もしくは4週4日（法定休日）以上
休憩時間	6時間超なら45分以上、8時間超なら1時間以上

　たとえば、始業時刻9時、終業時刻18時、休憩時間1時間、所定休日土曜日・日曜日の会社は、以下のとおりとなります。

・所定労働時間

1日：8時間：18時（終業時刻）－9時（始業時刻）－1時間（休憩時間）

1週：40時間＝8時間×5日（労働日数）＝40時間（1週）

・所定休日

土曜日、日曜日（うち、土日のうち1日を法定休日とする）

コメント

　始業時刻・終業時刻を定めたくない場合にはフレックスタイム制を、1日8時間、1週40時間以上を働かせたい場合は変形労働制をとる必要があり、その場合には、法に定められた手続きに従う必要があります。

労働日・労働時間について守らなければいけないこと

また、**労働日**・**労働時間**については、以下を守らなければいけません。

① 実労働時間については、賃金を支払わなくてはならない（⇒コメント参照）

② 法定労働時間を超える労働、（法定）休日労働をさせるためには、労働基準法36条に基づき、労使間で36協定を締結し、労働基準監督署に届出なければならならず、一定時間以上働かせてはならない

③ 法定労働時間を超える労働時間、（法定）休日労働、深夜労働については、法定割増率以上の賃金を支払わなくてはならない

④ 従業員には、必ず、法定で定める有給休暇を付与しなければならない

コメント

　①の実労働時間制の例外として、専門型裁量労働制、企画型裁量労働制、高度プロフェッショナル制度、事業場型裁量労働制、管理監督者制がありますが、いずれも、法の厳格な手続きに従う必要があり、従業員との合意だけで残業について賃金を支払わないとすることはできません。

6 36協定と労働時間の上限規制って何？

法律上、所定労働時間は1日8時間、1週40時間以下に決めなければならないとしても、残業や休日労働させればいいだけじゃない？

残業や休日労働をさせるには、36協定を締結し労働基準監督署に届出をしなければならないし、労働時間の上限規制を守らなければなりません。個人事業主であっても、また、従業員一人であったとしても、同じです

36協定〜労働基準監督署への届出が必要〜

　法定労働時間を超える労働、(法定)休日労働をさせるためには、**労働基準法36条**に基づき、労使間で**36協定**を締結し、労働基準監督署に届出なければなりません。作成しても届出なくては、効力はありませんし、違法となりますので注意をしてください。

　従業員がひとりしかいなくとも、また、法人ではなく個人事業主であっても従業員がいる場合には、締結と届出が必要です。

　なお、**1か月45時間、1年360時間**を超える労働をさせる必要がある場合には、特別条項付の36協定を締結する必要があります。

▼36協定の締結の要否と形式

```
        1日8時間・1週40時間の法定労働時間以上の労働
        1週1日もしくは4週4日の法定休日の労働

      ↓ なし                      ↓ あり

   36協定+労基署への届出必要         36協定不要

      ↓

   臨時的な特別の事情がある場合に1か月45時間・
   1年360時間を超える(限度基準)の労働

  あり ↓                     なし ↓

   一般36協定                  特別条項付36協定
```

　36協定違反は違法となりますので、少しでも、1か月45時間・1年360時間を超える残業をさせる必要がある場合には、特別条項付にする必要があります。

36協定と労働時間の上限規制

　特別条項付の36協定を締結するとしても、無制限に残業をさせることはできず、上限規制に従う必要があります。上限規制違反には、罰則が課されることがあります。

▼労働時間の上限規制の内容

36協定		上限規制の内容
なし		法定労働時間（1日8時間・1週40時間）超の労働　不可
		法定休日（少なくとも1週1日の休日）の労働　不可
あり	一般	時間外労働の限度：1か月45時間・1年間360時間
	特別条項付	以下の全てを満たす必要
		①6回までなら、時間外労働が月45時間を超過可
		②時間外労働：年720時間以内
		③（法定）休日＋時間外労働：1か月100時間未満
		④（法定）休日＋時間外労働：2～6か月間で1か月平均80時間以内
		③・④に罰則あり

36協定の様式と具体的記載方法

　36協定の届出の様式は次のURLからダウンロードできます。また、記載例についても確認できます。

●様式

以下からダウンロード可

https://www.mhlw.go.jp/content/000350345.docx

●記載例

厚労省の記載例（特別条項付）

https://www.mhlw.go.jp/content/000350329.pdf

▼ 36 協定の一般条項の届出の様式（表面）

▼ 36 協定の特別条項の届出の様式（裏面）

出典：厚生労働省「主要様式ダウンロードコーナー」（https://www.mhlw.go.jp/bunya/roudoukijun/roudoujouken01/index.html）の「時間外労働・休日労働に関する協定届」様式第9号の2より

2

45

36協定の記載の留意事項（要点）

一般条項の部分（表）

☑ 有効期間
→1年間とすることが望ましい

☑ 起算日
→1年間の上限時間の起算となる日を記載

☑ 時間外労働をさせる必要のある具体的事由・業務の種類
→各種の製造工程でそれぞれ労働時間管理を独立して行っているにもかかわらず、「製造業務」とまとめて記載することはできない

☑ 労働者数
→管理監督者、18歳未満、見なし労働時間が法定労働時間を超える裁量労働制適用者は含まれない
（cf：管理監督者・年少者等は労使協定の過半数には含まれる）

☑ 1日において法定労働時間を超える時間
→15時間がマックス（24時間－8時間－1時間（休憩時間））

☑ 1か月において法定労働時間を超える時間数
→45時間以内で記載

☑ 1年において法定労働時間を超える時間数
→360時間以内で記載

☑ 労働させることのできる法定休日の日数・労働させることができる法定休日における始業及び終業の時刻
→始業時刻・終業時刻の代わりに休日労働の時間数の限度を定めることも可
（合計月20時間の範囲内等）

特別条項部分 (裏)

☑ 臨時的に限度時間超えて労働させることができる場合

→一時的又は突発的に時間外労働を行わせる必要があるものに限る

×業務の都合上必要な場合、業務上やむを得ない場合

○予算・決算業務、ボーナス商戦に伴う業務の繁忙、納期の逼迫、大規模クレームへの対応、機械のトラブルへの対応

☑ 1か月で法定労働時間を超える時間と法定休日労働の時間数を合算した時間数

→100時間未満で定める

☑ 1年で法定労働時間数を超える時間数

→720時間以内で定める

2

☑ 限度時間を超えて労働させる場合における手続き

→労使当事者が合意した協議、通告、その他の手続き (例、労働者代表に対する事前申入れ、当該労働者各自へのFAXでの通告等) を記載

※なお、「手続き」は1か月ごとに当該特別の事情が生じたときに必ず行わなければならない。この手続きをとることなく労働時間を延長した場合には違法となるので要注意

☑ 限度時間を超えて労働させる労働者に対する、健康及び福祉を確保するための措置

→以下から選ぶ

① 労働時間が一定時間を超えた労働者に医師による面接指導を実施すること。

② 労働基準法第37条第4項に規定する時刻の間において労働させる回数を1箇月について一定回数以内とすること。

③ 終業から始業までに一定時間以上の継続した休息時間を確保すること。

④ 労働者の勤務状況及びその健康状態に応じて、代償休日又は特別な休暇を付与すること。

⑤ 労働者の勤務状況及びその健康状態に応じて、健康診断を実施すること。

⑥年次有給休暇についてまとまった日数連続して取得することを含めてその取得を促進すること。

⑦心とからだの健康問題についての相談窓口を設置すること。

⑧労働者の勤務状況及びその健康状態に配慮し、必要な場合には適切な部署に配置転換をすること。

⑨必要に応じて、産業医等による助言・指導を受け、又は労働者に産業医等による保健指導を受けさせること。

⑩その他

署名欄

過半数組合の代表者もしくは過半数労働者代表に署名してもらう必要がある。

▼ 36協定の締結当事者

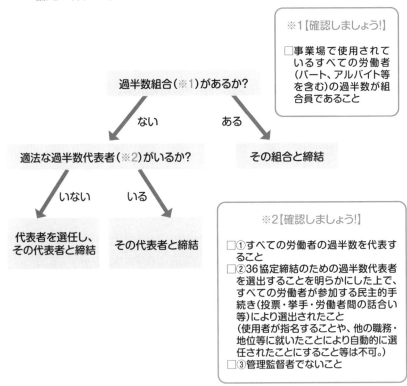

7 社会保険って何？

社会保険って何？　うちの会社とも関係あるのかな

社会保険には、色々な保険が含まれますが、会社運営とは切っても切り離せない制度です。本節では、基礎的な内容を説明していきますので、正しく理解して、会社運営を適切に行いましょう

2

社会保険とは

　社会保険とは、日本の社会保障制度のひとつで、疾病や失業、労働災害、高齢化などのリスクに備えて、事前に国民全体で保険料を負担することによって、リスクが現実化した際に、必要な保険給付を受けることができる制度のことです。

　社会保険は、以下のとおり、狭い意味での社会保険と、広い意味での社会保険に分けて用いられることが多いです。

　①狭義の社会保険
　　医療保険・介護保険・年金保険
　②広義の社会保険
　　医療保険・介護保険・年金保険・労働保険

　本節では、各社会保険の内容について、簡単に説明をしていきます。各社会保険の関係を図示すると、以下のとおりです。

▼社会保険の関係

広義の社会保険

●医療保険

　医療保険とは、労働者やその被扶養者が、業務災害以外で病気になったり、負傷したり、死亡したり、出産したりした場合に、必要な保険給付を行う保険のことです。

　わが国に存在する公的な医療保険は、以下のとおり、**健康保険、国民健康保険、その他の医療保険**に分かれます。会社に勤めているか、それとも個人事業主かなど職業によって、加入すべき医療保険が異なってきます。

　また、わが国は、**国民皆保険制度**を採用しているため、誰しもが、公的医療保険に加入しなければいけないとされています。

　①健康保険

　　健康保険とは、主に会社に勤める労働者やその被扶養者が被保険者（保険料を支払い、保険給付を受けることができる立場にある者のことを「被保険者」といいます。）となる、医療保険です。

　　健康保険の保険者（保険料を徴収して、一定の場合に保険給付を行うべき者のことを「保険者」といいます。）は、①全国健康保険協会（健康保険法7

条の2)と、②健康保険組合（同法8条）の2種類があります。①全国健康保険協会は、主に中小企業に勤務する労働者やその被扶養者が加入する保険者で、②健康保険組合は、主に大企業に勤務する労働者やその被扶養者が加入する保険者です。

②国民健康保険

　国民健康保険とは、主に個人事業主など、会社に勤めていない人が被保険者となる医療保険です。

　健康保険とは異なり、国民健康保険の保険者は、市町村及び特別区と（国民健康保険法3条1項）、医師や弁護士など同業種の者からなる国民健康保険組合があります（同法3条2項）。

③その他の医療保険

　船員保険法の船員であれば船員保険、公務員等であれば共済組合、75歳以上の高齢者であれば後期高齢者医療制度などの医療保険に加入することになります。

● 介護保険

　介護保険とは、高齢者など介護が必要な者に、必要な保険給付を行う保険です。

　介護保険は、40歳以上の者が被保険者となり、健康保険加入者であれば健康保険料とともに給料から天引きされ、国民健康保険加入者であれば国民健康保険料に上乗せして支払うことになります。

● 年金保険

　年金保険とは、老後の生活保障のため、もしくは、障害を負ってしまったり亡くなってしまったりした場合に、必要な保険給付を行う保険のことです。

　わが国では、いわゆる「**2階建て**」の年金制度を採用しています。つまり、日本国内に住む20歳以上60歳未満のすべての人は「1階部分」に相当する**国民年金**に加入する必要があり、そのうえで、**厚生年金保険**や**共済年金**といった「2階部分」に加入する場合もあるのです。

　それぞれの関係を図示すると、以下のとおりです。

▼年金制度の体系図

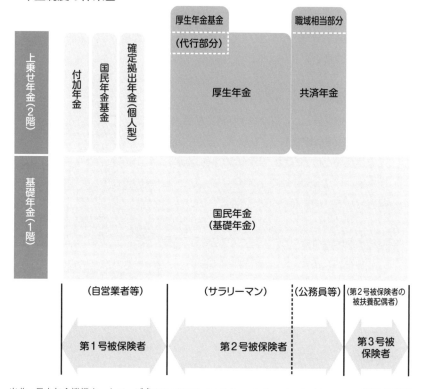

出典：日本年金機構ホームページ（https://www.nenkin.go.jp/service/seidozenpan/20140710.html）をもとに作成

①国民年金

　国民年金は、上記のとおり、日本国内に住む20歳以上60歳未満のすべての人が加入する年金保険です。

②厚生年金保険

　厚生年金保険は、主に会社に勤務する労働者が加入する年金保険です。上記のとおり、わが国の公的年金制度のうち、「2階部分」に相当する制度です。

③共済年金

　共済年金は、公務員や私立学校の教職員が加入する年金保険です。厚生年金保険と同様に、わが国の公的年金制度のうち、「2階部分」に相当する制度です。

●労働保険

労働保険とは、労働者が失業してしまったり、業務上負傷してしまったりした場合に、必要な給付を行う保険で、以下のとおり、**雇用保険**と**労災保険**からなります。

① 雇用保険

　雇用保険とは、労働者が失業したり、雇用を継続することが困難になったりした場合に必要な保険給付を行う保険で、主に会社に勤める労働者が加入する保険です。

② 労災保険

　労災保険とは、業務上又は通勤により負傷してしまったり、疾病になったり、障害を負ったり、死亡してしまった場合に必要な保険給付を行う保険で、こちらも主に会社に勤める労働者が加入する保険です。

会社と社会保険との関わり

会社を運営していくうえでは、以下のように、社会保険との関わりがあることが想定されます。

具体的な内容、手続きについては、各ページを参照してください。

●会社もしくは事業所を設立したとき

新しく会社や事業所を設立したときは、新しく社会保険に加入する必要がある場合があります。

どのような場合に社会保険に加入する必要があるのか、どのようにして加入すればよいのかなどは、雇用保険については7-10節、それ以外の社会保険については7-9節を参照してください。

●新たに従業員を雇用したとき

新たに従業員を雇用したときに、当該従業員を社会保険に加入させる必要がある場合があります。

どのような場合に社会保険に加入する必要があるのか、どのようにして加入すればよいのかなどは、雇用保険については7-10節、それ以外の社会保険については7-9節を参照してください。

●従業員に給料を支払うとき

従業員に給料を支払うときには、給料から、支払うべき社会保険料を控除する必要があります。

社会保険料の計算・控除の方法については、4-8節を参照してください。また、従業員の給料から控除すべき社会保険料の見直しについては、6-14節を参照してください。

●従業員が退職するとき

従業員が退職するときは、社会保険の喪失の手続きをする必要があります。

社会保険の喪失手続きについては、7-14節を参照してください。

8 勘定科目の設定はどうする？

会計ソフトの勘定科目はどのように設定すればいいの？

税務申告書や社内の管理資料作成に役立つように設定すると便利ですよ！

税務申告書を意識して勘定科目を設定する

　中小企業において、経理担当者が日々の経理や月次決算、年次決算をする一番の目的は、税金の申告をすることにあるものと考えられます。そのため、日ごろの経理処理でも、**税務申告**を意識することが重要です。

　会計ソフトによっては、最初からデフォルトで勘定科目が設定されているものもありますが、少しカスタマイズしないと、税務申告をする際に不便です。

　なお、税理士に相談すれば勘定科目の設定も含めて、会計ソフトの設定をしてくれるケースもあります。

●消費税の申告を意識する

　消費税の課税事業者になり、原則法が適用される場合、取引を分類しておく必要性が生じます。取引の種類には、大きく分けて消費税が課される**課税取引**と課されない取引で別れます。消費税が課されない取引は更に**非課税取引**・**不課税取引**・**免税取引**の3種類に分かれます。

　また、小売業や飲食業においては、**軽減税率**が適用されるかについても設定しておく必要があります。

　会社の規模が大きくなり、消費税の課税事業者になれば、税理士に依頼して申告をするケースが多くなると考えられますが、会社の設立当初から勘定科目を設定しておくと、将来会社が大きくなったときにも焦らず対応できるでしょう。

●法人税の申告や勘定科目内訳明細書を意識する

法人税の申告の際には、法人税申告の根拠を説明する**別表**を作成する必要があります。また、貸借対照表と損益計算書の内訳を説明する**勘定科目内訳明細書**も作成が求められます。日常の経理の際にも、1年の最後の税務申告の際にはこれらの書類を作成することが必要不可欠であることを意識して、勘定科目を設定しておくと便利です。

たとえば、**接待交際費**には、取引先等と会食した場合の費用や、お歳暮の購入費用などが含まれますが、同じ接待交際費でも飲食に使う場合とそうでない場合とで税務上の取扱いが異なります。また、接待交際費と似た勘定科目に**会議費**があり、社内打合せの際の飲食費の一部を費用に計上することができます。接待交際費に関して、法人税申告の際に「別表十五」という書類を作成する必要がありますので、接待交際費と会議費の区分、接待交際費の中でも飲食に該当するのか否かの区分をしっかりしておくと、「別表十五」作成の際に非常にスムーズに数値を集計することが可能になります。

会社の事業活動の実態にあったシンプルな勘定科目を保つ

会社を設立してすぐは、事業や取引の種類が少なく、勘定科目を増やす必要性を感じないことがほとんどだと思います。しかしながら、事業が拡大してくると、取引の種類が増えてきて、勘定科目や補助科目を増やす必要が出てきます。

この際に、たとえば取引先が増えるごとに売掛金の補助科目を増やしてしまうといったケースや、めったに使わないPL科目を増やしてしまうケースが見受けられます。

勘定科目や補助科目を増やしすぎると、**月次損益**や**年度損益**の比較をする際や、**月次試算表**や**決算書**を読む際にチェックしにくくなってしまいます。また、会計ソフトによっては帳簿をチェックする際に、補助科目ごとに画面表示されることから画面切替えが必要になり、不便です。

したがって、勘定科目は会社の事業活動に合わせて、極力シンプルな状態に保ちましょう。

▼別表と関連する勘定科目

別表番号	別表名	関連する科目
別表四	所得の金額の計算に関する明細書	すべての PL 科目
別表五（一）	利益積立金額及び資本金等の額の計算に関する明細書	純資産科目
別表五（二）	租税公課の納付状況等に関する明細書	租税公課勘定 未払法人税等勘定
別表六（一）	所得税額の控除に関する明細書	支払利息勘定
別表八（一）	受取配当等の益金不算入に関する明細書	受取配当金勘定
別表十五	交際費等の損金算入に関する明細書	接待交際費勘定 会議費勘定
別表十六シリーズ	（減価償却資産や繰延資産の償却額の計算に関する明細書）	減価償却費勘定 繰延資産償却勘定 固定資産科目

2

9 補助簿はどう作成する？

補助簿はどのように作成すればいいのかな？

最近の会計ソフトは自動的に補助簿を作成してくれますよ！

補助簿の種類

　帳簿は、**主要簿**と**補助簿**に分かれます。主要簿は、日々の仕訳を記録する**仕訳帳**と勘定科目ごとに仕訳が整理された**総勘定元帳**で構成されます。補助簿は任意に記録されるもので、会社によって作成される帳簿が異なります。以下では代表的な補助簿を紹介します。

●売掛金元帳

　売掛金元帳は、売掛金勘定についての明細を記録した帳簿であり、売掛金勘定を部門ごと・得意先ごとに分類して記帳したものです。どの粒度でまとめるかは会社によって異なります。**売上管理表**等の名称をつけたスプレッドシートで作成・管理することもあります。販売管理システム（CRM・ERP）を導入している会社では、当該システム上に得意先マスタがあり、これを出力して得意先一覧を作り、売掛金元帳作成の基礎とするのがよいでしょう。

●買掛金元帳・未払金元帳

　買掛金元帳・**未払金元帳**は、買掛金・未払金勘定についての明細を記録した帳簿であり、買掛金や未払金勘定を、仕入先ごとに分類して記帳したものです。**支払管理表**等の名称をつけたスプレッドシートで作成・管理することがあります。

●小口現金出納帳

小口現金出納帳は、小口現金を使用した取引が発生する都度、詳細を記入していく帳簿です。小口現金出納帳は、金庫が管理されている部門／支店ごとに作成されます。たとえば、ある会社で、本店では経理部と営業事務部に、支店では支店経理課に金庫があるとすれば、都合３つの小口現金出納帳を作成するイメージです。

> 主要簿である総勘定元帳の残高と補助簿の残高は常に一致するようにしましょう。「一致して当然ではないか」と思われる方もいるかもしれませんが、主要簿は会計システムで、補助簿は業務用のシステム（CRM・ERP）やスプレッドシートで、それぞれ別に管理しているケースが多く、必ずしも両者が一致するように作られていません。「総勘定元帳と補助簿は常に一致しているべきである。」経理の担当はこのことを忘れてはいけません。

補助簿には詳細な情報を記録しよう

補助簿は税法等で作成が求められるものではないため、会社ごとに独自のフォーマットで作成することができます。会社の実態に合わせて、取引日や入金予定日、入金日、支払予定日、支払日、取引先名、商品名、担当支店、担当者、地域等、様々な情報を記録しましょう。

●主要簿と補助簿の役割分担

補助簿に詳細に情報をまとめて、これをシンプルに主要簿である仕訳帳・総勘定元帳に反映すると、全体像を広く確認したい場合には主要簿を、詳細に確認したい場合には補助簿をチェックするという役割分担ができます。

●補助簿を管理会計に役立てる

補助簿に様々な情報を記録して、これを集約し分析することによって、経営者が会社の方針を決める際に役立たせたり、営業担当者の意思決定に役立てたり、経費削減の施策を打つことができます。たとえば、売掛金元帳（売上管理表）に、取引日、入金予定日、入金日、相手先、商品、部門、地域を記録しておけば、売掛金の年齢表を作成して貸倒引当金を計算できたり、どの商品がどの地域で売れているのか分析できたりします。

▼帳簿の分類

大分類	中分類	小分類
主要簿	仕訳帳	―
	総勘定元帳	―
補助簿	補助記入帳 〜仕訳帳を補助	小口現金出納帳
		預金出納帳
		仕入帳
		売上帳
	補助元帳 〜総勘定元帳を補助	商品有高帳
		売掛金元帳
		買掛金元帳
		未払金元帳
		固定資産台帳

10 各種雛形の用意

いろんな書類を作成しなければならなくて大変なのだけどどうにかならないかな？

雛形を用意しておけば効率的に業務をすすめることが可能になりますよ！

よく使う書類については雛形を用意しておく

会社運営を効率的に実施するために、**雛形**を用意しておきましょう。雛形を用意しておけば、仕入先や取引先とのやり取りで必要な書類や、社内的に保管しておきたい書類を効率的に作成することができます。会社の規模が小さいときには、従業員が少なく、事務作業に使える時間は限られるため、雛形を使用した業務の効率化が重要になるでしょう。また、会社がある程度の規模になってくれば、効率的な書類作成により会社全体で多くの時間を削減できます。

使用しているシステムやWebサービスから書類が出力できないか確認する

エクセルやワード、パワーポイント等を使って、いちから雛形を作成することはもちろん可能ですが、より効率性を重視するために、日々使っているシステムやWebサービスから所定の書式を印刷できないか確認してみましょう。たとえば、販売管理系のソフトからは**見積書**や**請求書**が、人事労務系のソフトからは**給与明細**や**従業員台帳**が出力できることが一般的です。

会社のロゴやイメージカラーを入れてみよう

　他社との差別化を図るために、会社のロゴやイメージカラーが欲しくなってくるかもしれません。最近では、会社のロゴやコーポレートカラーを反映したパワーポイントのテンプレート等を作成してくれるデザイナーを探せる、LancersやココナラといったWebサービスがあります。自社のオリジナルテンプレートが欲しくなったら、依頼してみるのもよいかもしれません。

第3章
日常業務

1 現金管理ってどうすればいい？

会社で保管している現金はどのように管理すればいいの？

現金はできる限り会社に置かず、現金の出入りの履歴と残高金額を毎日確認するとよいですよ！

現金の管理方法

　現金の管理の方法として、1. 現金の保管、2. 現金の金庫からの入出金の把握、3. 現金残高の把握、4. 会計帳簿との整合性の確認、5. 適正な現金残高の保持があります。

●現金の保管

　会社で現金を保管する場合には、鍵のかかる持ち出しのできない**金庫**で保管し、金庫から現金を取り出し入れできる人を特定しておきます。金庫を誰でも開けることができるような状態にしておくと、使用した金額や理由が明確に把握できなくなってしまうことや、紛失してしまう可能性があるためです。

　金庫は使用するときのみ鍵を開け、その都度施錠をするようにします。

●現金の金庫からの入出金の把握

　各部署で現金が必要になった場合には、「1. 現金の保管」で決めた担当者が金庫から必要な金額を出し、各部署の責任者の許可を得て、担当者へ現金を渡します。

　担当者へ現金を渡す場合には、金額と使用用途を確認し、**現金出納帳**に入出金の履歴の記載を行うとともに、適切なタイミングで仕訳の計上を行います。

　また、現金を取り出す場合には、現金使用後に、**領収書**を回収することが必要となります。**領収書**が発行されない慶弔金や自動販売機での飲料購入などの場合には、招待状の保管や、購入した内容などを記録しておきます。

多額の現金が必要になる出張や会社行事がある場合で、使用金額が分からない場合には、いったん仮払金として担当者に渡し、使用した金額との精算を**領収書**の回収と共に行います。

●現金残高の把握

現金については、基本的には毎日残高金額を確認します。

1日のうちで時間を決め1日の入出金が終わったころに1日1回現金を実際に数えます。その際、前日の現金残高に「現金の金庫からの入出金の把握」で把握した**現金出納帳**に記載のある入出金金額を加味した金額となっているかを確かめます。

金種表を使用して数えるか、**現金出納帳**にて確認者が確認印を押印することで確認を行います。

なお、現金残高の把握については、少なくとも週末や月末においては、2名以上で確認することが望ましいです。

万が一、上記を実施した結果、金額にずれがあった場合には他の業務より優先的に原因の確認を行います。

3

●会計帳簿との整合性の確認

現金の入出金があった場合の会計処理は、「現金の金庫からの入出金の把握」に記録した**現金出納帳**の**入出金履歴**との整合性をとります。

日付や、勘定科目、摘要等については一致するように**現金出納帳**に記載を行います。

少なくとも月に1回は会計上の残高と、**現金出納帳**上の残高が一致していることを確認します。

●適正な現金残高の保持

会社金庫で保管する現金は多くとも1か月で使用する予定の金額とするようにします。

可能であれば現金については会社には保管しないことをお勧めします。業務上必要な場合には保管を行うことが出てくると思いますが、その際には、金庫内で多額の現金を保管することは避け、また、多額の入金があった場合には都度、預金に預け入れるようにします。

現金出納帳と金種表

●現金出納帳

　項目としては、日付、会計伝票NO.、会計処理の際の相手勘定科目、摘要、使用部署、使用者、入出金金額と残高金額とし、残高確認を**現金出納帳**上で行う場合には、確認者名を記載する欄も作ります。

　領収書の回収や仮払金の清算についても**現金出納帳**を利用してチェックを行います。

▼現金出納帳の例

日付	伝票No.	相手勘定科目等	摘要	使用部署/使用者	入金	出金	理論残高	領収書等	仮払い	実残金	確認者印
4月1日	****	普通預金	普通預金からの引き出し	経理/カエル	¥ 200,000		¥ 200,000	○		¥ 200,000	-
4月1日	****	租税公課	印紙購入			¥ 50,000	¥ 150,000	○		¥ 150,000	
4月5日	****	仮払金	出張費の仮払金			¥ 30,000	¥ 120,000	○	○	¥ 120,000	-
4月5日	****	会議費	来客時のコーヒー代			¥ 726	¥ 119,274	○		¥ 119,274	
4月6日	****	仮払金・旅費交通費	出張費の仮払金の一部戻り		¥ 3,400			○	4月5日の仮払戻	¥ 122,674	

●金種表

　現金残高を確認する際に使用します。

　各紙幣、硬貨ごとに数え、**現金出納帳**残高との整合性を確認します。

▼金種表の例

20**年4月5日

	数	金額
1万円札	11	110,000
5千円札	1	5,000
2千円札	0	0
1千円札	7	7,000
500円	0	0
100円	6	600
50円	1	50
10円	2	20
1円	4	4
合計		122,674

出納帳金額	122,674

差額	0

担当者印	責任者印

その他

　現金以外にも、現金に換金可能な、商品券や、クオカード、切手、印紙、回数券、レターパック等についても現金同様に管理を行います。

預金管理ってどうしたらいい？

会社の預金ってどうやって管理したらいいの？

預金の書類ごとに預金出納帳で管理したらいいですよ

預金の種類

会社で一般的に利用される預金は、**普通預金**、**当座預金**、**定期預金**、**定期積金**があります。

▼主な預金の種類と内容

預金の種類	具体的な預金の内容
①普通預金	自由に預け入れ・払戻しができる預金口座。一般的に支払いや入金用の口座として使われる。金利は低い。
②当座預金	小切手や手形の支払いに使われる口座。利息はつかないが、銀行が万が一破綻をしても、全額が保護される。
③定期預金	預入期間を決めて利用する預金。資金運用の口座として使うことができる。普通預金に比べて相対的に金利は高い。
④定期積金	定期的に預金の積立をして満期に受け取る口座。目標額を設定した貯蓄に向いている。

納税資金使途のみに使用することができ、利息について源泉所得税が課されない**納税準備預金**や、**別段預金**といった種類の預金もあります。

預金の管理方法

預金の管理は、口座ごとに**預金出納帳**を利用して行います。

▼預金出納帳のサンプル

〇〇銀行　××支店　普通預金：口座番号1234567

日付	勘定科目	摘要	入金	出金	差引残高
				期首残高→	1,000,000
				300,000	700,000
2020年4月1日	買掛金	〇〇仕入先へ支払い			1,200,000
2020年4月20日	売掛金	××得意先からの入金	500,000		1,200,000

預金出納帳は、表計算ソフトを利用して作成をすることや、会計ソフトを利用することが一般的となっています。普通預金について普通預金通帳（ATMで通帳記帳を行います）、当座預金について当座照合表（銀行から定期的に郵送されてきます）、定期預金であれば利息の計算書（銀行から定期的に郵送されてきます）などで入出金の内容を確認して預金出納帳に反映するようにします。なお、普通預金の通帳と銀行印については、同時に盗難されると預金を不正に引き下ろされるリスクがあるため、別々に保管するようにすると安全といえます。

最近では、インターネットを利用した預金口座を利用しているケースも多く、そのような場合には預金通帳がない場合もあり、内容の確認は、パソコンで入出金の内容をダウンロードして確認し、預金出納帳へ反映します。各金融機関の**インターネットバンキング**での入出金の内容確認は期日が設定されていて、期日を過ぎると確認をすることができなくなるため、こまめにインターネットバンキングにアクセスし、口座の入出金の記録をダウンロードして保存しておくようにしましょう。インターネットバンキングは、銀行に行かなくても利用ができ利便性が高く、一般的に手数料も優遇されています。インターネットバンキングを利用する際のID及びパスワードについては、他人に知られると不正に利用される可能性があり、自分が忘れるとインターネットバンキングを利用することができなくなるため、管理に注意をしましょう。セキュリティを強化するため、パスワードを定期的に変更することや各金融機関で用意されているワンタイムパスワードを利用することは有用です。

3 クレジットカードは どう管理すればいい？

会社で使うクレジットカード、どうやって管理したらいいの？

代表者用のクレジットカードと従業員の経費精算用のクレジットカードを分けましょう！

クレジットカードを使う意味

会社の経費の支払を管理する際に、クレジットカードを使うと経理の効率の上でもとても便利です。理由は以下のようなものがあります。

●経費申請の入力が不要になる

クレジットカードを利用して経費を支払った場合、使った人に経費申請を入力してもらう必要はなく、クレジットカードの利用明細から直接経理処理できます。そのため、経費申請が遅れて経理の締めが遅れたり、金額や日付を間違えたりすることもありません。使った人も、経費申請の手間が省けます。

●現金の受渡が不要になる

クレジットカードを利用して経費を支払えば、立替えた経費を現金で支払う必要がありません。支払った人にとっても、事前に立替をする必要がなくなりますし、経理側も、煩雑な小口現金の処理が減ります。

●チェック機能が働く

経理が経費申請を処理するときの一番の苦労は、「経費として落としていいか」を判断することです。クレジットカードによる支払なら、日付・金額・相手先が利用明細に載るため、適切ではない経費の支払にブレーキがかかりやすくなります。

カードを分ける

　会社として持つクレジットカードとしては、**代表者用**のクレジットカードと、従業員の**経費精算用**のカードを分けておくほうが、経理処理にとってはプラスです。

　ふつう、従業員が許されている経費の範囲と、代表者の使う経費の範囲は、異なることが多いはずです。1枚のカードを代表者と従業員が共有していた場合、支払を誰がしたのか、確認をした上で、経費として認められるか判断しなくてはいけません。代表者と従業員が使うカードを分けておくことで、支払った経費のチェックがしやすくなります。

　また、同じような理由で、経費の支払が多い部門が複数にわたる場合、部門ごとにカードを分けておくことで、経費の利用状況の管理もしやすくなります。

利用明細の管理

　クレジットカードの利用明細が発行されたら、日付・金額・支払先を元に経理処理します。

　まず、経理の仕事としては、支払った経費の中身をチェックします。特に、すべての経費の支払をカードに集約して、社員からの経費申請を行わないようにした場合は、**利用明細**を元に業務に関係しない経費や多額すぎる経費がないかチェックしなくてはいけません。

　チェックが終わったら、仕訳を計上しましょう。

　ほとんどのカード会社はウェブサイトから利用明細のデータがダウンロードできるため、これを取り込むのが簡単ですが、紙の明細を使っている場合は手入力で処理しましょう。

　取り込んだあとの**利用明細**も重要な帳票です。領収書などと同じようにきちんと保管しておきましょう。

3

4 入金管理って どうしたらいい？

入金管理を行うことは必要なの？

入金がなかった場合、気が付くのが遅いと回収できなくなってしまう可能性があるので入金管理は必須です！

入金管理の基本

　得意先と取引を行う際には、取引の対価としての代金を受けることになるため、得意先に代金の支払いを請求するために**請求書**の発行を行います。

　請求書の発行は得意先へ代金の支払いを請求するために重要な行為であるため、請求書の請求先、金額、期日等の各項目について漏れなく間違いなく記載を行い、請求書発行漏れがおこらないようにします。

発行請求書の管理

　発行**請求書**の管理としては主に、1. 請求書記載内容の確認を行う、2. 請求書を漏れなく発行することが重要です。

●請求書記載内容の確認を行う

　請求書の発行を行う場合には、営業担当者からの依頼を受けて、経理にて作成を行います。

経理が営業担当者から入手する必要な情報

　請求書の作成依頼時には、①内容、②金額（税込又は税抜）、③請求書発行日、④請求書の発行先、⑤支払期日、⑥振込手数料の負担先、⑦請求書発行方法について、営業担当者からの情報を入手し、⑧関連する契約書、見積書、検収書がある場合には関

連資料についても営業担当者から入手を行います。

　なお、⑧の関連資料については、取引内容により異なるため会社として必要な関連資料を事前に決めておき、関連資料の紐づけができるよう、同一の番号等を付与する等のルールを策定しておきます（3-10節参照）。

経理担当者が確認するポイント

　営業担当者から伝達された情報をもとに**請求書**の作成を行う際には、関連資料等の確認により、経理担当者としての確認を行い、作成をします。

●請求書を漏れなく発行する

　経理にて売上の計上を行う場合には、必ず**請求書**の発行を行います。

　売上の計上依頼が営業担当者からあるにもかかわらず、請求書の発行の連絡がない場合には、営業担当者に確認をします。

▼請求書の例

●売掛金の管理

　請求書を得意先に発行したあと、期限までに正しい金額で入金があることを確認し、入金がない場合や金額が相違している場合には、社内の得意先を担当者している営業担当者等と連携を取り、得意先に連絡をして確認を行います。期日に入金を確認することができるよう、売上管理表にて期日、金額の確認を行います。

　なお、売上管理表の作成については、エクセル等のスプレッドシートを使用する場合、会計システムを使用する場合、販売管理システムを使用する場合などがあります。

売掛金の入金確認

　売掛金の入金確認については、基本的には支払予定日の当日に行います。入金確認の方法は、使用している会計ソフトにより異なりますが、**請求書**の発行や預金データを会計ソフトに連動しているものであれば、会計ソフト上での消込を行い、エクセルで売上、売掛金の管理を行っている場合には、エクセルに預金データを入力し入金があったことを確認し消込を行います。

　予定通り入金がない場合や金額が相違しているには、社内の得意先を担当者している営業担当者等と連携を取り、できるだけ早く得意先に連絡をして確認を行います。基本的には即時の入金を依頼することになりますが、得意先との調整の結果支払予定日が延びた場合には、別途、**入金遅延管理表**の作成を行い、通常の売掛の管理とは別に状況を把握し、特に気を付けて入金確認を行います。

　なお、入金が遅れる理由にもよりますが、得意先の資金繰りが厳しい場合や、1か月を超えて入金が遅れる場合などには、営業担当者と状況を共有し、社内の適切な役職者等に情報を伝達します。

5 支払管理ってどうしたらいい？

経理

毎月請求書がたくさん届いて大変だ…。きちんと支払いをするにはどうすればいいの？

届いた請求書を元に管理表を作って、管理表を元に支払処理をすると間違いがないですよ！

請求書が届いたら

月が明けたころになると、仕入先や業務委託先から、たくさんの**請求書**が届きます。届いた請求書に対して、支払の間違いがあったり、まして支払を忘れていたりすると、会社の信用に関わる一大事です。支払が正しくされるように管理をしなくてはいけません。

届いた請求書は、まず、支払期日を確認しましょう。期日が近いものは、資金繰りにも影響しますし、支払の準備も急がなくてはいけません。かといって、期日が遠いものは、時間が空いてしまうため、処理が漏れたりしやすくなります。

請求書は、支払の元になるのはもちろん、仕入や費用の仕訳を起票したり、資金繰りを管理したりする際にも使われるため、届いた請求書はきちんと管理しておきましょう。

支払管理表を作る

支払を間違いなく行うために、**支払管理表**を作りましょう。

支払管理表は、支払先（仕入先や業者など）ごとに、今月末にいくら支払わなくてはいけないかを集計するシートです。

支払管理表の作り方はいろいろあり、使いやすい形の支払管理表を作ることで、支払処理以外の経理事務をグンと楽にすることもできますが、ここでは、「支払を確実に行う」ための管理表の例をあげておきます。

75

▼支払管理表の例

支払先	支払期日	前々月請求	前月請求	前月末残高	当月支払	当月請求	当月末残高
うさぎ商事	翌月		10,000	10,000	10,000	11,000	11,000
りす工業	翌々月	2,000	2,500	4,500	2,000	1,500	4,000
かめ運輸	翌月		600	600	600	900	900
税理士ねずみ事務所	翌月		50	50	50	50	50
合計		2,000	13,150	15,150	12,650	13,450	15,950

この例の場合、**支払管理表**は次のように作っていきます。

●前月の繰越し

前月分の**支払管理表**の「当月末残高」の欄から、前月末残高を繰越します。このとき、前々月に請求された金額と前月に請求された金額を区別しておくことで、当月に支払わなくてはいけない金額がわかりやすくなります。

●当月の支払額の確認

この例の**支払管理表**では、支払期日が翌月（1か月後）か翌々月（2か月後）か、区分しています。支払期日が翌月となっている相手には前月に請求された金額を、翌々月となっている相手には前々月に請求された金額を、「当月支払」の欄に記入します。

●当月の請求書の記録

「当月請求」の欄に、当月届いた**請求書**の金額を記入します。新しい支払先があった場合、忘れずに行追加しましょう。

●当月末残高の計算

前月末残高から当月支払額をマイナスし、当月請求額を足したものが当月末残高です。特定の支払先への未払残高がここに記録されます。

個別振込と総合振込

請求書の支払の際は通常銀行振込を利用することになりますが、銀行振込には、**個別振込**と**総合振込**の２つがあります。

●個別振込

振込を行う際に、支払先ごとに１件ずつデータを入力して振込を行う方法です。支払先の口座情報と金額を個別に入力して、振込処理を行います。

個別振込のメリットとしては、当日扱いで振込処理をすると、銀行の営業時間内であれば即座にお金が移動するということです。

また、銀行名・支店名・預金種別・口座番号を入力するだけで、口座名義が自動で登録されるため、支払先の**口座名義**について、気にしなくていいということもあります。銀行口座の名義は、スペースの有無や小文字の取扱い等で間違えやすく、その負担が減ることは大事です。

ただし、１件１件個別に振込データを入力しなくてはいけませんから、当然その分の手間はかかることになります。

急ぎの振込をしなくてはいけないとき、あるいは月末以外に数件だけ支払うようなときに使いやすい方法です。

●総合振込

振込を行う際に、１回に振り込むすべてのデータの明細を作成して振込を行う方法です。すべての支払先の口座情報と金額をまとめた明細を、データ形式あるいは銀行所定の用紙で作成する必要があります。

総合振込の場合、銀行に振込情報を渡しても、すぐに振込はしてもらえません。銀行ごとの承認期限までに、振込情報を登録し、かつ資金を準備しておく必要があります。

一方で、データをまとめて１回でやりとりできるため、手間は小さくなります。会計ソフトやエクセルで**支払管理表**を作って、口座情報や手数料の支払方法も登録しておけば、振込データを同時に作るようなことも可能です。

また、手数料の支払い方についても、**総合振込**の場合は先方（受取人）負担とすることができるケースもあるため、その場合いちいち手数料をマイナスして振込額を計算する必要もありません。多数の支払先がある会社では、**総合振込**を利用することで月末の手間が大きく減るでしょう。

3

6 経費精算はどのように行えばいい？

会社で使った経費の精算はどのように行うの？

役員や従業員が立替えて支払った経費を精算する方法と、会社から仮払金として一定金額を渡して精算する方法があります

経費精算フローの構築

　経費精算のフローとしては、大きく分けると①**立替精算**と②**仮払精算**の方法によることができます。また、精算処理を都度実施すると、経理担当者の負担が増えるため、都度精算ではなく、**週次**もしくは**月次**等、一定期間で精算するのが効率的となります。

●①立替精算

　各個人が自ら支出負担した金額について、各**領収書**等の証憑を添付して精算する方法であり、各個人が支出日、支出項目、支出金額、支出内容等を記載した立替経費明細書等を作成し、領収書等を添付したうえで個人印、上長の承認印を押印し、経理に提出する流れとなります。なお、出張旅費については、出張の明細（出張訪問先、出張行程、交通手段など）を作成するとともに、支出項目が会議による飲食代や接待交際費等の場合、参加人数、参加者名（取引先等の場合、取引先名も）も記載しておく必要があります。

●②仮払精算

　営業担当者など出張の多い役員、従業員の場合、①の方法によると個人負担が大きくなり、家計を圧迫する可能性があります。このような場合、毎月、一定金額を会社から仮払金として渡しておき、月末等に、仮払金額、支出日、支出項目、支出金額、支出内容、仮払金精算額（プラスの場合、会社に残高を返金、マイナスの場合、会社

から支出）等を記載した**仮払金精算書**等を作成し、**領収書**等を添付したうえで個人印、上長の承認印を押印し、経理に提出する流れとなります。なお、出張旅費や会議による飲食代や接待交際費等の場合、①と同様の記載が必要となります。

●週次

上述した①、②による精算処理を実施するにあたり、週次単位で実施すると、以下のようなメリット、デメリットがあります。

- ・メリット：各個人においては負担期間が短くなる。また、週単位での精算であれば、経理担当者による内容チェック等の負荷は小さくなる。
- ・デメリット：経理担当者は週次ごとにある程度の精算用の現金を会社の金庫等に用意する必要があり、処理が煩雑になる点と、現金の紛失リスクが高くなる。

●月次

上述した①、②による精算処理を実施するにあたり、月次単位で実施すると、以下のようなメリット、デメリットがあります。

- ・メリット：月次単位での精算であれば、精算金額を給与支払時にあわせて振込処理することが可能となり、経理担当者の効率化が図れる。
  また、会社金庫等に現金を保管しておく必要がないため、紛失リスクが低くなる。
- ・デメリット：各個人においては負担期間が長くなる。また、月単位での精算となると、経理担当者による内容チェック等の負荷は大きくなる。

会計仕訳の起票

会計仕訳の起票方法としては、導入システムによって異なりますが、①**精算者が起票**する方法、②**経理担当者が起票**する方法によることとなります。

●精算者が起票（入力）する方法

精算者が起票するシステムの場合、経費精算伝票を起票・出力（もしくは会計シス

テムに入力) し、**領収書**を添付した立替経費明細書と一緒に当該精算伝票を経理に
回覧することになります。

●経理担当者が起票（入力）する方法

　担当者から提出された立替経費明細書等をもとに、経理担当者が経費精算伝票を
起票・出力（もしくは会計システムに入力）します。

領収書の管理

　経費にかかる**領収書**については、会社の帳簿書類となるため、法人税法上**7年間**
の保存が義務とされています。従って、週次、月次等で精算処理を実施し、各個人ご
との提出書類を精算単位でファイリング等することによって証憑保存を行います。

　なお、税務上**電子帳簿保存**が認められていますが、この場合、適用開始の3か月前
までに税務署に申請するとともに、**タイムスタンプ**（当該データがこの時刻にこの内
容で保存された）といった一定の要件を満たしている必要があります。

　また、**領収書**等の原本を紛失した場合、支払日付、支払先、支払金額、支払内容を
明記した出金伝票を作成することで**領収書**の代替手段となります。

7 勤怠管理総論

 勤怠管理って何をすればいいのだろう

従業員の労働時間を正確に把握することがポイントです！

勤怠管理とは

勤怠管理とは、労働基準法その他の関係法令の規定（残業代の支払い、長時間労働の抑止、36協定の上限規制）が遵守されるように、従業員の労働時間を正確に管理することです。

使用者に求められる主な作業としては、各従業員がいつどれだけの時間、労働を提供しなければならないかを把握した上、各従業員が実際にいつどれだけの時間、労働を提供したかを確認することになります。

▼勤怠管理の流れの例

Step1. **各従業員が提供しなければならない労働時間の特定**

原則的な労働時間 　月～金曜日の午前9時から午後6時まで（内1時間は休憩）
休　　　　　日 　毎週土曜日、日曜日、その他特別休暇（年休を取得した日についても管理が必要）

Step2. **各労働者の実労働時間の把握**

タイムカード、ICカード、出勤簿、**勤怠管理**システム等により，労働者が実際に働いた時間を確定させる。

Step3. **実労働時間に応じて給与計算・割増賃金の支払**

法定時間外・休日・深夜労働について、割増賃金を支払う。

長時間労働の抑止

　会社は労働者の生命や健康を職場における危険から保護すべき**安全（健康）配慮義務**を負っています（労契法5条）。

　長時間労働が原因で従業員の健康が害された場合、会社は適切な安全（健康）配慮義務を怠ったものとして、損害賠償責任を負わなければならない可能性があります。

　下記の表は、脳・心臓疾患の労災認定に関する労働時間の評価の目安ですが、会社が抑止すべき長時間労働とは何かを考える上で、一つの目安になります。

▼労働時間の評価の目安

　疲労の蓄積をもたらす最も重要な要因と考えられる労働時間に着目すると、その時間が長いほど、業務の過重性が増すところであり、具体的には、発症日を起点とした1か月単位の連続した期間をみて、

① 発症前1か月間ないし6か月間にわたって、1か月当たりおおむね45時間を超える時間外労働が認められない場合は、業務と発症との関連性が弱いと評価できること

② おおむね45時間を超えて時間外労働時間が長くなるほど、業務と発症の関連性が徐々に強まると評価できること

③ 発症前1か月間におおむね100時間又は発症前2か月間ないし6か月間にわたって、1か月当たりおおむね80時間を超える時間外労働が認められる場合は、業務と発症との関連性が強いと評価できること

を踏まえて判断します。

注）1. ①の場合の「発症前1か月間ないし6か月間」は、発症前1か月間、発症前2か月間、発症前3か月間、発症前4か月間、発症前5か月間、発症前6か月間のすべての期間をいいます。
　　2. ③の場合の「発症前2か月間ないし6か月間」は、発症前2か月間、発症前3か月間、発症前4か月間、発症前5か月間、発症前6か月間のいずれかの期間をいいます。

出典：厚生労働省「脳・心臓疾患の労災認定」6頁（https://www.mhlw.go.jp/new-info/kobetu/roudou/gyousei/rousai/dl/040325-11.pdf）をもとに作成

　また、2019年の働き方改革により、会社が、**36協定**で定める時間外労働の上限を守らなかった場合には、**罰則**が科せられることになりました。

　したがって、使用者としては、上限規制に違反しないように各従業員の時間外労働と休日労働の合計時間に、常に気を配る必要があります。

8 出退勤管理はどうしたらいい？

労働時間はどのようにカウントすればよいのかな

まずは労働時間とは何か正しく判断できるようになりましょう。その上で現実の労働時間を客観的な記録に基づいて確認していきましょう

労働時間

3

　労基法が規制する「労働時間」は、従業員が使用者の明示又は黙示の指示に従って実際に労働した「実労働時間」をいうとされています。

　実労働時間に該当するかどうかは、客観的に見て、労働者の行為が使用者から義務付けられたものといえるか否か等によって判断されます。

　主な判断要素は以下のとおりです。

≪判断要素≫
① 労働日か、休日か。
　労働日であったとしても所定労働時間内外か。所定労働時間外の場合は、労働が明示もしくは黙示に義務付けられるか、余儀なくされた状態にあったか
② 場所的拘束性の有無
③ 業務関連性の有無

　たとえば、以下のような時間は、使用者の指揮命令下にあったと客観的に認められるため、労働時間に該当するので注意してください。

① 使用者の指示により、就業を命じられた業務に必要な準備行為（着用を義務付けられた所定の服装への着替え等）や業務終了後の業務に関連した後始末

（清掃等）を事業場内において行った時間

②使用者の指示があった場合には即時に業務に従事することを求められており、労働から離れることが保障されていない状態で待機等している時間（いわゆる「手待時間」）

③参加することが業務上義務付けられている研修・教育訓練の受講や、使用者の指示により業務に必要な学習等を行っていた時間

出典：厚生労働省「労働時間の適正な把握のために使用者が講ずべき措置に関するガイドライン」3頁
(https://www.mhlw.go.jp/file/06-Seisakujouhou-11200000-Roudoukijunkyoku/0000187488.pdf)
より

労働時間の管理方法

●管理方法

　勤怠管理では、従業員の労働日ごとに始業・終業時刻を確認し、これを記録することで、実労働時間を確定させることが必要になります（単純に1日何時間働いたかを確認するだけでは不十分です）。

　具体的な管理方法としては、ビル入退館記録、職場入退室記録、パソコンのログオン・ログオフ、タイムカード、ICカード等の記録が代表的とされていますが、最近では有料の**勤怠管理システム**を導入する企業が増えています。

　いずれの方法によるにせよ、客観的な記録を基礎として従業員の始業・終業時間を確認し、適正に記録することが重要です。

コメント

【その他の留意点】
(1) 使用者自ら、あるいは労働時間管理を行う者が、直接、各労働者の始業時刻や終業時刻を現認し、記録する方法も可能とされますが、これを現実的に正しく行うことは難しいです。
(2) 労働者の自己申告によって労働時間を把握することは、客観的な方法により労働時間を把握しがたい「やむをえない場合」にのみ可能とされています。また、以下の「労働時間の適正な把握のために使用者が講ずべき措置」を講じることが必要となります。

①自己申告を行う労働者や、労働時間を管理する者に対しても自己申告制の適正な運用等ガイドラインに基づく措置等について、十分な説明を行うこと
②自己申告により把握した労働時間と、入退場記録やパソコンの使用時間等から把握した在社時間との間に著しい乖離がある場合には実態調査を実施し、所要の労働時間の補正をすること
③使用者は労働者が自己申告できる時間数の上限を設ける等適正な自己申告を阻害する措置を設けてはならないこと。さらに36協定の延長することができる時間数を超えて労働しているにもかかわらず、記録上これを守っているようにすることが、労働者等において慣習的に行われていないか確認すること

出典：厚生労働省「労働時間の適正な把握のために使用者が講ずべき措置に関するガイドライン」1頁
(https://www.mhlw.go.jp/file/06-Seisakujouhou-11200000-Roudoukijunkyoku/0000187488.pdf)
より

　詳細は「労働時間の適正な把握のために使用者が講ずべき措置に関するガイドライン」(https://www.mhlw.go.jp/stf/seisakunitsuite/bunya/koyou_roudou/roudoukijun/roudouzikan/070614-2.html) を参照してください。

●残業時間の確認と長時間労働の防止

　使用者は、長時間労働を防止するために、**勤怠管理**の記録を確認して、従業員の日々の残業時間のチェックを行い、残業が多い従業員については業務量を調節する等の対応をすることが重要になります。また、同時に残業時間を集計して、上限規制に反しないかどうかも適宜確認し、超える可能性がある場合には、対策を講じる必要があります。

3

さらに、**勤怠管理**の客観的記録と従業員の現実の労働時間に齟齬が生じている場合には、その実態について調査をしなければなりません。

したがって、**勤怠管理**の記録は、月に一度の給与計算の際に集計することでは不十分であり、日常的に従業員の労働時間を確認できるような仕組みにしておくことが望ましいとされています。

賃金台帳の調製

使用者は、適正な**賃金台帳**を調製しなければなりません（労働基準法第108条及び同法施行規則第54条）。

賃金台帳では、労働者ごとに、労働日数、労働時間数、休日労働時間数、時間外労働時間数、深夜労働時間数といった事項を適正に記入しなければなりません。

違反した場合には、労働基準法120条に基づき、30万円以下の**罰金**に処せられる可能性がありますので注意が必要です。

記録の保管

労働時間の記録に関する書類（労働者名簿、賃金台帳、出勤簿やタイムカード等の労働時間の記録関する書類）については、書類の種類によって3～5年間保存しなければならないとされています（労働基準法第109条）。保存期間の起算点は、それらの書類ごとに最後の記載がなされた日とされています。

管理監督者・みなし労働時間制度（例外）の場合

労基法上は、実労働時間制の例外として、**専門型裁量労働制**、**企画型裁量労働制**、**高度プロフェッショナル制度**、**事業場型裁量労働制**、**管理監督者制**がありますが、これらについても、健康確保の観点から、使用者に適正な労働時間管理を行う義務が発生しますので注意してください。

9 年次有給休暇の管理ってどうしたらいい？

有給休暇ってどうやって管理したらいいかわからないよ

まずは有給休暇の基礎について理解していきましょう

有給休暇の基礎知識

3

従業員には、以下の要件を満たす場合、法律で定める年次有給休暇（以下「年休」といいます。）を付与しなければなりません。

①雇入れの日から6か月間、継続して勤務していること（継続勤務要件）
②上記の間、全労働日の8割以上を出勤していること（出勤率要件）

▼年休の付与日数

週所定労働日数	1年間の所定労働日数	雇入れ6ヶ月	雇入れ2001年6月	雇入れ2002年6月	雇入れ2003年6月	雇入れ2004年6月	雇入れ2005年6月	雇入れ2006年6月
5日（もしくは4日以下であっても週30時間以上の所定労働時間）	217日以上	10日	11日	12日	14日	16日	18日	20日
4日	169～216日	7日	8日	9日	10日	12日	13日	15日
3日	121～168日	5日	6日	6日	7日	9日	10日	11日
2日	73～120日	3日	4日	4日	5日	6日	6日	7日
1日	48日～72日	1日	2日	2日	2日	3日	3日	3日

年休の時季指定権と時季変更権

年休は、労働者が指定した時季に取得させることが原則です（**時季指定権**）。使用

者は、例外的に、指定された年休日に、事業の正常な運営を妨げる事由がある場合には、時季変更権を行使して、従業員が指定した時季を変更することができます。

　なお、事業場全体での一斉休暇等のため、使用者の方から、時季指定を行うためには、労使協定に基づく年休の計画付与制度（**計画年休**）を利用することが可能です。

【その他の留意点】

・年休の時効（繰越し）は2年。
・年休の買取りは従業員の同意があったとしても原則できない。会社が年休を買い取れる場合は時効にかかった分と退職時に残っている分のみ。
・年休を取得したことにより、賃金や賞与・人事考課上の不利益を及ぼすことはできない。

年休を取得させる義務について

　年休の取得率を向上させるため、2019年の働き方改革によって、使用者が、下記の条件のもとで、労働者ごとに時季を指定して、年休を与えなければならなくなりました。

年10日以上（※ⅰ）の年休が付与される労働者に対して、年休の日数のうち以下の日数について、従業員の意見を聞いて、使用者が時季を指定して取得させること（※ⅱ）が必要。

年5日 ― ①計画的付与をした日数 ― ②従業員自らが取得した年休日数（※ⅲ）
　　　例　労働者が自分で2日取得、1日計画的付与により取得した場合
　　　　→　残り2日を使用者にて時季指定する
※ⅰ：前年繰越し分は除く。
　ⅱ：指定するだけでなく、現実に休ませることまで必要。
　ⅲ：前年繰越分の取得を含む、会社で半日単位の年休取得を認めている場合には、0.5日の控除も可。会社の独自の有休の特別休暇は含まない。
　ⅳ：違反した場には合30万円以下の罰金が科せられることがある。

　労基法どおりの運用をしている場合には、8割以上の出勤率で6か月間勤務した時点で、10日間の年休が付与されますので、この時点を基準日として、使用者は、各労働者について、1年以内に**5日**について、取得時季を指定して、年休を取得させなければなりません。その後は、1年ごとに**5日**の年休を取得させる義務が継続していきます。

▼年5日の時季指定義務

(例)入社日:2019/4/1 休暇付与日:2019/10/1(10日付与)

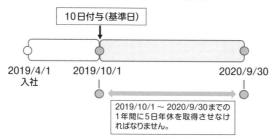

出典:厚生労働省「年5日の年次有給休暇の確実な取得　わかりやすい解説」5頁(https://www.mhlw.go.jp/content/000463186.pdf)をもとに作成

　上記とは異なり、法定の基準日(雇入れから6か月後)以前の前倒しの付与(たとえば入社時に10日間の年休を付与)、統一的基準日制度(入社日に関わらず有給の付与日を統一する方法)も可能です。この場合の運用方法は、厚生労働省の「年5日の年次有給休暇の確実な取得　わかりやすい解説」8～10頁(https://www.mhlw.go.jp/content/000463186.pdf)に詳細な解説があるため、ご参照ください。

年休の管理

　年休については、**年休管理簿**を作成することが義務付けられています。

　年休管理簿では、年休の時季、日数及び基準日を、労働者(全従業員であり、管理監督者やパート等も含みます)ごとに明らかにした上で作成しなければなりません。

▼年休の管理

(例)労働者名簿または賃金台帳に以下のような必要事項を盛り込んだ表を追加する。

年次有給休暇取得日数	基準日	2019/4/1 ← 基準日	(補足)基準日が2つ存在する場合(P9参照)には、基準日を2つ記載する必要があります。
	取得日数	18日 ← 日数	(補足)基準日から1年以内の期間における年休取得日数(基準日が2つ存在する場合(P9参照)には1つ目の基準日から2つ目の基準日の1年後までの期間における年休取得日数)を記載する必要があります。

	2019/4/4(木)	2019/5/7(火)	2019/6/3(月)								
年次有給休暇を取得した日付	2019/9/2(月)	2019/10/9(水)	2019/11/5(火)	2019/12/6(金)	2020/1/14(火)	2020/2/10(月)	2020/3/19(木)	2020/3/20(金)			
	↑ 時季(年次有給休暇を取得した日付)										

出典:厚生労働省「年5日の年次有給休暇の確実な取得　わかりやすい解説」7頁(https://www.mhlw.go.jp/content/000463186.pdf)をもとに作成

3

なお、年休管理簿は労働者名簿又は賃金台帳とあわせて調製することが可能とされており、必要なときにいつでも出力できる仕組みとした上で、**勤怠管理システム**において管理することも差し支えないとされています。年休の運用のポイントについては以下の表を参考にしてください。

▼現実の運用方針の検討

	目的	対応方針	メリット	デメリット
①	有休の管理を容易にする	一斉付与の統一基準日を設ける。	・有給管理が容易となる。	・就業規則の改定必要
②	時季指定を不要にする	計画的付与で5日指定する（ex.1：正月休みや夏季休暇、ゴールデンウィーク等につなげる）（ex2：一斉付与方式、班グループ別交代方式、個人付与形式）	・取得状況のチェック、時季指定権の行使が不要となる。 ・就業規則の改定不要	・労使協定の締結必要
③	5日取得させる	年次有給休暇計画表を作成する（各人の基準日に作成）	・労使協定は不要 ・年間の職場内の調整がしやすい	・就業規則改定必要
④	5日取得させる	時季指定権を行使する	・労使協定不要 ・アラートシステム導入済みの場合は対応が楽	・就業規則改定必要 ・システム未導入の場合、アナログで管理する

10 取引先との書類のやりとり、どんなものがある？

総務

うまくいきそうな商談があるんだけど、ところで取引先とは、どのような書類をやりとりすればいいの？

見積書・発注請書・納品書・請求書・領収書などの書類がありますよ！

取引先との間で発行／受領する書類の種類

3

ネット通販のように最終消費者と直接取引する業態であれば、領収書を発行する程度の書類のやり取りで済みますが、会社同士の商談では、複数回書類をやり取りすることが一般的です。取引先と商談が進んで商品・サービスを提供することが決まり、発注を受けて納品し、請求して入金があるまで、様々な種類の書類をやり取りすることになります。以下、代表的な書類を確認していきましょう（契約書については3-18節参照）。

●見積書

　見積書は、商品・サービスを提供する前に、おおまかな納期、商品名、仕様、金額を伝えるために発行する書類です。また、当該見積りがいつまで有効か、有効期限を明示することが一般的です。

▼見積書の例

見積書

〒123-4567
東京都千代田区XX 56-78

発行日	2020/8/31
No.	M202008001

とりひきさき株式会社 御中

　　　　　　　　かえる株式会社
　　　　　　　　〒123-4567
下記の通りお見積り申し上げます。　東京都千代田区XX 12-34
　　　　　　　　TEL 03-1234-5678

お見積金額(税込)
￥3,850,000

[お見積りの有効期限]　　　2020/9/30

内容	数量	単位	単価(税抜)	消費税	小計(税抜)
商品A	10	セット	￥150,000	10%	￥1,500,000
商品B	10	セット	￥200,000	10%	￥2,000,000
				小計	￥350,000	￥3,500,000

備考

●発注請書

　見積書の納期、商品名、仕様、金額に取引先が納得し、商品・サービスを提供することが決まったら、取引先から発注書を提出してもらいます。発注書を受領したら、たしかに受注したことを取引先に伝えるために、**発注請書**を発行します。

　発注請書には、正式な納期、仕様、金額を記載します。**発注請書**は売買契約や業務委託契約の代わりになることがあるため、正確な情報を記載するように注意しましょう。また、契約書と同じく、紙で**発注請書**を発行する場合には印紙税がかかる可能性があります。紙の**発注請書**を作成せず、PDF等の電子媒体で発行する場合には、印紙税がかかりません。取引先がPDFでもよいのか、紙が欲しいのか、確認してみましょう。

▼発注請書の例

●納品書

商品・サービスを提供したら**納品書**を発行しましょう。**納品書**には商品名、仕様、金額を記載しましょう。納品と同時に請求する場合には、**納品書**と**請求書**を同じ書式で作成する場合もあります。

商品・サービスを提供したら、取引先に十分な品質であったかを確認してもらいましょう。この取引先による確認を検収といいます。検収が完了したら、取引先に検収書を発行してもらいましょう。検収書は商品・サービスの内容に不具合がなかったことの証明になるため、後々のトラブル防止のために重要な書類になります。

▼納品書の例

●請求書

　検収書を受領し、取引先が商品・サービスの内容に納得したことを確認したら、**請求書**を発行しましょう。取引先とお金のやり取りが発生する大切な書類ですので、内容に間違いがないか、営業担当者の方によくよく確認をしてから発行しましょう。**請求書**には商品名、仕様、金額、振込先銀行情報、支払期日を記載しましょう。

　請求書を発行するタイミングは、取引先との売買契約／業務委託契約の内容によって異なります。一度きりの取引であれば、契約で決められたタイミングで発行することになります。継続的な契約であれば、「月末締め／翌々月末払い」というように、締日を設けることが一般的です。**請求書**の発行が遅れると入金が遅れるため、遅滞なく発行しましょう。

▼請求書の例

●領収書

　商品・サービスの対価としてお金を受け取ったら、**領収書**を発行することがあります。**請求書**を発行して銀行振込で支払ってもらう場合、**領収書**を発行するケースは少ないですが、店舗でお客さんに商品を渡し、その場で現金精算するような場合には**領収書**を発行することになります。**領収書**には領収金額、消費税、但書き、領収日付を記載します。

　税抜の領収金額が**5万円**以上となる場合には**印紙税**がかかり、**収入印紙**を添付しなければならないため注意が必要です。

　ただし、**クレジットカード決済**の場合にはその場で現金の授受がないため、収入印紙の添付は不要です。この場合には、但書きに「**但しクレジットカード利用**」と記載しましょう。

▼領収書の例

11 印紙・切手の管理は どうする？

印紙はすべての書類に貼らないといけないの？

印紙税を納めるために、必要書類には貼らないといけません！

収入印紙は何に使うの

収入印紙とは、国庫収入となる租税・手数料その他の収納金の徴収のために政府が発行する証憑で、**印紙税**の納税額と同等の収入印紙を書類に貼ることで印紙税を証明したことの証明となります。

収入印紙は、印紙税法で定められた**課税文章**に貼付けをします。

主な書類としては、**契約書**、**領収書**があり、金額に応じて印紙の金額も変わります。業種によって収入印紙を使う頻度や金額が異なります。特に不動産業界では高額の収入印紙を使用するケースがあり、収入印紙の管理に特に気をつける必要があります。なお、クラウドサイン等の電子契約サービスを使用すれば、印紙税が課税されないケースが多く、電子契約サービスを用いた書面のやり取りが可能であれば、利用を検討してみてください。

収入印紙や切手を管理する方法とは

収入印紙や**切手**は、現金に換金可能なものであるため、現金と同様管理を行う必要があります。

収入印紙や切手の管理は、現金と同様、購入時と使用時の履歴を把握し、残数を確認します。残数については、**切手・印紙受渡簿**等を使用して、残数管理を行います。

3

▼切手・印紙受渡簿

日付	切手				印紙							
	63円	84円	94円	120円	50円	100円	200円	400円	600円	1,000円	2,000円	4,000円
前月繰越	10	10	0	5			3	5				
4月1日	-1											
4月2日							-1					
4月4日	-3											
4月5日				-3				-2				
翌月繰越	6	10	0	2	0	0	2	3	0	0	0	0
金額	378	840	0	240	0	0	400	1,200	0	0	0	0

他のメンバーに収入印紙や切手を数えてもらおう

　現金に換金できるものであるため、現金残数を確認するのと同じタイミングで残数を数え、**切手・印紙受渡簿**等で管理している残数との一致を確認します。その際1名のみで実施せず、2名以上で確認することが望ましいです。

12 備品・消耗品の購入、固定資産の管理って？

値段が高いものを買ったら固定資産にすると聞いたけど…。どうしたらいいの？

固定資産として計上しなくてはいけないものは税金のルールで決まっているので、困ったら税理士の先生に相談しましょう！

備品や消耗品の発注

会社で使う**備品**が壊れたり、**消耗品**がなくなった場合、これらを買う必要があります。

このとき、実際に使う部門でばらばらに購入するのではなく、管理部で取りまとめて購入するようにしましょう。消耗品の使い過ぎや、ばらばらに購入することで値段が高くなることがあるほか、最悪の場合、これらのものが盗まれるようなケースもあります。

本当に必要なものかどうか確認した上で物を買うようにしましょう。

物を買ったときの経理

備品などの物を買うときは、経理で注意しなければならないことがあります。それは、**固定資産**として計上するかどうかを判断しなくてはいけない、ということです。

物を買ったときに、固定資産として計上しなくてはいけないか、全額を買った年に費用として計上するかは、税金のルールの一部として定められています。

一般的には**10万円未満**であれば費用として計上することが認められますが、10万円より大きい金額でも費用として計上できるケースもある一方、ひとつの物が10万円未満であっても費用として計上できないケースもあることから、いったん費用で計上しておき、税理士に相談して、あとで正しく修正するのがよいと思われます。

このとき、科目としては、**備品消耗品費**などの、物を買ったことがわかる科目にしておくと、あとで見直すときにわかりやすくなります。

固定資産台帳を作る

買った物を**固定資産**として計上した場合、決められた年数にわたって徐々に費用として取崩していく**減価償却**という経理処理が必要になります。

そのためには、いつ・何を・いくらで買ったか、そしてそれを何年かけて減価償却するかを管理するために、**固定資産台帳**を作る必要があります(固定資産台帳の詳細な内容は6-22節参照)。

固定資産台帳は、一般的な会計ソフトであれば実装されています。固定資産を仕訳で計上した際には、同時に固定資産台帳にも登録を忘れないようにしましょう。このとき、減価償却の方法や年数については、税理士に相談するのがよいでしょう。

固定資産の金額に誤りがあると、会社の経理数値に影響が出るだけではなく、固定資産に関する税金(**償却資産税**)を誤って申告することになってしまいます。

▼固定資産台帳の例

資産コード	資産名	償却方法	数量	供用開始日	取得価額	耐用年数
建物付属設備						
10001	事務所造作	旧定額	1	H18.12.31	2,100,000	10
10002	パーテーション	新定額	1	H27.3.31	150,000	3
車両運搬具						
20001	ミニバン	200%定率	1	H27.4.30	560,000	6
20002	軽トラ	200%定率	1	H30.10.31	892,000	4
20003	フォークリフト	200%定率	1	H31.1.31	450,000	4
工具器具備品						
50001	事務机一式	250%定率	1	H23.9.30	258,000	8
50002	パソコン	200%定率	2	H29.3.31	240,000	4
50003	複合機	200%定率	1	H29.3.31	310,000	5
50004	エアコン	200%定率	1	R1.7.31	113,000	6

減価償却の仕訳

先ほど述べたとおり、**固定資産**については毎年**減価償却**という形で費用を計上しなければなりません。

減価償却費の金額については、会計ソフトの中の**固定資産台帳**に正しくデータが登録されていれば、自動で計算をしてくれるため、その金額を仕訳入力すれば大丈夫です。

減価償却費については、決算の時に年に1度だけ仕訳を計上する会社も、毎月仕訳を計上する会社もあります。毎月仕訳を計上するほうが、業績をチェックする際に偏りがない数字を見ることができますが、年度の途中で買った資産があった場合、数値の計算が煩雑になることもあります。

第4章

月次で発生する業務

月次決算って必要？

経理

月次決算ってやる必要はあるのかな？

月次決算をやる法的な義務はありませんが、月次決算をやっておくと年次決算をスムーズに行うことができたり、会社の状態を適時に把握して事業戦略を検討することができますよ

月次決算の必要性

　月次決算とは、事業年度末に行われる**年次決算**とは別に、毎月の経営成績や財政状態を明らかにするために月次で行う決算のことをいいます。年次決算は会社法、法人税法といった法令に基づきすべての会社で実施することが要求されていますが、月次決算はそのような義務はありません。月次決算は一切行わず、年次決算のみを実施している会社も多く存在しています。このように**月次決算**は法令上の義務はないものの、実施していると年次決算業務の負担を軽減することができたり、月次で会社の業績を**リアルタイム**に把握することができるため、状況の変化に伴う適切な経営判断を行うことができるというようなメリットがあります。月次決算を行うことで生産状況や先方の検収遅れ、債権の回収遅れなどの問題も**早期発見**でき、適宜対応することで健全な経営を実現したり、年度決算で利益が多く出そうだと予測される場合は、先んじて**節税対策**を講じることもできます。特に昨今では、ダイナミックにビジネスの状況が変わり、その変化に適応することが会社に要求されているといえます。このような状況で会社の状態を数値面で確認することなく事業を行っていくことはリスクがありますので、月次決算を行う必要性は増してきているともいえましょう。

　一方で月次決算には作業負荷もあるため、効率的に実施するために会計ソフトなどの**ITツール**の利用、自社でのリソースを用意できない場合には会計事務所への**アウトソーシング**等を検討することが有用です。

月次決算は、月中の取引を締切り、在庫の確定や減価償却費の計上などの決算作業を行い、データを集計して行っていきます。月次決算をまとめるのに時間がかかってしまうと、ほかの業務を圧迫するだけでなく、経営判断の遅れにつながります。このように月次決算は適時に行うことが重要となるため、**スピード**と**正確性**が要求される作業といえます。

●月中の取引の締切り作業

営業担当者による売上の計上や、購買担当者による仕入の計上、経理担当者による売掛金の回収・買掛金の支払い、交通費や交際費などの経費の精算など、その月の入出金の流れを締切ります。各担当者からの資料の提出が遅くなるとその分月次決算が遅れていきますので、締切りの期日を厳守してもらうように働きかけておきましょう。その月の買掛金や経費の請求書・領収書、預金通帳、当座照合表や現金出納帳などから会計ソフトにその月の取引の入力を実施します。

●残高の確認

現金・預金について会計ソフトに入力された勘定の帳簿残高と現金の実査結果、預金通帳や当座照合表と照合を行い、実際残高に差異がないかを確認します。差異がある場合はその原因を追究して適切な処理を行います。

●月次棚卸高の確定

月末の在庫金額を確定します。月次で在庫の棚卸を実施している場合は、月末時点で未販売の製品や商品、材料、切手やサンプル品などの貯蔵品が社内にどれくらいあるかをカウントし、それらが帳簿残高と一致しているか確認します。

棚卸の実施が月次ではなく半年ごと、又は年1回の場合は、在庫に関する記録をもとに正しい月末残高を記帳します。

●仮勘定の整理

仮払金や仮受金など、一時的な仮勘定の内容を精査し、正しい科目に振り替えて整理します。また、入金漏れや支払い漏れがないかどうかも確認します。

●経過勘定の計上

当月に支払や受取が行われておらず、次月以降に支払いや収入があるものについ

4

ては、未払費用や未収収益として経過勘定に計上します。特に、月次決算中に自社に
到着する請求書の未払計上が漏れることが多いので注意が必要です。スピーディー
に処理をするために、対象科目や計上基準をあらかじめ設定しておきましょう。経過
勘定により費用を損益計算書に反映することで、その月の経営状況の把握がより正
確になります。

●減価償却費・引当金の計上

　減価償却費や賞与引当金などの年間や数か月の期間で発生する費用は、費用全体
の金額を見積もった上で、月割の金額を計上します。退職給付費用や固定資産税、各
種保険料、労働保険料なども月割計上処理をすることで経営状況の把握がより正確
になります。

●月次試算表の作成

　上記作業で確定した仕訳を会計ソフトに入力し、月締めした**月次試算表**を作成し
ます。試算表では貸借対照表でマイナスになっている残高がないか、前年度の同じ
月と比較をして（会計ソフトの機能として前年度比較をするとよいでしょう）異常に
増減しているような項目がないかを確認します。誤りが検出された場合には、適切に
修正を行います。

●月次業績報告

　月次業績を報告するために、月別の予算や前年同月実績との**比較資料**などを作成
し、年間計画との差異を予測して経営状況を把握できるようにします。

月次決算のポイント

　月次決算をまとめるのに時間がかかってしまうと、ほかの業務を圧迫するだけで
なく、経営判断の遅れにつながります。業務が滞り遅延を発生させないためにも、ど
のようなポイントに注意すべきかご紹介します。

●経費精算の締め日を徹底する

　月次決算を期日どおりに行うには、請求書や納品書、経費精算の伝票などを、各部
署から期限までに確実に提出してもらわなければなりません。月次決算の遅れは、大
半がこの遅れによるものといってもいいでしょう。各部署での処理業務が遅れると、
その後でまとめる経理部門の作業にも大きく影響します。**締切日**を社内へ事前アナ

ウンスしておき、早めに証憑類が経理部門に集まるよう徹底しましょう。また、社外の取引先に対しても締切日の厳守について協力を仰ぐことも有用です。

●月次決算スケジュールを社内で共有する

月次決算において、各部門・部署との連携は欠かせません。社内で月次決算の目的と**スケジュール**を共有することも意識しておきたいポイントです。月次決算を自分事として理解し取り組んでもらうことで、よりスムーズなプロセスを組みやすく、進捗管理もしやすくなります。グーグルカレンダーなどを利用することもよいでしょう。

●クラウド型会計システムを活用する

会計システムを**クラウド**化すると、金融機関の入出金データを取り込んで自動仕訳ができるので、預金残高の確認・記帳が手で入力する場合に比べて早期に実施することができます。領収書などの証憑を取り込み、自動仕訳・起票する機能についても進化してきています。クラウドのメリットを活かせば、会計事務所とデータを共有し、仕訳処理で分からないことなど日常の疑問をすぐに確認、解決することも可能になるというメリットもあります。

4

2 在庫管理の方法は？

棚卸資産ってどんな資産のことをいうの？

棚卸資産とは一般的には「在庫」とも呼ばれ、販売及び消費を目的に比較的短期間保有する資産で、具体的には商品・製品・半製品、仕掛品、原材料、貯蔵品がありますよ！

棚卸資産とは

棚卸資産には次のような種々のものがあります。物品販売業は仕入販売業と製造（販売）業に区分できます。仕入販売業において販売するために他社から仕入れして保有するのが**商品**です。一方、製造業において自社で製造して販売するために保有するのが**製品**、製品を製造するために仕入れし保有する材料や部品などが**原材料**、製造途中でまだ完成していないのが**仕掛品**、そのうち製造途中でも販売可能なのが**半製品**です。また、会社において消費するために購入してまだ消費していないものを**貯蔵品**と言います。

棚卸資産はいずれも事業を行う過程で比較的短期に販売したり、消費されてなくなるために流動資産に区分されます。しかし、不動産販売業においては、土地や建物などといった通常は固定資産に区分される資産が棚卸資産となる場合もあります。

棚卸資産管理の必要性

棚卸資産は、販売目的で保有したり、販売目的の資産を製造するために保有したりと、とにかく販売と密接な関係のある資産であり、それはとりもなおさず主たる経営目的に関係する資産であるという点で重要な資産です。

そのため、販売面で得意先のニーズに速やかに応えられるように十分な在庫を保有しておく必要がある一方で、資金面で重要な経営資源である資金を在庫という形

で固定化してしまい他に利用することができなくしてしまうという点で、在庫の持ち過ぎを起こさないようにする必要があります。つまり、適切な**在庫管理**を行い、過不足のない在庫を保有することが経営上の重要な課題となります。

　また会計上は、期首棚卸資産残高に期中仕入・製造高を加え、そこから期末棚卸資産残高を差しい引いた差額で**売上原価**を計算するが故に、期末の棚卸資産残高を正しく把握することが、売上原価を正しく計算し、ひいては利益を正しく計算するために不可欠なこととなります。

　以上の点から、棚卸資産は重要な資産であるためその管理を適切に行うことが非常に重要となるわけです。

●棚卸資産（在庫）管理の方法

　棚卸資産（在庫）管理とは、上記のような**棚卸資産**について、数量面と金額面において受入れと払出し、また残高の管理をすることです。棚卸資産を管理することで、売上を計上するためや製品を製造するために、どれだけの棚卸資産が販売・使用されたか、また現在、どれだけの棚卸資産が残っているかを把握することが可能になります。とくに会計では、商品や製品の売上高に対応する原価である売上原価を計算する際に、下記のような計算式で計算するため、期末の棚卸資産残高の把握が重要となります。

4

売上原価＝期首棚卸資産残高＋期中仕入高・製造高－期末棚卸資産残高

　この**棚卸資産管理**の方法には大きく分けて、帳簿に継続的に受入・払出記録をつけて管理する**継続記録法**という方法と、受入記録だけ行い、払出記録はせずに定期的に現物の残高を数えて管理する**棚卸計算法**という方法があります。

　２つの棚卸資産管理方法のメリット・デメリットをまとめると以下のようになります。

▼２つの管理法の比較

	継続記録法	棚卸計算法
メリット	棚卸資産の残高数量や期中の払出数量を常に把握することができる。	期中は受入数量のみを記録すればよく、比較的手間がかからない。
デメリット	期中は受入数量と払出数量の両方を記録が必要で手間がかかる。	期中において残高数量や払出数量を把握することができない。

ところで、**継続記録法**では、記録間違いや盗難紛失などによって受入・払出数量の記録が間違っている場合があります。また、**棚卸計算法**では期中は払出数量の記録はされておらず、払出数量があくまで受入数量と残高数量の差額によってしか把握できず、算定された払出数量分に盗難紛失などの異常な数量減少が混入していたとしても分離できず、適正な売上原価を計算できません。

　そこで、実際には、継続記録法をベースに期中の受入・払出管理を行い、期末には**棚卸記録法**で行われる実地棚卸を行って現物の残高を把握し、継続記録法の記録を現物残高に修正して棚卸資産管理の正確性と、売上原価計算の適正性を確保することが行われています。

コラム

在庫管理システム

　通常、在庫管理を手書きの帳簿で行っている会社は少なく、多くの会社では在庫管理システムが導入されています。在庫管理システムでは、一定期間における在庫の受払及び一時点での在庫残高について、その数量と金額に関する情報を管理するだけでなく、在庫年齢（在庫を仕入又は製造してから現在までの月数などの期間）等を把握し、期末時点の在庫に関して会社が採用する評価基準にしたがって評価計算を行っています。この在庫管理システムによって、後述する商品在高帳などの各種の管理帳票が作成され、登録された評価方法などの指示によって、手作業で行えば手間がかかり、間違えも起こりがちな様々な計算処理が自動で行われます。

　在庫管理システムは、棚卸資産といった事業上の重要な資産を管理対象としているため、販売管理システム・購買管理システム・製造管理システム・原価計算システム・物流システム・会計システムといった主要な業務管理システムとの間でデータを受払して連携しています。そのため他の業務管理システムとの接続が重要であり、近年は在庫管理システムを単独で導入することは少なく、ERPシステム（主要な業務管理を統合し、業務の効率化と情報の一元化を図る業務統合パッケージ・システム）の一部として開発・導入されることが増えてきています。

3 在庫評価の方法は？

同じ棚卸資産でも購入単価が違うとき、在庫の単価ってどう計算するの？

それは棚卸資産評価額の計算と言って、先入先出法、総平均法、移動平均法、最終仕入原価法という4つの方法があります

棚卸資産の評価

● 棚卸資産の購入原価

棚卸資産の取得原価は原則として「**購入対価**（又は**製造原価**）＋**付随費用**」として計算します。**購入対価**とは棚卸資産本体の価格であり、**付随費用**とは棚卸資産を取得するまでにかかった運賃や手数料などの引取費用などを言います。この取得原価を取得数量で割ることで購入（又は製造）単価が計算されます。

● 棚卸資産の単価計算

期末に保有している棚卸資産の金額を計算することを棚卸資産の評価と言い、棚卸資産の評価は購入（又は製造）単価×数量で計算されます。棚卸資産の購入（又は製造）単価はその都度同じとは限りませんので、棚卸資産の評価では単価をいくらで計算するかということが問題となります。

たとえば、最初に1つ購入した時の単価は@100で、2回目にもう1つ購入した時の単価は@120であったということが起こります。仮にその後に2つのうち1つを売却したとすると、売却した棚卸資産の単価はいくらか、また残った棚卸資産の単価はいくらかを計算する必要があります。この単価計算を含む棚卸資産の評価方法には主に、**先入先出法**、**総平均法**、**移動平均法**、**最終仕入原価法**という4つの方法があります。なお、棚卸資産の評価方法は事業の種類、棚卸資産の種類、その性質や使用方法等を考慮して選択し、その方法を原則的には毎期継続して適用しなければいけません（上記の4つの方法以外に、**個別法**や**売価還元法**といった方法もありますが、一部の特殊な棚卸資産を扱う業種でのみ採用される方法であり、一般的な方法では

4

ないため、ここでは説明を省略します）。

先入先出法

　先入先出法は、先に取得したものから先に払出すという仮定にもとづいて計算する方法です。実際にも先に取得したものから極力先に出そうとすることが多いため、この方法は実際のものの動きに近い方法であることが多いと思われます。かといって実際のものの動きと一致するとは限らず、あくまで計算上はそのようにものが動いたと仮定するということで計算します。

　では、購入単価の異なる仕入れのあと、その一部を売上げた場合に、在庫単価を先入先出法で計算すると**商品有高帳**（商品の受払及び残高に関する数量・単価・金額を記録した帳簿）がどうなるか、確認してみましょう。

▼先入先出法の商品有高帳の例

日付	摘要	受入			払出			残高		
		数量	単価	金額	数量	単価	金額	数量	単価	金額
×月1日	仕入	100	150	15,000				100	150	15,000
×月2日	仕入	100	160	16,000				100	150	15,000
								100	160	16,000
×月3日	売上				100	150	15,000			
					50	160	8,000	50	160	8,000
合計		200		31,000	150		23,000	50		8,000

総平均法

　総平均法は、一定期間の仕入の平均単価を用いて払出金額や残高金額を計算する方法です。通常は月単位で行われることが多く、その場合は月次総平均法などと呼びます。月単位で行った場合で詳しく言うと、払出時には数量の記録のみを行い、月末に前月繰越額と当月仕入額の合計金額を前月繰越数量と当月仕入数量の合計で割って平均単価を求め、この平均単価で払出金額や月末残高金額を計算する方法です。

　総平均法は、単価計算を一定期間（たとえば1か月）に1度しか行う必要がないため簡便ですが、一定期間経過後まで単価が確定しないために、一定期間の途中で払出金額はいくらかを知りたい時などには不便な方法です。

　では、購入単価の異なる仕入の後にその一部を売上にした場合の在庫単価を総平均法で計算した場合の商品有高帳を見てみましょう。

▼総平均法の商品有高帳の例

日付	摘要	受入			払出			残高		
		数量	単価	金額	数量	単価	金額	数量	単価	金額
×月1日	仕入	100	150	15,000				100		
×月2日	仕入	100	160	16,000				200		
×月3日	売上				150	155	23,250	50	155	7,750
合計		200	※155	31,000	150		23,250	50		7,750

※31,000 ÷ 200 = 155

移動平均法

移動平均法は、仕入の都度、仕入する以前に残っている在庫金額と新たに仕入した在庫金額の合計額をそれぞれの在庫数量の合計で割って平均の在庫単価を計算し、払出金額や残高金額を算出するという方法です。移動平均法は、総平均法と同じく平均によって金額を求める方法ですが、総平均法の一定期間の途中で払出金額を知ることができないという問題が解消されています。ただし、移動平均法も先入先出法と同様に仕入の都度計算が必要といった手間がかかってしまいます。しかし、現在のように多くの会社で購買システムが導入され、仕入金額と数量さえ入力すれば移動平均単価を自動で計算してくれるために、購買システムを導入している場合では比較的多くの会社で導入されています。

では、購入単価の異なる仕入の後にその一部を売上にした場合の在庫単価を移動平均法で計算した場合の商品有高帳を見てみましょう。

▼移動平均法の商品有高帳の例

日付	摘要	受入			払出			残高		
		数量	単価	金額	数量	単価	金額	数量	単価	金額
×月1日	仕入	100	150	15,000				100	150	15,000
×月2日	仕入	100	160	16,000				200	155	31,000
×月3日	売上				150	155	23,250	50	155	7,750
合計		200	155	31,000	150		23,250	50		7,750

最終仕入原価法

最終仕入原価法は、期末日に最も近い日（最終仕入日）に仕入した棚卸資産の単価を残ったすべての在庫評価の単価とする方法です。法人税法ではこの方法を原則と

4

しており、それは最後に仕入した棚卸資産の購入単価が分かれば、期末の在庫の評価額の計算が簡単にでき、どんな会社でも最低限の手間で在庫評価が可能となるためです。この方法は、残った在庫を期末近くの購入単価で評価するため、期末日近くの現実の棚卸資産の価値が反映される方法です。しかし、期末に残った在庫数量が最後に仕入した数量を超えるとあまり現実を反映しない計算結果になる場合がありますので、期末近くに棚卸資産の大きな価格変動がある場合は注意が必要です。

　では、購入単価の異なる仕入の後にその一部を売上にした場合の在庫単価を最終仕入原価法で計算した場合の商品有高帳を見てみましょう。

▼最終仕入原価法の商品有高帳の例

日付	摘要	受入			払出			残高		
		数量	単価	金額	数量	単価	金額	数量	単価	金額
×月1日	仕入	100	150	15,000				100		15,000
×月2日	仕入	100	160	16,000				200		31,000
×月3日	売上				150			50	160	8,000
合計		200	155	31,000	150		23,000※	50		8,000

※受入総額31,000 一在庫金額8,000 (@160 × 50) ＝ 23,000

コラム

棚卸資産の低価法

　棚卸資産は上記でみた評価方法で計算した原価で計算され、これを**原価法**と言います。一方で、棚卸資産の価値が低下した場合に、その評価額を回収可能価額(期末時点の販売可能価格又は再購入価格)まで引下げる**低価法**という評価法があります。会計規則においては、原価法の中に低価法の考え方が取り入れられており、法人税法においても、原則的な評価法は原価法ですが、この低価法を採用する旨を税務署長に申請し承認されれば、選択可能と可能となっています。

　法人税法における低価法では、原価法により算定した取得価額と期末時価を比較して、いずれか低い価額をもって期末評価額とします。ここで期末時価とは、商品又は製品を売却した場合の売却可能価額から見積追加製造原価及び見積販売直接経費を控除した正味売却価額であるとされています。原価法による期末評価額と低価法による期末評価額の差額は評価損として法人税法上で損金に計上することができます。

4 実地棚卸の方法は？

実地棚卸ってどうやるの？

実地棚卸の方法には、タグ方式、リスト方式の2つがあります が、最近ではバーコードを使った方式も多く採用されるように なってきています！

棚卸とは

　棚卸とはある時点で保有している在庫残高数量を把握することです。会計上は先に説明したように、売上原価を計算する上で期末棚卸資産残高は重要な計算要素であるため、その意味でも棚卸は重要な業務となります。

　この棚卸には、実際に存在している在庫現物数量をカウントして調べる**実地棚卸**と、帳簿上で受入・払出を把握して差引で在庫残高数量を推定する**帳簿棚卸**の2種類の方法があります。実地棚卸では実在庫が把握されるのに対し、帳簿棚卸で推定される帳簿在庫は、あるべき在庫という意味で理論在庫と呼ばれます。帳簿棚卸では帳簿記録が間違っている場合もありますので、定期的に実地棚卸を行って、帳簿棚卸で把握された帳簿在庫と実地棚卸で把握された実在庫を照合することで、正確な在庫残高を把握し、かつ、帳簿残高を実在庫に一致させることが必要となります。以下では、その実地棚卸について詳しく説明していきます。

実地棚卸のカウント方式

　実地棚卸の際に、現物をカウントして把握する方式には、以下の**タグ方式**（棚卸原票を使用する方式）・**リスト方式**（棚卸リストを使用する方式）・**バーコード方式**（棚卸資産につけたバーコードをリーダーで読み取る方式）の3つがあります。

4

▼3つの実地棚卸方式の比較

名称	内容とメリット・デメリット	
タグ方式	棚卸原票や棚札と呼ばれる予め連番が付いたタグを使って実地棚卸を行う方式です。タグは原則、棚卸資産1品につき1枚を現品に貼付して使用し、白紙のタグにカウントした棚卸資産の品番・品名、数量、置き場所名等を記入します。	
	メリット	タグをカウントした現物に貼り付けていくことで、棚卸漏れや二重カウントを防止することができます。
	デメリット	タグの枚数が多くなってしまい、現品に貼付する手間や現品から回収する手間がかかります。
リスト方式	棚卸リストや棚卸表と呼ばれるリスト（一覧表）を使って実地棚卸を行う方式です。棚ごとなどのロケーション単位で白紙のリストに複数の棚卸資産の品番・品名、数量・置き場所等を一覧式に記入します。	
	メリット	タグ方式と違って、現品にリストを貼り付ける必要がなく、カウントが終了したら回収する際もタグよりも枚数が少なくて済みます。
	デメリット	現品に貼り付けて実地棚卸漏れや二重カウントを防止することはできません。
バーコード方式	棚卸資産現物や棚等にバーコード付きのタグを付けておき、ハンディーターミナル端末（HT）でバーコードを読み取って品目に関する情報を読み込ませ、カウントした数量をHTに入力する方法です。	
	メリット	タグやリストを用意する必要がありません。HTに入力したカウントデータをそのまま在庫システムに取り込むため、入力の手間を省き、入力間違いも減らすことができます。
	デメリット	棚卸漏れや二重カウントが生じやすく、またHT端末を購入する資金が必要であり、使えるHT端末の台数が十分でない場合、実地棚卸の実施が制限を受ける場合があります。

実地棚卸の手順

実地棚卸の手順を、事前準備・実地棚卸当日・実地棚卸後と時系列順に3つに区分して以下で説明していきます。

●実地棚卸の事前準備

実地棚卸を成功させ、正確な在庫把握を可能にするためには事前の準備が重要です。以下の準備を行って実地棚卸当日に備えます。

実地棚卸日の決定

実地棚卸を実施する日を決定し、関係部署に周知します。実地棚卸は通常、期末日

又は期末日の翌日に実施します。ただし、実地棚卸を実施し、その結果を確定して集計する作業にはかなりの手間と時間を要するため、期末日（決算日）の1～2か月前に実地棚卸を実施する場合があります。その場合、実地棚卸日現在の実在庫数量に期末日までの帳簿上の受払数量を加減して期末日現在の在庫数量を算出するため、帳簿によって正確な受払数量の情報が把握できることが前提となります。

在庫・置場所の整理整頓

　実地棚卸では実施前の準備が重要です。実地棚卸の精度と効率を上げるためには、同じ棚卸資産が複数個所に散在するようなことがないように、なるべく置場所を1か所にかため、カウントミスが生じないように空き箱や不良在庫等は予め処分して、実地棚卸の対象物があるエリアとないエリアを明確に区分するなど、事前に在庫及び在庫置場の整理整頓を行っておくことが肝要です。

タグ・リスト等の準備

　棚卸対象品の性質や保管状態に応じて、3つのカウント方式から適切なカウント方式を決定した上で、実地棚卸当日使用するタグやリストを印刷して準備します。どの在庫置場所ではどのカウント方式で実施するかを明確にして、実地棚卸の対象場所となる工場や倉庫などの見取り図を用意し、担当部署や担当者ごとに担当エリア分けをしておきます。

実地棚卸マニュアルの作成と説明会の実施

　実地棚卸は通常、同じ日に全社一斉に実施します。そこで、実施場所や実施担当者によってやり方が異なり、実地棚卸の精度にバラツキが生じないようやり方を統一するために、実地棚卸マニュアル（実施手順書）を整備しておくとよいでしょう。そして事前にこの実地棚卸マニュアルをベースに実施棚卸の説明会を全社的に実施しておくと更によいでしょう。

受払締切り日時の設定

　実地棚卸時には正確な在庫把握のために在庫の移動を一時的にストップさせます。そのために、いつ在庫の受払及び製造をストップさせるかを決めておかなければなりません。これを受払の締切りと言います。通常は、実地棚卸当日や前日に設定することが多いと思われます。受払締切りを棚卸対象の事業場等に伝え、これを厳守させます。

実地棚卸の分担と担当者の決定

　実地棚卸作業に当たっては、通常、在庫をカウントする人と記録する人がペアになって行いますので、実地棚卸の作業ペアを編成します。また、どのペアに、どの場所の何の実地棚卸を担当させるのか、担当範囲も合わせて決定します。この時、担当範囲が重複したり、漏れたりしないように注意が必要です。そして、範囲ごとに実地棚卸作業の責任者を決定して、実地棚卸の責任を明確にした上で、責任範囲の実地棚卸の監督を行わせるようにします。

●実地棚卸当日

　実地棚卸当日は、準備した計画にしたがって、タグ等の配布、現物のカウント、責任者の最終現場確認、タグ等の回収、棚卸残高の集計、帳簿残高と棚卸残高の照合、棚卸差異の検討といった流れで実施していきます。

タグ等の配布と現物のカウント

　実地棚卸当日は、タグ・リスト等をエリアごと又は担当ペアごとに配布し、在庫をカウントしてこれらに記入していきます。なお、1回のカウントではカウントミスが生じている場合もありますので、カウントする人と記録する人の交代又は作業ペア自体を交代するなどして担当者を変えて2回目のカウントをして間違いなかいか確認することが一般的です。なお、実地棚卸時に、未出荷売上や仕入返品待ちによる預かり在庫があれば、これらは預かり在庫であることとその理由を明示して、自社所有の棚卸資産と明確に区分します。

　すべての実地棚卸が終了したら、責任者が責任範囲を巡回して、タグやリストが適正に記入されているか、タグの貼付状況等から実地棚卸が漏れなくダブりなく実施されているか等を確認し、エリアごとにカウント作業を終了させます。

タグ・リストの回収

　責任者が巡回して実地棚卸が適切に終了していることが確認できたら、タグやリストを現物や棚から回収します。タグやリストは棚卸資産現物に代わるものです。したがって、その回収漏れは、棚卸資産の集計漏れにつながりますので、予めタグやリストに付けられた連番に基づき、連番に抜けがないように注意しながら、未使用分や書き損じ分も含めてすべてのタグやリストを回収します。

棚卸残高の集計と帳簿残高との照合

　回収したタグやリストに基づき、ロケーション別に同一品目の在庫数量を集計した棚卸集計表を作成します。次に集計した棚卸数量と帳簿数量との照合を行います。この照合によって帳簿残高と実地棚卸残高に差異（棚卸差異と呼びます）が生じている在庫に関しては、再カウントを行ってカウントミスがないかをまず確認します。棚卸差異の原因には、実地棚卸に関する間違いである品目間違い・数え間違い・記入間違い・カウント漏れ・二重カウント・集計ミスなど、帳簿記録に関する間違いである受払の記録漏れ・二重記録などのミスなど、そして盗難・万引き・横領による在庫ロスがあります。

●実地棚卸後

　棚卸差異の原因を調査・分析し、実地棚卸のミスがあれば棚卸数量を修正し、帳簿に記録間違いがあれば帳簿数量を修正した上で、期末日現在の在庫数量を確定させます。実地棚卸の実施は、単に期末日現在の在庫数量を把握するためだけでなく、棚卸差異を調査・分析することによって、日常的な棚卸資産の管理状況及び実地棚卸手続きの問題点を知ることができます。そこで、棚卸差異の原因をしっかり調査・分析し、その結果を購買・生産・販売・在庫管理及び次回以降の実地棚卸といった業務の改善に活かすことが必要です。

4

▼棚卸原票の例

| 棚卸原票 | | | No.××× |

| 実施日 | | 実施担当 | 1次 | | |
| 置き場 | | | 2次 | | |

コード	品名	数量	単位	摘要

資産区分	商品				
	原材料	入力担当印	責任者印	2次担当印	1次担当印
	仕掛品				
	製品				
	貯蔵品				

▼棚卸リストの例

棚卸リスト

No.×××

実施日		実施	1次		
置き場		担当	2次		

No.	コード	品名	数量	単位	摘要
1					
2					
3					
4					
5					
6					
7					
8					
9					
10					

資産区分	商品
	原材料
	仕掛品
	製品
	貯蔵品

入力 担当印	責任者 印	2次 担当印	1次 担当印

コラム

実地棚卸における滞留在庫等の取扱い

　実地棚卸時又は実地棚卸前の整理整頓時に滞留在庫（比較的長期間在庫の払出しがない在庫）及び不良在庫（物理的又は機能的な問題があり、販売や使用に支障がある在庫）を認識したら、滞留在庫等であることがわかるように、一か所にまとめて、現物に滞留在庫や不良在庫と表示した張り紙などをつけるなどした上でリストアップし、関係部署と情報を共有します。実地棚卸終了後に、速やかに販売価格の引下げや処分の要否を協議すると同時に、必要があれば棚卸資産の評価引下げを実施します。こうして、適切な期末在庫の評価を行うとともに、積極的な販売や廃棄によって不要な在庫を削減する努力につなげます。

5 給与計算総論

労務や税務の知識がないけれど給与計算はできるのかな

社会保険労務士にお願いすることも考えられますが、順番にステップを踏めば、誰でもできます

賃金とは

賃金とは、労働の対償として使用者が労働者に支払うすべてのものであり、名称は関係ありません。したがって、給料という名目でなくとも、就業規則等において、支給条件(金額ないし算定方法、支給基準)が明確に規定されており、使用者がその支給を約束しているときには、労働の対償として、賃金に該当します。そのため、基本給や所定外賃金だけでなく、たとえば、各種手当や退職金や賞与(一時金)も、上記要件を満たす場合には賃金となります。

賃金支払の諸原則

賃金の支払いにあたって、労働基準法上、以下の原則が定められていますので、会社は原則としてこれらのルールにしたがって、賃金の支払いをする必要があります。

①通貨払いの原則

賃金は通貨で支払わなければならない。

②直接払いの原則

賃金は労働者に直接支払わなければならない。

③全額払いの原則

賃金は全額を支払わなければならない(賃金からの控除は原則として許されない)

④毎月1回以上・定期払いの原則

賃金は毎月1回以上、特定した日に支払わなければならない。

4

ノーワークノーペイの原則

　労働に従事することとその報酬たる**賃金**とは対価関係にあるとされており、使用者は、従業員が働いた実労働時間について、賃金を支払うことが原則となります（実労働時間制の例外として、裁量労働制や事業場外労働制等のみなし労働時間制度がありますが、いずれも厳しい要件が定められており、利用する場合には十分な確認が必要です）。

　逆に、従業員が労務の提供をしなかった場合には、使用者はその部分については賃金を支払う必要はありません。これを「**ノーワークノーペイの原則**」といいます。

　すなわち、労働者の賃金は、基本的に労使間の合意によって定まりますので、たとえば労働契約において、月給35万円と約束されていた場合に、労働者が、当該月において所定労働時間どおり、欠勤せずに実労働を提供した場合には、賃金の支払日に35万円を支払うこととなります。

　逆に、遅刻・欠勤等があったため、予定していた労働時間を働くことができなかった場合には、使用者としてはその対価にあたる賃金を支払う義務はありませんので、遅刻・欠勤期間分を減額して支払うことができます。ノーワークノーペイを理由とした賃金の控除は、賃金の全額払いの原則に反することにはなりません。

　なお、労働者が、法定時間（1日8時間・1週40時間）外労働・深夜労働・休日労働を行っていた場合には、使用者はさらに割増分を計算して支払う必要があります。

給与の計算・支払

　給与計算の手順は、大きくは、①**総支給額**を確定させ、②そこから社会保険料を**控除**し、③**支給額**（いわゆる**手取額**）を確定させ、これを支払うという流れになります。

総支給額 － 控除額 ＝ 差引支給額（手取額）

（1）総支給額の確定
　総支給額は、一般には、基本給と時間外手当と各種手当の合計額であり、雇用契約書や、就業規則・給与規定に基づいて計算することになります。
このステップにおいては、勤怠管理の結果に基づいて、勤務時間を集計して、時間外手当を計算する作業が特に重要となります（4-6節参照）。

(2) 控除額の確定

次に、総支給額から差引する「**控除額**」の計算を行います。

控除額は、税金（**住民税**、**所得税**）と社会保険料（**健康保険料**、**厚生年金保険料**、**雇用保険料**、**介護保険料**）から構成されます。具体的な計算方法については、4-8節を参照してください。なお、社会保険料は、法律において一定の基準が定められているため、これを給与から控除しても、賃金の全額払いの原則には反しないと理解されています。

(3) 給与の支給

総支給額から控除額を差し引いて、**支給額**を確定させ、これを従業員に支給します。

差引支給額については、毎月の支払日に支給することになりますが、支払日が休日の場合は、その前日に支払う（銀行振込の場合には前銀行営業日に着金する）ようにします。

従業員に対しては、計算金額を明示した給与明細を渡し、従業員へ支払った給与の記録を、**賃金台帳**に記録すれば、給与計算の業務は完了となります。

4

6 残業代の計算はどのようにする？

残業代で注意しなければならないことは？

残業代の仕組みを理解して、正確に計算を行うことです

総論

　会社が、法定時間外労働、深夜労働、休日労働をさせた場合には、通常の賃金の計算額に一定の割増率を乗じた**割増賃金**を支払わなければなりません。割増賃金は以下で述べる手順に基づいて計算されます。なお、残業代については、例外的な制度（裁量労働制、管理監督者、固定残業制、フレックスタイム制、変形労働制）があり、その場合には、計算方法が異なりますので、会社がそのような制度を採用していないか確認することが必要です。

残業代の計算方法

● STEP1：基礎となる賃金の確定

　割増賃金は、原則として、1時間あたりの基礎となる賃金に割増率をかけて、計算することになります。したがって、まずは、計算の基礎となる賃金を確定し、さらに月給制の場合にはこれを1時間あたりの賃金に換算することが必要になります。

　まず、割増賃金の算定の基礎となる賃金には、家族手当・通勤手当・別居手当・子女教育手当・住宅手当・臨時に支払われた賃金・1か月を超える期間ごとに支払われる賃金を含まないとされていますので、これらを所定賃金（月給）の中から除外します。他方で、業務に関する手当（ex 役職手当、営業手当、皆勤手当等）はすべて含まれるとされていますので注意してください。

　その上で、以下の式にしたがって、月給で定められた賃金を**時間給に換算**します。

【計算式】

- ・月給÷1年間における1か月平均所定労働時間
- ・1か月平均所定労働時間=年間総労働時間数÷12か月

● STEP2：算出すべき時間の特定

次に勤怠管理の中で把握している従業員の**実労働時間**を確定させ、その実労働時間の中に、以下の**割増賃金**の支払い対象となる**労働時間**（**残業時間・深夜労働時間**）がないかを確認します。

① 1日8時間の法定労働時間を超えた時間数
② 週の労働時間を合計して1週40時間の法定労働時間を超えた時間数（1日8時間を超えた部分を除く）
③ 法定休日労働に当たる時間数
④ 深夜労働（午後10時以降）時間に当たる時間数

● STEP3：割増率の確認

最後に、ステップ2で確定させた、**割増賃金**の支払いが必要な**労働時間**について、労基法で定められている以下の**割増率**に従って割増賃金の額を計算します。

法定時間外労働	25％以上（60時間を超える場合は50％以上）
深夜労働	25％以上
深夜＋時間外	50％以上（60時間を超える場合は75％以上）
（法定）休日労働	35％以上
（法定）休日＋深夜	60％以上

これまで、月60時間超の割増賃金率は、大企業については、2010年以降、25％以上から50％以上となっていましたが、中小企業については猶予措置が設けられておりました。2023年4月以降、猶予措置が廃止され、中小企業も、大企業と同様50％以上となります。

なお、深夜割増については、時間外・休日労働と重なる場合にはあわせて加算することになりますので注意してください。

残業代の例外的諸制度

● 管理監督者〜時間外労働及び休日労働の例外

管理監督者については、**法定時間外労働**と**休日労働**について、**割増賃金**を支払う必要はありません。もっとも、使用者は、管理監督者について、**労働時間**の把握義務を免れませんし、**深夜割増賃金**の支払義務は負います。

コラム

管理監督者とは

　管理監督者とは、労働条件の決定その他労務管理について経営者と一体的立場にある者をいいます。名称にとらわれず、実態に即して判断すべきものとされ、自らが管理監督者にあたり残業代が発生しないことについて、従業員が同意していたとしても、管理監督者にあたるか否かは、以下の要素をもとに、総合的・客観的に判断されます。

・職務の内容・権限・責任の重要性（部下の労務管理を含む管理権、事業経営に関する決定過程への関与の程度、採用・人事考課等の待遇決定権限、現場業務への従事の程度など）
・出退勤の自由度（業務が所定就業時間とは無関係か、時間外労働・休日労働への拘束性等）
・地位に相応しい処遇（基本給の金額、役付手当等）

　そのため、管理監督者にあたるとして残業代が支給されていない社内扱いとなっているけれども、裁判で争われると管理監督者と判断されないケースが実務上散見されます。その場合、高額の残業代が発生することになります。

　したがって、法的に有効な管理監督者といえるかについては、慎重な検討が必要です。

● 固定残業代制

会社によっては、**固定残業代制**をとっている会社もあります。**割増賃金**の支払に代えて一定額の手当を支給したり、基本給の中に割増賃金を組み込んで支給する場合です。その場合には、その手当分、組込分については、既払い分として取り扱われることとなりますので、注意してください。

コラム

正しい固定残業代制

従業員と同意の上で固定残業代制度を採用したとしても、法的な要件を充たさなければ、固定残業代制は無効とされる可能性があります。無効となると、固定残業代分も含んで割増賃金の基礎となる時間単価が計算され、その上に別途、未払残業代の支払が必要となるので、以下に注意してください。

①金額および相当するとき間の明示を行う
②固定残業代分を超える時間外労働について別途精算する旨の定めをおき、現に精算する（最高裁櫻井裁判官補足意見）
③組込時間は36協定の限度基準である45時間を超えないこと必要です。

4

● 専門業務型裁量労働制・企画業務型裁量労働制・フレックスタイム制・変形労働制

その他、会社が専門業務型裁量労働制・企画業務型裁量労働制、フレックスタイム制・変形労働制を採用している場合には、残業代の計算方法が異なってきますので、注意してください。

定期券代の計算はどのようにする？

定期券代の計算ってどうやるの？

通勤交通費を定期券代として支給するときに、従業員に自宅最寄り駅から最短の通勤経路を申請してもらって、定期券代を計算します

通勤交通費（通勤手当）とは

通勤交通費（通勤手当）とは、通勤にかかる費用を会社が負担するものをいい、多くの会社では支給されています。通勤交通費（通勤手当）の支給方法としては、現金での支給、定期券での支給が考えられます。**所得税**や**住民税**などの計算をする際に一定の条件を満たしていれば**非課税**となる通勤交通費（通勤手当）ですが、**社会保険料**の算定基礎には含まれることになるため、通勤交通費（通勤手当）の計算については重要となります。

定期券

通勤交通費（通勤手当）については、マイカーや原動機付自転車を利用することにより支給される場合もありますが、一般的には定期券を購入するための金額を現金として支給することが多いと考えられます。

定期券代については、入社時に従業員の方に自宅の最寄り駅から会社の最寄り駅までの最短の通勤経路を申請してもらい、その通勤経路について経理担当者が申請されたルートや金額を確認し、問題がなければ定期代として従業員に通勤交通費（通勤手当）として支給されることになります。

定期券代の支給については、1か月分の定期券代を支給することもあれば、3か月や6か月分の定期券代を支給することもあります。1か月を超える定期券については、期間の途中で通勤経路の変更が発生することがあり、払戻しと再支給の手続き

を行わなければならないため注意が必要です。1か月を超える定期券代の支給をしている場合は、定期券期間中に経路変更した場合の払戻しの手順、日割計算の有無、払戻し金額の計算方法、新たな通勤経路についての定期代の支給月数など事前に決めておくとスムーズに処理が実施できます。

定期券代の計算については、最近ではインターネットで情報を入手し計算することが一般的になっています。

不正受給

従業員の通勤について、会社は常時監視をしているわけではないため、通勤交通費 (通勤手当) は次のような手口で不正に受給される可能性があります。

- ・実際には自転車通勤を行っているのに、電車・バス通勤しているかのように装う。
- ・最短のルートではなく、意図的に遠回りしたルートを申請する。
- ・引っ越しをしたことを会社に申告せず、引っ越し前の住所のまま通勤交通費 (通勤手当) を受給する。

このような定期券代の**不正受給**を防止する観点から、以下のような手段を講じることが有効であると考えられます。

- ・就業規則、給与規程などで通勤交通費の支給に関するルールを規定する。
- ・入社時及び住所変更時に通勤手当支給申請書を提出してもらい、通勤経路と通勤定期代を申請してもらう。
- ・本人から申請のあった定期券代のルートや金額を会社側も必ずチェックし、妥当かどうかの判断を行うようにする。
- ・定期券のコピーを提出することを義務付ける。
- ・不正行為が発覚した場合の返還請求期間や懲戒処分の内容などについて、就業規則などに規定する。

万が一、従業員による定期券代の不正受給が発覚した場合には、過払分を過去に遡って返金してもらうようにします。賃金 (給与等) の過払いにあたりますので、賃金控除に関する労使協定の規定があれば、給与から過払い額を控除することができます。返還請求の時効については民法が適用され、原則として過去**10年**分まで遡って返還請求が可能となります。

4

8 社会保険料・労働保険料、源泉所得税、住民税特別徴収の計算/控除とは？

給与から控除する社会保険料や労働保険料（雇用保険料）は何をみてどうやって計算するの？

まず、最新の各保険料率とチェックし、社会保険料は直近に届出た資料を確認して計算しましょう。厚生労働省のHPだけでは迷子になる可能性があります

各保険の保険料チェックには次の資料を確認する

①健康保険料率

全国健康保険協会（協会けんぽ） のHPから事業所が所在する県、および直近の年度から「**健康保険・厚生年金保険の保険料額表**」を確認します。

健康保険組合に加入している場合は、各健康保険組合のHPで調べます。

②厚生年金保険料率

日本年金機構のHPから直近年度の「**厚生年金保険料額表**」を確認します。

③労働（雇用）保険料率

厚生労働省のHPから直近年度の**雇用保険料率**を確認します。

社会保険料の計算/控除

社会保険料は、直近に年金事務所や健康保険組合（健康保険組合に加入している場合）に届出た資料や確認通知書をチェックして、**標準報酬等級**に変更がないかどうか確認して控除しましょう。また、給与計算期間内に退社した従業員がいた場合は、保険料の控除の仕方に注意しましょう。

①直近で提出した算定基礎届（定時決定）の結果による「**健康保険・厚生年金保険被保険者標準報酬決定通知書**」

②直近で給与が変動したことにより提出した月額変更届（随時改定）の結果による**「健康保険・厚生年金保険被保険者標準報酬改定通知書」**

③直近で入社した従業員がいたら、提出した被保険者資格取得届の結果による**「健康保険・厚生年金保険資格取得確認通知および標準報酬決定一覧表」**

　なお、給与からの社会保険料の控除は入社月の翌月からが原則となります。たとえば、4月入社の従業員の社会保険料は5月に支給される給与から控除することになっています。会社によっては当月から控除しているケースもありますが、この場合は、退社する月の控除額についてその従業員の給与から余計に控除してしまうことのないよう注意が必要です。

　直近で退社した従業員について、会社の給与締め日が当月末日で、当月中に給与支払日がある場合（当月末日や当月25日の支払日などの場合）は、最後の給与から2か月分の社会保険料を控除する必要があります。これは、社会保険料は常に翌月分について給与から控除する原則によります。たとえば、給与締め日が毎月末日で給与支給日が当月25日の会社の場合、12月31日に退社する従業員については、12月の給与から控除するのは11月分の社会保険料ですから、12月分も最後の給与で控除しないと、退社後の翌年1月に1か月分の社会保険料を請求することになり不都合が生じます。退社した従業員への請求が難しいとなると、会社が1か月分余計に負担することになってしまいます。

労働（雇用）保険料の計算／控除

　雇用保険料は社会保険料の様に役所への届出では変更しません。雇用保険料は、次の式で給与総額からダイレクトに計算します。

雇用保険料＝給与総額×保険料率

　雇用保険料の対象となる給与総額には、基本給だけではなく、通勤手当や家族手当、住宅手当などほとんどの手当が含まれますので注意しましょう。もし、会社の手当が特殊で雇用保険料の対象となるかどうか迷う場合は、労働基準監督署に確認しましょう。

　雇用保険料は、基本的に当月の給与から控除します。社会保険料の様に翌月の給与から控除するというルールはありません。ですので、入社月から徴収し、退社する

4

月にはその月分の保険料だけを控除します。

　なお、雇用保険の被保険者であっても、以前は、その年の4月1日時点で満64歳以上であれば雇用保険料は免除されていたのですが、令和2年4月1日の法改正により、年齢に関係なく雇用保険の被保険者全員から例外なく雇用保険料を控除することになりました。また、以前は65歳を過ぎて新たに雇用される従業員は雇用保険適用除外でしたが、平成29年1月1日の法改正により、1週間の所定労働時間が20時間以上で31日以上の雇用見込みがあるなどの適用条件を満たせば、法律上当然に雇用保険に加入することが義務付けられていますのでご注意ください。

コメント

　協会けんぽが運営する健康保険は都道府県ごとに保険料率が異なりますのでご注意ください。また、協会けんぽのHPには厚生年金保険料額表も載っていて便利なのですが、アップデートに時差があるので要注意です。因みに厚生年金保険料率は平成29年9月を最後に引上げが終了し、現在18.3%で固定されていますが、令和2年9月（10月給与控除分）から従前の標準報酬月額の上限等級（31級・62万円）の上に1等級が追加され、上限等級は32級・65万円に引上げられました。ところが、この原稿執筆中の令和2年10月時点での協会けんぽの料額表にはこの変更が反映されていませんでした。協会けんぽの料額表だけチェックしたのでは、給与計算を間違ってしまうところでした！

源泉所得税の計算/控除

● 源泉徴収税額表を参照する

　給与から差し引く所得税の計算には**源泉徴収税額表**を参照する必要があります。従業員にとって、その会社がメインの収入源の場合には通常「甲」の項目を参照します。また、従業員から**扶養控除等申告書**を受け取ることにより扶養親族等の数を確認します。あとは、社会保険料等を控除したあとの金額を探せば、当月に控除すべき源泉所得税がわかります。

　たとえば、扶養家族が0人、その月の社会保険料等控除後の給与等の金額が196,000円であった場合、表に当てはめると源泉所得税は4,630円になります。

　なお、源泉徴収税額表は毎年更新されるため、最新版を使用するように心がけましょう。

▼源泉徴収税額表 (令和2年度)

(二)　　　　　　　　　　　　　　　　　　　　　　　　　　　　　　　　　(167,000円～289,999円)

その月の社会保険料等控除後の給与等の金額		甲								乙
以上	未満	扶養親族等の数								税額
		0人	1人	2人	3人	4人	5人	6人	7人	
		税額								
円	円	円	円	円	円	円	円	円	円	円
167,000	169,000	3,620	2,000	390	0	0	0	0	0	11,400
169,000	171,000	3,700	2,070	460	0	0	0	0	0	11,700
171,000	173,000	3,770	2,140	530	0	0	0	0	0	12,000
173,000	175,000	3,840	2,220	600	0	0	0	0	0	12,400
175,000	177,000	3,910	2,290	670	0	0	0	0	0	12,700
177,000	179,000	3,980	2,360	750	0	0	0	0	0	13,200
179,000	181,000	4,050	2,430	820	0	0	0	0	0	13,900
181,000	183,000	4,120	2,500	890	0	0	0	0	0	14,600
183,000	185,000	4,200	2,570	960	0	0	0	0	0	15,300
185,000	187,000	4,270	2,640	1,030	0	0	0	0	0	16,000
187,000	189,000	4,340	2,720	1,100	0	0	0	0	0	16,700
189,000	191,000	4,410	2,790	1,170	0	0	0	0	0	17,500
191,000	193,000	4,480	2,860	1,250	0	0	0	0	0	18,100
193,000	195,000	4,550	2,930	1,320	0	0	0	0	0	18,800
195,000	197,000	4,630	3,000	1,390	0	0	0	0	0	19,500
197,000	199,000	4,700	3,070	1,460	0	0	0	0	0	20,200
199,000	201,000	4,770	3,140	1,530	0	0	0	0	0	20,900
201,000	203,000	4,840	3,220	1,600	0	0	0	0	0	21,500
203,000	205,000	4,910	3,290	1,670	0	0	0	0	0	22,200
205,000	207,000	4,980	3,360	1,750	130	0	0	0	0	22,700
207,000	209,000	5,050	3,430	1,820	200	0	0	0	0	23,300
209,000	211,000	5,130	3,500	1,890	280	0	0	0	0	23,900
211,000	213,000	5,200	3,570	1,960	350	0	0	0	0	24,400
213,000	215,000	5,270	3,640	2,030	420	0	0	0	0	25,000
215,000	217,000	5,340	3,720	2,100	490	0	0	0	0	25,500
217,000	219,000	5,410	3,790	2,170	560	0	0	0	0	26,100
219,000	221,000	5,480	3,860	2,250	630	0	0	0	0	26,800
221,000	224,000	5,560	3,950	2,340	710	0	0	0	0	27,400
224,000	227,000	5,680	4,060	2,440	830	0	0	0	0	28,400
227,000	230,000	5,780	4,170	2,550	930	0	0	0	0	29,300
230,000	233,000	5,890	4,280	2,650	1,040	0	0	0	0	30,300
233,000	236,000	5,990	4,380	2,770	1,140	0	0	0	0	31,300
236,000	239,000	6,110	4,490	2,870	1,260	0	0	0	0	32,400
239,000	242,000	6,210	4,590	2,980	1,360	0	0	0	0	33,400
242,000	245,000	6,320	4,710	3,080	1,470	0	0	0	0	34,400
245,000	248,000	6,420	4,810	3,200	1,570	0	0	0	0	35,400
248,000	251,000	6,530	4,920	3,300	1,680	0	0	0	0	36,400
251,000	254,000	6,640	5,020	3,410	1,790	170	0	0	0	37,500
254,000	257,000	6,750	5,140	3,510	1,900	290	0	0	0	38,500
257,000	260,000	6,850	5,240	3,620	2,000	390	0	0	0	39,400
260,000	263,000	6,960	5,350	3,730	2,110	500	0	0	0	40,400
263,000	266,000	7,070	5,450	3,840	2,220	600	0	0	0	41,500
266,000	269,000	7,180	5,560	3,940	2,330	710	0	0	0	42,500
269,000	272,000	7,280	5,670	4,050	2,430	820	0	0	0	43,500
272,000	275,000	7,390	5,780	4,160	2,540	930	0	0	0	44,500
275,000	278,000	7,490	5,880	4,270	2,640	1,030	0	0	0	45,500
278,000	281,000	7,610	5,990	4,370	2,760	1,140	0	0	0	46,600
281,000	284,000	7,710	6,100	4,480	2,860	1,250	0	0	0	47,600
284,000	287,000	7,820	6,210	4,580	2,970	1,360	0	0	0	48,600
287,000	290,000	7,920	6,310	4,700	3,070	1,460	0	0	0	49,700

出典：国税庁「令和2年分　源泉徴収税額表」2頁 (https://www.nta.go.jp/publication/pamph/gensen/zeigakuhyo2019/data/all.pdf) より

131

●源泉所得税の納期の特例を利用する

源泉所得税は、原則として徴収した日の**翌月10日**が納期限となっています。しかしながら、税務署に**源泉所得税の納期の特例の承認に関する申請書**を紙で提出するか電子申請し、これが認められると、給与や退職手当、税理士等の報酬・料金に係る源泉所得税について、次のように**年2回**にまとめて納付できるようになります。

1月から6月までに支払った所得に係る源泉所得税　7月10日
7月から12月までに支払った所得に係る源泉所得税　翌年1月20日

この特例は、給与の支給人員が常時**10人未満**である会社にのみ認められています。「**源泉所得税の納期の特例の承認に関する申請書**」を提出した月の翌月末日までに税務署長から承認又は却下の通知がなければ、この申請書を提出した月の翌月末日に承認があったものとされ、申請の翌々月の納付分からこの特例が適用されます。

なお、給与の支給人員が常時**10人未満**でなくなった場合には、**源泉所得税の納期の特例の要件に該当しなくなったことの届出書**を提出する必要があります。

●給与計算ソフトを活用する

源泉所得税の計算が難しいと感じた場合には、**給与計算ソフト**を活用してみましょう。所定の入力を行えば、自動的に源泉所得税を計算してくれるので非常に便利です。

住民税特別徴収

●特別徴収税額の通知書を確認する

毎年5月末ころまでに、従業員の住所地の市町村役場から会社宛に、特別徴収税額が決定された旨の**通知書**が届きます。この通知書に記載されている住民税を給与から控除する必要があります。会社は給与から控除した住民税を預かり、従業員に代わって各市町村に住民税を納付する義務があります。

●入社/退職の際の手続きに注意する

入社時、退職時には、住民税を**特別徴収**から**普通徴収**に切替える等の手続きが必要です。7-8節、7-12節を参照してください。

● 経費精算

給与振込の際に、従業員が立替えていた経費を精算する会社もあります。詳しくは3-6節を参照してください。

給与振込

● 締日・支払日を決める

当月締めの当月末払いとしてしまうと、残業代の計算や社会保険料、源泉所得税の計算等、給与計算を実施している時間的余裕がありません。そのため、給与の支払いにおいても**締日**と**支払日**を分けている会社がほとんどです。たとえば、月末締めの翌月10日払い、翌月20日払いとしている会社もあります。余裕を持った給与計算をするためには、翌月20日以降の支払いとするのがよいでしょう。

● 総合振込を活用する

給与の振込方法として、**個別振込**と**総合振込**があります。会社を設立して間もないころは、従業員も少ないことから、個別振込で対応可能かもしれませんが、会社の規模が大きくなるにつれ、従業員も増えて、個別振込だと振込手数料と手間がかかって不便になることでしょう。他の経費と同じく、給与に関しても総合振込を活用すると便利です。給与計算ソフトには、総合振込用データを作成してくれるものもありますので、こちらも活用を検討してみるとよいでしょう。

4

第5章
四半期次・半期次で発生する業務

1 中間決算・中間納税とは？

中間決算は締めた方がよいの？

会社の資金繰りの状況に応じて、中間決算による中間申告を
行った方が良いか判断します！

中間決算の基礎

　事業年度が1年の法人では、事業年度開始の日以後6か月の期間を1事業年度と
みなして、**中間申告**分の法人税を計算することができます。

　中間決算による申告は必ずしも行わなくて良いため、資金繰りの状況と、中間決
算を行う手間や、費用を勘案して中間申告を行うかどうかを判断します。

　中間申告を行わない場合には、前年の実績に応じた法人税の納付が必要となりま
すが、期末決算の申告の際には、期末決算にて納める金額から、中間申告時の納付額
を差し引いた金額を納付することになるため、年間の納付額は変わりません。

中間納税の概要

　中間納税は、前期の法人税額が一定金額を超える場合に、当期の法人税・消費税
の一部をあらかじめ納税する制度です。中間納税をするときは、原則として、中間申
告をあわせて行います。

　「前期の法人税額÷前年度の月数×6」で計算した金額が**10万円**を超える場合に
は予定申告・納税が必要になります。通常前期の月数は12か月なので、前期の法人
税額が20万円を超えると予定納税をすることとなります。

▼前期の法人税額と予定申告

前期の法人税額	予定申告の要否	申告のタイミング
20万円超	必要	2回 予定申告・確定申告
20万円以下	不要	1回 確定申告のみ

中間納税には2つの方法があります。

① 前年度の実績による予定申告

前期の法人税の2分の1の額が法人税額となります。

② 中間決算による予定申告

当期開始の日以後6か月の期間を1事業年度とみなして法人税額を計算します。

●中間決算による中間申告を行った方が良い場合

前期の決算が**黒字**であり、**当期**の決算が**赤字**又は、前期と比較して**業績が悪化**している場合には、中間申告を選択することにより、前年度の実績による予定申告の場合に比して、中間納税額を少なくすることができます。

●中間決算による中間申告を行わなくても良い場合

前期の決算より、当期の決算数値の方が良い場合や、業績が前期より悪くても、資金繰りに余裕があり税金を先に納めることができる場合には、中間申告は行いません。

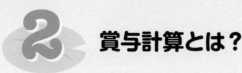

2 賞与計算とは？

従業員のモチベーションアップのために賞与を支給しようと思うのだけれど、何か必要な手続きはあるのかな？

月々の給与と比べて賞与の計算方法は特殊です。賞与計算の手続きについて確認していきましょう！

賞与の概要

従業員には賞与・ボーナスは大変気になる収入です。**給与**も**賞与**も労働基準法上の**賃金**の一種ですが、毎月の**給与**が**賃金支払の五原則**（労働基準法第24条）により少なくとも毎月1回必ず支給することなどが義務付けられている一方で、**賞与**の支給について労働基準法の定めはありません。賞与については、通達（昭和22年9月13日発基17号）があり、「**定期又は臨時に、原則として労働者の勤務成績に応じて支給されるもの**」かつ「**その支給額が予め確定されていないもの**」を「賞与」と定義としています。

賞与の有無や計算方法、支給時期等については、原則として会社独自に定めます。ただし、会社が給与規程などに賞与の計算や決定方法、支給時期などを明記した場合は、労働基準法による「賃金」としての規制を受けます。企業間もない小規模事業所などで、賞与の支給を確約できない場合は、雇用契約書や給与規程「会社および従業員の業績により賞与を支給することがある」としている会社も多いです。

なお、賞与に関して、賞与の対象者が不明確なために起こるトラブルがあります。退職する従業員が賞与支給日に在籍していれば賞与の対象者とするのか、賞与支給日前に退職するが、賞与の査定期間には勤務し労務の提供があった場合は対象者とするのか、**雇用契約書**や**就業規則**、**給与規程**などに明確に定めておく必要があります。

また、正社員には賞与を支給するが、パートやアルバイトには支給しないなど、対象者の線引きについても注意が必要です。2020年4月から中小企業にも義務化された、働き方改革関連法の**同一労働同一賃金**により、単に雇用形態の違いだけで賞与

の対象者を定めることは、法律上**不合理な待遇差**と判断されペナルティが課せられてしまいます。賞与の支給基準を会社への貢献度としている場合、同一の貢献度については同一の賞与を支給しなければなりません。ただし、職務内容や職務範囲が異なり、責任の程度にも差があり、人事異動の有無なども異なるような場合は、当然に会社への貢献度が異なると考えられ、賞与の支給の有無や賞与額に差があっても不合理な待遇ではないと判断されています。

賞与の種類

賞与には支給方法の違いから以下の種類がありますが、税額の計算や社会保険料については、賞与の種類が違っても計算方法は同じです。

●定期賞与

日本では夏と冬のボーナスが一般的です。そのため教育費や住宅購入などに賞与をあてる従業員も多いのです。支給額の決め方は、夏・冬それぞれ「基本給の〇か月分」を支払う方法が伝統的ですが、このやり方では、会社の業績には全く関係なく支払わねばならず、また、従業員のモチベーション効果も低いため、近年は会社や従業員ごとの業績を組合せて定期賞与の配分を減らそうという会社も多いようです。

●業績賞与

定額ではなく、個人の業績評価により支給額を決定する賞与です。給与の評価制度の一部として機能する場合も多いですが、給与が長いスパンで変化する従業員の能力についての評価を反映するため、ドラスティックな変動がなじまないのに対し、賞与は比較定短いスパンでの個人の業績や勤務態度についての評価を反映することが可能であるため、頑張ってボーナスを沢山もらいたい、という従業員の短期的なモチベーションを高めるのに効果的です。逆に成績が全く振るわなかった場合は、定額又は不支給というケースもあり得ます。

●決算賞与（臨時賞与ともいわれる）

会社の業績が良ければ、利益配分として決算時に支給する賞与です。中小企業などでは会計年度末の直前に支給を決定する場合も多いため、従業員一律に支給する場合も多いようです。従業員には臨時収入として喜ばれますが、個人の業績には関係なくその場限りで支払われるため、次の会計年度で利益が上がらなければ不支給の可能性もあり「なんだ、今年は出ないのか」と、一気にモチベーションが下がるこ

5

とになります。折角、会社の利益が出るのですから従業員のヤル気を刺激する方策が必要です。経営幹部で話合い分配率を工夫するなど、経営に参画している感のある仕組みを作る方が得策です。

賞与の計算

　賞与の計算については、毎月の給与計算とは異なる税額計算と社会保険料の計算があります。雇用保険料は給与と同じ計算方法です。住民税は年額を各月で分割して支払うので、賞与にかかる住民税の控除はありません。

●賞与にかかる所得税の計算【通常の計算方法】

　①賞与を支給する月の前月に支払った給与額を基準にします。前月の給与がない場合は次の【特別な計算方法】のケース1）を参照してください。
　税額表は「**賞与に対する源泉徴収税額の算出率の表**」を使います。

　②計算対象となる従業員が、その会社で主たる給与を受けていて「給与所得者の扶養控除申告書」を会社に提出している場合は「甲」欄を、他の会社等で主たる給与を受けていて「給与所得者の扶養控除申告書」を会社に提出していない場合は「乙」欄を使います。

　③前月の給与額（非課税の通勤手当などは除いた課税対象額）から、その月の社会保険料・雇用保険料を控除した金額を計算します。

　④「賞与に対する源泉徴収税額の算出率の表」の「扶養親族の数」欄から、該当する扶養親族の数の欄から、③で計算した額が当てはまる行を求めます。
　「扶養親族の数」は、「甲」欄を使う従業員についてのみ該当します。会社に提出した「給与所得者の扶養控除申告書」で記載した扶養親族の人数が「扶養親族の数」です。
　「乙」欄の該当者には、「扶養親族の数」は該当しませんので③で計算した額が当てはまる行を求めます。

　⑤④で求めた行の左端の「賞与の金額に乗ずべき率」欄が交じわる率を求めます。その率が賞与の所得税税率です。

⑥③で計算した額（課税対象額からその月の社会保険料・雇用保険料を控除した額）に⑤で求めた所得税率を乗じて賞与の所得税額を計算します（円未満の端数切捨て）。

【特別な計算方法】

特別な計算方法には次の2つのケースがあります。

1）ケース1：前月の給与がない場合
①「賞与の課税対象額からその月の社会保険料・雇用保険料を控除した額」× 1/6を計算します。

②①で計算した額を「給与所得の源泉徴収税額表（月額表）」に当てはめて、税額を求めます。

③「④で計算した額」×6　が賞与の税額です。

2）ケース2：賞与額（社会保険料・雇用保険料控除後）が前月の給与額（社会保険料・雇用保険料控除後）の10倍を超える場合
①「賞与の課税対象額からその月の社会保険料・雇用保険料を控除した額」× 1/6を計算します。

②「①で計算した額」＋「前月の給与から社会保険料等を控除した額」を計算します。

③②で計算した額を「給与所得の源泉徴収税額表（月額表）」に当てはめて、税額を求めます。

④「③で計算した税額」－「前月の給与に対する源泉徴収税額」

⑤「④で計算した額」×6　が賞与の税額です。

●賞与にかかる社会保険料の計算

賞与が支給されるときは、賞与額から社会保険料を控除し**賞与支払届**を年金事務所および健康保険組合（健康保険組合に加入している場合）に提出します。なお、賞与にかかる社会保険料については、賞与の支給回数が年4回未満か4回以上かにより、社会保険料の取扱いが異なるため、以下のとおり分けて説明します。

賞与が年4回未満の場合の社会保険料

賞与にかかる社会保険料では、毎月の給与計算で使用する標準報酬月額表は使い

ません。また、給与額からの控除のように翌月徴収ではなく、当月支給する賞与額から控除します。賞与にかかる社会保険料は、支給されるごとに次の式により社会保険料を計算します。

賞与にかかる社会保険料 ＝ 標準賞与額*1 **× 保険料率***2

*1 標準賞与額：1回の賞与額（所得税を控除する前の額）について1000円未満を切捨てた額を「標準賞与額」といい、健康保険・厚生年金でそれぞれ以下の上限額があります。
①健康保険 -- 年度（4月1日から翌年3月31日）の賞与額の合計（累計額）が573万円
②厚生年金 -- 1か月の賞与額（1か月に2回以上支給された場合は合計額）が150万円

*2 健康保険、厚生年金の別にその年度ごとの保険料率を使います。健康保険組合に加入している場合は健康保険組合のその年度の保険料率を使います。

＜賞与にかかる社会保険料計算例＞

4月に業績賞与として1,500,500円、7月に夏季賞与2,555,500円、12月に冬季賞与2,560,000円が支給された。ここまでの年間賞与額は6,616,000円です。

健康保険料については、4月と7月は、それぞれ1,000円未満を切捨てた額に保険料率を乗じて社会保険料を計算します。12月は、すでに同じ年度内の賞与合計額が573万円を超えているので、573万円に達するまでの賞与額1,675,000円（＝5,730,000円－1,500,000円－2,555,000円）に保険料率を乗じて計算します。

厚生年金保険料については、4月の1,500,500円で1,000円未満を切捨てた額は上限額と同じ1,500,000円となりますので、このまま保険料率を乗じて計算します。7月と12月については、上限額を超えているので、1,500,000円に保険料率を乗じて計算します。

なお、賞与額が上限額を超えた場合であっても、賞与支払届には、実際に支払われた賞与額（1,000円未満は切捨て）を記入し届出ます。また、健康保険について上限額を超えた月の翌月以降の同じ年度内に賞与が支給された場合も、賞与支払届を提出します。

142

▼計算例のまとめ

支給月	健康保険（健康保険組合も同じ扱い）	厚生年金
4月	1,500,000円×保険料率	1,500,000円×保険料率
7月	2,555,000円×保険料率	1,500,000円×保険料率
12月	1,675,000円×保険料率	1,500,000円×保険料率

賞与が年4回以上の場合の社会保険料

　賞与が年間4回以上支給される場合は、1年間の賞与総額の1/12の額を1か月の報酬月額に含めて算定基礎届を提出します。この場合、その年に限り例外的に支給された賞与は、年4回以上という支給回数には含めません。恒常的に年4回以上賞与を支給する場合（四半期ごとに支払われる業績給与など）がこれに該当します。

　具体的には、7月1日を基準として、1年間（前年7月1日～本年6月30日）の賞与が4回以上支給されたときは、その間の賞与合計額を12で除して得た額を、各月の報酬額に加算して算定基礎届を提出します。その後は、賞与支給ごとの社会保険料計算は行わず、賞与額から控除することはしません。また、年金事務所や健康保険組合への賞与支払届も不要です。

●賞与から社会保険料を控除しない場合

　次の場合に支給される賞与については、社会保険料の控除はしません。

①月の途中で退職した従業員に支払われた賞与

　ただし、月末に退職する場合は社会保険料を控除します。また、退職日（月の途中の場合）までに賞与が支払われた場合は、社会保険料は控除しませんが賞与支払届は提出します。これは、上限額（573万円）に達するまでの累計について、転職後も適用されるためです。

②産前産後休業中、又は育児・介護休業中の従業員に支払われた賞与

③70歳以上の役員や従業員に支給した賞与（厚生年金保険料のみ控除しません。）

　ただし、賞与支払届は提出します。

●賞与にかかる社会保険料、その他の注意事項

　社会保険料率が変更した月に支払われた賞与の保険料率には気を付けましょう。給与から控除する社会保険料は翌月徴収ですが、賞与は当月徴収です（特に3月の賞

5

143

与）。

　賞与が支払われる月に40歳に達した従業員の賞与からは介護保険にかかる社会保険料の控除を忘れないようにしましょう（10月1日生まれの従業員は9月30日に40歳に到達しますので、9月に支給される賞与からは介護保険料を控除しなければなりません）。

　逆に、賞与が支払われる月に65歳に達した従業員の賞与からは介護保険にかかる社会保険料の控除は不要です（10月1日生まれの従業員は9月30日に65歳に到達しますので、9月に支給される賞与からは介護保険料を控除しません）。

●賞与にかかる雇用保険料の計算

　社会保険料と異なり、雇用保険料については、給与だけでなく賞与も当月で徴収します。

　シンプルに1回の賞与額（所得税を控除する前の額）ごとに雇用保険料率を乗じた額を控除します。賞与額に対する1,000円未満の切捨てもありません。また、社会保険料の様に賞与支払届はありません。ただし、年1回の労働保険の年度更新では、賞与に関する労働保険料の計上を失念しがちですので注意してください。

第6章 年次で発生する業務

1 年次決算って何？

経理

年次決算はやることがたくさんあって大変と聞いたよ。我が社にもできるだろうか

一つひとつ手順をおってやっていけば大丈夫ですよ！　年次決算でやる手続きを確認していきましょう

残高の確認

●各種残高の確認方法

年次決算では、まず会計上重要な資産や負債の残高が適正に計上されているかを確認する必要があります。そのために、資産・負債の性質に応じて実査・実地棚卸・残高確認のいずれかの方法を使って残高の確認を行います。

これらの残高を確認する方法で把握した残高と対応する会計上の勘定科目の残高を照合して、会計上の残高が適正であることを確認します。預金や売掛金・買掛金の残高については、もし両者に差異があればその原因を調べて両者を一致させるための調整処理を行うために残高調整表を作成します。

現金等の実査

現物をカウントしていくらあるか把握する残高の確認方法を**実査**と言い、実査は以下のような換金性の高い資産について実施します。

現金については、期末日のすべての出納処理を終えた後に、金庫内にある現金の実査を実施します。現金だけでなく現金と同様に換金性を有する切手・収入印紙についても実査して残高を把握します（現金に関しては3-1節を参照してください）。

受取小切手や受取手形で、得意先等から受け取って、まだ銀行に取立依頼をしていないものについても実査して残高を把握します。

自社の金庫や貸金庫で保管している株券・出資証券・債券・ゴルフ会員権といっ

た有価証券についても実査して残高を把握します。

金融機関への残高確認

　取引のある全銀行のすべての預金口座のすべての預金種別について、残高証明書と言う保管残高を証明する書類の発行を依頼し、残高証明書類を入手して残高を確認します。この方法を、残高確認と言います（銀行に限らず、取引の相手方から残高に関する報告書類を入手して残高を確認する方法を**残高確認**と総称します）。

　預金残高はもちろん、借入金残高、被保証債務残高及び取立済みで決済期日到来前の受取手形残高についても残高証明書による残高確認によって残高を確認することができます。なお、通帳がある預金であれば預金通帳の実査によっても残高を確認することは可能です。しかし、当座預金は預金通帳がありませんし、預金通帳があっても預金通帳に期末日時点の残高が記帳されていない場合は通帳に記載された残高が本当に期末日現在の残高を表示しているか判然としません。このような観点から、手数料は発生しますが、残高確認によって残高を確認することが必要です。

　証券会社等に保護預かりしてもらっている株券や債券といった有価証券についても、残高証明書の発行を依頼して入手し残高を確認します。

売掛金・買掛金等の残高確認

　売上・仕入等の取引の相手先に相手の残高を確認する書類である残高確認書を送付し返送してもらって残高確認します。この残高確認は、売掛金・買掛金だけでなく、未収入金や未払金、借入金や貸付金、預け保証金や預り保証金などについても、その取引先に対して残高確認を実施することができます。

　取引先の数が多数の場合、残高確認書の発送の事務処理だけでも大変になりますので、ある一定金額以上の残高を有する重要な取引先だけに残高確認書を送付することがあります。

　また、取引先からの残高確認書の回収には、数日から長ければ2・3週間を要します。そのため、せっかく残高確認書を回収し、帳簿残高との間に差異があることを把握しても、その差異の調整処理を決算作業に織り込むことができない場合あります。そこで、営業活動に関する重要な勘定科目である売掛金・買掛金の残高確認については、期末日現在ではなく、その1か月前の月末日現在の残高に関して残高確認を実施して、決算作業に調整処理を織り込む時間を確保する場合があります。

6

外部保管の棚卸資産の残高確認

　自社で保管している棚卸資産については実地棚卸によって残高を把握しますが、棚卸資産が自社以外の外部倉庫や仕入先や得意先などの取引先に保管されている場合があります。そのような場合は、外部保管先にまで出向いて実地棚卸を実施する場合もありますが、外部保管先から残高確認書を入手して残高を確認する場合が一般的です。

●確認した残高と帳簿残高との差異の処理

　これらの方法で残高を確認し、管理台帳や会計帳簿の残高と照合した結果、両者に差異がある場合は、その差異原因を分析・調査した上で、帳簿残高を正しい残高に一致させる処理（調整処理）を行います。

　当座預金・売掛金・買掛金に関する差異について、その主な差異原因は以下のようなものが考えられます。

▼主な差異の原因

勘定科目	差異原因
当座預金	時間外の預金預入 未取付小切手 未取立小切手 未渡小切手 何らかの誤記帳 銀行からの連絡未達
売掛金・買掛金	取引先との自社の計上基準の相違による計上日の違い（期ズレと呼ぶ） 取引先返品処理済み品の自社の返品未処理 送付済みの小切手・手形の取引先又は自社の未受取り 相殺処理に関する連絡漏れ 自社の記帳漏れ・記帳金額誤り 取引先の記帳漏れ・記帳金額誤り

○○年○月○日

株式会社××××　御中

株式会社○○○○
東京都○○区○○
経理部　担当△△△△
TEL　03−1234−5678

残高確認依頼書

拝啓　貴社まますご清栄のこととお慶び申し上げます。平素は格別のご愛顧を賜り厚く御礼申し上げます。

さて、○○年○月○日現在の貴社に対する弊社の残高は、下記の残高確認書の通りとなっております。ご多忙中誠に恐縮ですが、貴社残高とご照合いただき、「貴社残高」欄に貴社残高をご記入・ご捺印の上、同封の返信用封筒にて○○年○月○日頃までにご返送下さいますようお願い申し上げます。

残高に差異があります場合は、恐れ入りますが、差異金額及び差異理由等を備考欄に御記入いただければ幸いに存じます。また、貴社残高の記入がいない場合は、弊社残高と一致しているものとさせて頂きます。

敬具

記

・・・・・・・・・・・・・・・・・・・・・・・・・・・・・・・・・・・・・・・(切り取り線)

年　　月　　日

株式会社○○○○　宛

残高確認書

御住所＿＿＿＿＿＿＿＿＿＿＿＿

貴社名＿＿＿＿＿＿＿＿＿＿＿＿

代表者名＿＿＿＿＿＿＿＿＿＿㊞

株式会社○○○○に対する　　　年　　　月　　　日現在の残高を次の通り確認します。

弊社残高		貴社残高	
勘定科目	金額	勘定科目	金額
売掛金	■■■■円		円

備考欄（差異金額及び差異理由等）

6

減価償却の理解

●固定資産の取得原価の費用化

　会計には、収益とその獲得に貢献した費用を対応させるという**費用収益対応の原則**という考え方があります。使用することで、収益の獲得に貢献する固定資産においても、固定資産の取得原価を使用に対応して獲得される収益と対応させる必要があります。また、一方で、固定資産の価値は使用や時間の経過に伴って徐々に価値が減少

していきます。そこで、固定資産の価値減少の事実を会計に反映させながら、その価値の減少を対応する収益が計上される適切な時期に配分することが必要となります。

　しかし、この価値の減少の発生度合いを正確に測ることは実質的に困難であり、無理に測ればそこには恣意性が介入してしまいます。そのため、固定資産の価値の減少を、価値減少に関する仮定にもとづき、固定資産の取得原価を使用期間にわたって、計画的・規則的に計算していくことが必要となります。

　この固定資産について、その使用期間にわたって、取得原価を規則的・計画的に費用化していく処理方法のことを減価償却と言います。

　なお、減価償却を行う固定資産のことを**減価償却資産**と言い、価値が減少しない土地や書画・骨董といった備品以外の有形固定資産と無形固定資産が減価償却資産に該当します。

●減価償却の計算要素

　減価償却は、ある仮定に基づく計算手続きによって行われるため、減価償却の計算を実施することを減価償却計算と言い、減価償却計算によって計算された費用を**減価償却費**と言います。

　減価償却計算を行う際に必要となる計算要素には、減価償却による費用化の対象金額である「取得原価」、何年間資産を使用するのかという「耐用年数」、最終的な処分価額である「残存価額」といった3つの要素があり、これらを事前に決定した上で、計算をすることになります。

▼減価償却の計算要素と内容

計算要素	内容
取得原価	原則として購入代金に、使用できるようにするために必要となった付随費用（引取運賃・据付費用・購入手数料等）を加えた金額。
耐用年数	対象となる資産が使用可能と考えられる年数。実際にこれを見積もることは困難であるため実務上は、法人税法が資産の構造・用途・細目ごとに定めた耐用年数を用いる会社はほとんど。
残存価額	耐用年数が経過した時点で予想される経済的な資産価値であり、通常は売却価格等からその資産の解体・撤去等の費用を控除した金額。実際にこれを見積もることは困難であるため実務上は、法人税法の定めにしたがって、2007年4月1日以降に取得した資産ではゼロとすることが多い。

● 固定資産計上を判断する金額基準

　会社がある資産を固定資産とするか否かは、取得価額について金額基準を定め、その基準額以上の場合は固定資産に計上し耐用年数にわたって減価償却計算を行って費用化し、その基準額未満の場合はその資産の使用開始日又は購入日の属する会計期間に一括して費用処理することになります。

　そして、法人税法ではその金額基準を**10万円**と定めているため、多くの会社では**10万円**を基準額として固定資産とするか否かを決定しています。

● 会計期間の途中で取得・除却した固定資産の減価償却

　会計期間の途中で取得した固定資産の減価償却は、年間の減価償却費を12か月で割った金額（1か月当たりの減価償却費）に、稼働を開始した日の属する月から期末月までの月数を乗じて減価償却費を計算します。また、会計期間の途中で除却（使用を中止し、会計上取り除くこと）した固定資産の減価償却は、上記と同様、1か月当たりの減価償却費に、期首から除却した日の属する月までの月数を乗じて減価償却費を計算します。

● 固定資産の修繕に関する会計処理の違い

　固定資産の修理、改良等のための支出によって、その対象とした固定資産が、資産価値を高めたり耐久性を高める場合（改良、改修と呼ばれる）と、固定資産の現状の能力を維持し毀損部分を回復するだけの場合があります。

　前者の場合、その支出はその改良の対象となった固定資産に追加する形で固定資産に計上した上で減価償却をしていくことになります。一方、後者の場合は、支出はその会計期間の費用（修繕費）として処理されることになります。

　いずれに該当するかにより、会計上及び法人税法上の処理が異なり、当期純利益や法人税法上の課税所得計算に影響を及ぼすため、慎重に判断する必要があり、法人税法上では詳しい判断基準が設けられています。

減価償却費の計算

● 減価償却の2つの計算方法

　減価償却計算によって計上される費用を**減価償却費**と言いますが、その計算方法には、次の**定額法**と**定率法**といった2つの方法があります。なお、資産区分ごとにどちらの方法を採用するかを決定したら、原則、毎期継続して同じ方法で計算することが必要です。

6

定額法

　定額法は、毎期、減価償却費が一定額となる減価償却方法であり、次の計算式で計算します。

　定額法の減価償却費額＝（取得原価－残存価額）÷耐用年数

簡単な計算例を使って図と表で説明すると以下のようになります。

　（例）取得原価500,000円、耐用年数5年、残存価額0円の備品を定額法で減価償却費を計算する。

▼定額法の計算例とイメージ図

経過年数	減価償却費	減価償却費の計算
1年目	100,000円	（500,000 － 0 円）÷5年
2年目	100,000円	（500,000 － 0 円）÷5年
3年目	100,000円	（500,000 － 0 円）÷5年
4年目	100,000円	（500,000 － 0 円）÷5年
5年目	100,000円	（500,000 － 0 円）÷5年

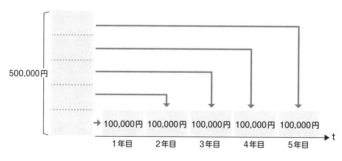

定率法

　定率法は、未償却残高に毎期一定率を乗じて減価償却費を計算する減価償却方法であり、次の計算式で計算します。

　定率法の減価償却費額＝（取得原価－既に減価償却した金額）×償却率

定率法は、最初減価償却費は多いのですが、償却が進んでいくと減価償却費が徐々に減っていく（逓減する）のが特徴です。

　しかし、定率法では未償却残高に一定率を掛けて計算するため、いつまで経っても全額を償却することができません。そこで、途中で定額法に切替えることで取得原価の全額を償却します。そこで途中とはいつなのかが問題になります。それは、定率法によって計算した減価償却費が償却保証額（＝取得原価×償却保証率）と言われるある一定の金額を下回った会計期間からになります。そして、定額法に変更したあとの償却方法は、定率法によって計算した減価償却額が初めて償却保証額より低くなった年の期首時点の未償却残高（これを改定取得価額と言う）に改定償却率を乗じて計算します。

　簡単な計算例を使って図と表で説明すると以下のようになります。

（例）取得原価500,000円の備品を耐用年数5年、残存価額0円、定率法で減価償却費を計算する。

▼定率法の計算例とイメージ図

耐用年数	償却率	改定償却率	償却保証率
1	0.020	0.020	0.00742
2	1.000	-	-
3	0.667	1.000	0.11089
4	0.500	1.000	0.12499
5	0.400	0.500	0.10800
⋮	⋮	⋮	⋮

経過年数	減価償却費	減価償却費の計算
1年目	200,000円	500,000円 × 0.4
2年目	120,000円	(500,000円 − 200,000円) × 0.4
3年目	72,000円	(500,000円 − 320,000円) × 0.4
4年目	54,000円	(500,000円 − 392,000円) × 0.4 = 43,200円 < 54,000円※ 償却保証額54,000円を下回ったので定額法に変更して再計算 (500,000円 − 392,000円) × 0.5
5年目	54,000円	108,000円 × 0.5

耐用年数5年の償却率・改定償却率・保証率を使用。
（例）の償却保証額は500,000円 × 0.108 ＝ 54,000円※

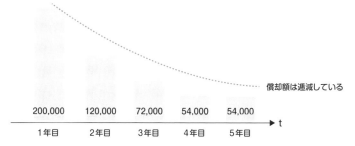

償却額は逓減している

200,000	120,000	72,000	54,000	54,000
1年目	2年目	3年目	4年目	5年目

→ t

実務上の残存価額

　残存価額は、減価償却費の計算上はゼロで計算しますが、使用し続けていて廃棄・除却をしていない固定資産が、まだ実在していることが会計帳簿上もわかるようにするために、実務上は残存価額を1円（備忘価額）だけ残します。したがって、上記の（例）の最終年の減価償却費の金額は、定額法では100,000円－1円で99,999円になり、定率法では54,000円－1円で53,999円になります。

●減価償却に関する法人税法上の例外

　なお、法人税法では減価償却に関して次の2つの特例があります。これらの特例を採用することで、法人税法上、通常よりは早期に固定資産の取得原価を費用化することができます。

一括償却資産

　取得価額が**10万円以上20万円未満**の減価償却資産を**一括償却資産**と呼び、法人税法では、耐用年数にかかわらず、使用開始日から3年間、毎期均等額を減価償却して費用に計上することができます（もし途中で売却・廃棄処分しても、3年間毎期均等償却を継続する）。

少額減価償却資産

　中小企業者等においては、取得価額が**30万円未満**の減価償却資産（以下、少額減価償却資産）を平成18年4月1日から令和4年3月31日までの間に取得などして事業の用に供した場合、一定の要件をもとに、その取得価額に相当する金額を損金の額に算入することができる。

　中小企業者等とは、**青色申告法人**である**中小企業者**（6-2節参照）又は農業協同組合等で常時使用する従業員の数が**1,000人以下**（令和2年4月1日以後の取得は**500人以下**）の法人に限られます。

　なお、適用を受ける事業年度における少額減価償却資産の取得価額の合計額が**300万円**（事業年度が1年未満の場合、300万円を月割按分した額）を超える場合、取得価額の合計額が**300万円**に達するまでが限度額となります。

　また、当該特例を受けるための適用要件としては、事業の用に供した事業年度において、少額減価償却資産の取得価額について損金経理するとともに、確定申告時に**別表十六（七）**（少額減価償却資産の取得価額に関する明細書）を添付して申告することが必要となります。

経過勘定の処理

●発生主義と経過勘定

　会計では、収益や費用は現金の入金及び出金の時点ではなく、発生時点で計上するという考え方をとっており、これを**発生主義**と言います。ちなみに、ここで「発生」とは、ある経済事象により経済価値が増加したり、減少したりすることを言います。この発生主義に対して、現金の入金及び出金の時点で収益や費用を計上する考え方を**現金主義**と言います。現代の会計は現金主義ではなく、この発生主義をもって収益・費用を計上することを原則としています。

　収益や費用は現金の入出金時に計上されるものも多いのですが、時間の経過によって発生する収益や費用の中には、その発生時点と現金の入出金時点にズレがあるものがあり、そのような場合に**経過勘定**を使って調整の処理が行われます。

　たとえば、ある会社が継続的にサービスを受ける場合、その1年分の代金をある時点でまとめて支払うとすると、支払った時点で1年分のサービスをすべて費消するわけではなく、サービスは時の経過にしたがい徐々に費消され、サービスを受ける権利という経済価値が減少していきます。そのような場合、1年分の代金のうち、サービスを費消した期間分を費用に計上し、未費消期間分はサービスを受ける権利としての資産に計上しておきます。

　なお、経過勘定は、対価が未払・未入金の発生分の費用・収益を見越して計上する**見越勘定**と、対価が支払済み・入金済みの未発生分の費用・収益を繰延べて計上する**繰延勘定**の2種類に区分できます。

●4つの経過勘定

　経過勘定には以下のように、見越勘定が費用・収益1つずつの計2つ、繰越勘定が費用・収益1つずつの計2つで、全部で4種類があります。また、経過勘定はあくまで継続的なサービス提供に関わるものであり、類似の**未払金・未収入金・前払金・前受金**は一時的な財貨やサービスの提供に関するという点で、その性格を異にしていますので混同しないように注意が必要です。

6

▼4つの経過勘定の図解

種類	内容	例

見越勘定

すでに提供されたサービスに対して、未だ支払っていない対価。この場合、時間の経過にともなってサービスの費消が発生しています。そのため、費消部分を当期の費用に計上するとともに、未払の対価を負債に計上します。

未払賃借料
未払利息
未払リース料
等

未払費用

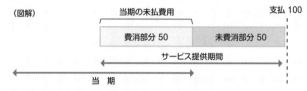

(期末時の会計処理)　○○費用50　／　未払費用50
(翌期首時の会計処理)　未払費用50　／　○○費用50
(支払時の会計処理)　○○費用100　／　現金預金100

すでに提供したサービスに対して、未だ受け取っていない対価。この場合、時間の経過にともなってサービスの提供がすでに発生しています。そのため、提供部分を当期の収益に計上するとともに、未収の対価を資産に計上します。

未収賃貸料
未払利息
未収リース料
等

未収収益

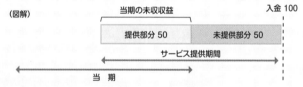

(期末時の会計処理)　未収収益50　／　○○収益50
(翌期首時の会計処理)　○○収益50　／　未収収益50
(入金時の会計処理)　現金預金100　／　○○収益100

繰延勘定

未だ提供されていないサービスに対して、すでに支払っている対価。この場合、時の経過にともなって次期以降にサービスの提供が発生するため、未提供部分を当期の費用から除外するとともに、未提供のサービスを受ける権利を資産に計上します。

前払賃借料
前払利息
前払リース料
等

前払費用

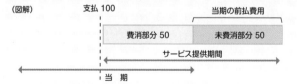

(支払時の会計処理)　○○費用100　／　現金預金100
(期末時の会計処理)　前払費用50　／　○○費用50
(翌期首時の会計処理)　○○費用50　／　前払費用50

未だ提供していないサービスに対して、すでに受け取っている対　前受賃貸料
価。この場合、時の経過にともなって次期以降にサービスの提供　前受利息
が発生するため、未提供部分を当期の収益から除外するとともに、　前受リース料
未提供のサービス提供の義務を負債に計上します。　　　　　　　　　等

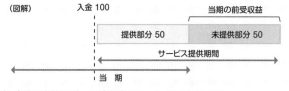

（図解）

前受収益

（入金時の会計処理）　現金預金 100　／　○○収益 100
（期末時の会計処理）　○○収益 50　／　前受収益 50
（翌期首時の会計処理）前受収益 50　／　○○収益 50

コラム

短期の前払費用

　上でみたように、前払費用は、原則として、支出した時に資産に計上し、サービスの提供を受けた時に費用（損金）に計上すべきものです。しかし、法人税法では、短期の前払費用に関する特例処理が認められています。それは、前払費用の額で、その支払った日から1年以内に提供を受けるサービスに関して支払った場合は、その支払額に相当する金額を継続してその支払った日の属する事業年度の費用（損金）の計上しているときは、その支払時点で費用（損金）に計上することが認められるというものです。ただし、借入金を預金、有価証券などで運用する場合は、その借入の支払利息のように、収益の計上と対応させる必要があるものについては、たとえ1年以内の短期の前払費用であっても、支払時点で費用（損金）に計上することは認められませんのでご注意ください。

6

未払法人税等の処理

　未払法人税等とは、法人税申告処理で確定させた損益計算書に計上する法人税、住民税及び事業税等（以下、法人税等）の額のうち、期末時点において未納付（中間支払されていない）の部分であり、基本的には法人税申告書における別表五（二）における期末納税充当金と同額となります。
　また、設立初年度においては、中間支払がないため、損益計算書の法人等と同額が未払法人税等として計上されます。

決算公告

　株式会社は、会社法によって**決算公告**が義務付けされており、**資本金5億円以上**又は**負債総額200億円以上**の**大会社**においては、**貸借対照表**および**損益計算書**の公告が必要とされていますが、それ以外の会社は**貸借対照表**のみ対象となります。

また、**官報**もしくは**日刊新聞紙**に掲載する方法の場合、貸借対照表の要旨で可能とされています。

　なお、定款の絶対的記載事項として、**官報**に掲載する方法、時事に関する事項を掲載する**日刊新聞紙**に掲載する方法、**電子公告**のいずれかを登記する必要があり、公告を怠った場合や不正の公告をしたときは、会社法において、**100万円以下**の**過料**に処すとされています。

2 税金の申告って何？

そもそも税金の申告って何？

会社としての利益や損失の確定によって必要な税金を計算し、税務署に申告する作業のことで、法律で定められている行為です

国税には、法人税と消費税の申告がある

●法人税の申告

　会社は自社で定めた決算月までの1年間（設立初年度は設立月から決算月まで）の収益から費用を控除し、引当金や減価償却費といった会社の決算処理等に伴う決算調整事項を処理することで、最終損益を算出します。最終損益は、株主総会で承認されることで確定決算となります。この確定決算をもとに、会計上と異なる処理を実施している場合の税務上の調整（加算、減算）等による申告調整事項を加味し、税務上の損益である課税所得を算出し、この課税所得をもとに法人税額を計算することとなります。

　この法人税額を計算する税務上の処理を確定申告作業、税務署に申告する書類を**確定申告書**といい、原則として決算月から**2か月以内**（3か月延長可）に**税務署**に提出する必要があります。以下、一般的に使用する確定申告書について説明します。

6

▼**法人税**（以下、主たる様式について記載）

様式	記載内容
別表一	確定申告書の表紙であり、法人基本情報や納税額を記載する
別表二	株式、株主情報について記載する
別表四	会計上の損益から税務上の損益（課税所得）を算出する
別表五（一）	税務上の貸借対照表に関連する項目を記載する
別表五（二）	法人税等や租税公課等の発生等の内訳を記載する

別表六	配当金や受取利息に係る所得税について記載する
別表七	欠損金が生じた場合に記載する
別表十五	交際費等の損金算入に関する明細書
別表十六 (一)	定額法による減価償却資産の償却額等について記載する
別表十六 (二)	定率法による減価償却資産の償却額等について記載する

法人税　中小法人 (資本金1億円以下、ただし資本金5億円以上の法人等の100% 子会社を除く) の特例

法人税の申告処理において、以下のような特例が設けられています。

- **法人税率の軽減税率の適用 (令和5年3月31日までに開始する事業年度)**
  800万円以内の課税所得に対する税率が15% (本来は19%)
- **貸倒引当金制度の適用**
  貸倒引当金について、一定の限度額の範囲内で損金算入可
- **交際費等の額**
  定額控除限度額 (800万円) まで損金算入可能 (接待飲食費の50%の損金算入との選択適用)
- **欠損金の繰越控除**
  欠損金の繰越控除について、各事業年度の課税所得金額の全額まで可能
- **欠損金の繰戻還付**
  1年間、繰戻還付 (前年度納付分の法人税の還付請求) が可能
- **特定同族会社における留保金課税**
  留保金課税の適用除外

法人税　中小企業者 (資本金1億円以下、ただし同一の大規模法人[※1]が発行済株式総数 (自己株式除く) の1/2以上を保有もしくは、複数の大規模法人が2/3以上保有している会社を除く) の特例

- 試験研究費の税額控除の特例
- 少額減価償却資産の特例 (6-1節参照)

※1　**大規模法人**：資本金の額若しくは出資金の額が1億円を超える法人又は資本金の額若しくは出資金の額が5億円以上である法人と完全支配関係にある会社、又は資本等を有しない法人のうち常時使用する従業員の数が1,000人を超える法人をいい、中小企業投資育成株式会社を除く。

・投資促進税制（特別償却・税額控除）の適用

・経営強化税制（特別償却・税額控除）の適用

　（投資促進税制および経営強化税制のうち、税額控除については中小企業者のうち資本金3,000万以下の法人が対象）

コラム

e-Tax について（詳細は8-7節参照）

　e-Taxとは、電子申告制度のことであり、上記で説明した書面を国税庁のWebサイトで作成、申告処理するシステムの制度です。このe-Taxを利用して、申告書類のみ作成し、郵送等で申告することも可能です。

　なお、資本金の額等が1億円超の株式会社等については、令和2年4月1日以後開始する事業年度の確定申告より電子申告が義務化されます。

消費税の申告について

　消費税の申告は、原則として、課税事業者に相当する場合に必要となります。

課税事業者の判定（以下の場合、課税事業者となる）および申告方法

　当期の基準期間（2期前）における課税売上高[1]（税込）が1,000万円超

　特定期間（前期の事業年度開始後6か月）の課税売上高（税込）が1,000万円超かつ、支払給与の額が1,000万円超（設立初年度が前期に相当する場合、初年度の決算期間が7か月以下の場合は特定期間にあたらない）

　事業年度開始時点の資本金の額又は出資の金額が1,000万円以上

　「消費税課税事業者選択届出書」を提出している

　特定新規設立法人[2]に該当する場合

出典：国税庁「タックスアンサー No.6501　納税義務の免除」(https://www.nta.go.jp/taxes/shiraberu/taxanswer/shohi/6501.htm) をもとに作成

---

[1]　課税売上高とは、消費税がかかる売上高と輸出取引等免税売上高の合計。

[2]　特定新規設立法人とは、①他の者により株式総数の過半数保有されており、かつ、他の者および当該他の者と一定の特殊な関係にある法人のいずれかで基準期間の課税売上高が5億円超の場合に該当する。

消費税の申告方法においては、顧客から回収した収益に係る消費税額から支出した経費等に係る消費税額を控除して納税額を算出する原則課税制度と、基準期間における課税売上高が5,000万円以下の場合で、適用を受けようとする事業年度開始日の前日までに「**消費税簡易課税制度選択届出書**」を提出している場合に、事業区分に応じたみなし仕入率を収益に係る消費税額に乗じて納税額を算出する簡易課税制度があります。

▼**原則課税制度による消費税申告書**(以下、主たる様式について記載)

様式	記載内容
第一表	法人基本情報や納税額を記載する
第二表	税率ごとの課税標準額等を記載する
付表1－1	税率ごとの消費税額等を記載する
付表2－1	課税売上割合、控除対象仕入税額等を記載する
付表1-2・2-2	旧税率が適用された取引がある場合に作成

▼**簡易課税制度による消費税申告書**(以下、主たる様式について記載)

様式	記載内容
第一表	法人基本情報や納税額を記載する
第二表	税率ごとの課税標準額等を記載する
付表4－1	税率ごとの消費税額等を記載する
付表5－1	控除対象仕入税額等を記載する
付表4-2・5-2	旧税率が適用された取引がある場合に作成

▼消費税及び地方消費税の申告書（簡易課税用）　第一表

6

出典：国税庁「消費税及び地方消費税の確定申告の手引き・様式等」(https://www.nta.go.jp/taxes/tetsuzuki/shinsei/shinkoku/shohi/pdf/01-kanikazei.pdf) より

※法人税、消費税及び地方税の申告に際しては、税の専門家である税理士に相談することをお勧めします。

地方税

地方税のうち代表的な税金としては、**法人住民税**と**法人事業税**があります。

●法人住民税について

法人住民税は、行政サービスの費用分担という趣旨の税金であり、法人税割と均等割から構成されており、拠点のある都道府県および市町村に対して確定申告書を提出するとともに、税金を納めることになります。

法人住民税（道府県民税・市町村民税）の税額について

法人住民税については、**法人税割**として法人税額に法人税割税率を乗じた金額と、法人税額が生じない場合（赤字決算）でも生じる**均等割**からなります。

均等割額については、資本金等の額・従業員数によって金額が異なるため、拠点を有する各道府県および各市町村のHP等によって確認します。

なお、東京都の特別区においては市町村区分がないため、市町村民税に相当する部分についても東京都に**都民税**として申告・納付することとなります。

また、複数の都道府県や市町村に事業所等を有している場合、業種によって、従業者の数、事業所等の数及び従業者の数を基準として課税標準額を按分します。

▼**法人住民税**（以下、主たる様式について記載）

様式	記載内容
第六号 （道府県民税・事業税）	法人基本情報、道府県民税・事業税の納税額等を記載する
第二十号 （市町村民税）	法人基本情報、市町村民税の納税額等を記載する

●法人事業税について

法人事業税は、事業活動を行うにあたって、都道府県の公共施設（道路など）などの行政サービスを利用することが多い点から、都道府県の行政サービスにかかる必要経費を負担すべきという観点で、都道府県税とされているため、拠点を有する都道府県における道府県民税の申告書によって申告・納付することとなります。

法人事業税の税額について

法人事業税は、所得金額又は収入金額に応じて、各都道府県で定められた税率を

乗じて算出する所得割が必須となります（赤字の場合は所得金額又は収入金額がマイナスとなるため発生しません）。

　なお、資本金が**1億円超**の**外形標準課税対象法人**については、**付加価値割**、**資本割**も必要となるため、別途外形標準課税対象法人に適用される税率等を確認します。

　また、2019年10月1日までは**地方法人特別税**が国税として付加されていましたが、2019年10月1日以後開始する事業年度より、特別法人事業税が国税として付加されることとなります。こちらについては、上述の所得割で算出された税額に対して、**資本金1億円以下**の普通法人等であれば、一律**37%**を乗じた金額となります。

●その他の地方税固定資産税・償却資産税

　固定資産税、**償却資産税**は固定資産の保有に対してかかる地方税です。

　固定資産税は、土地・家屋の保有に伴うもので、償却資産税は土地・家屋・自動車以外の償却資産（土地・家屋以外の事業の用に供することができる有形固定資産で、その減価償却額又は減価償却費が法人税法の規定による所得の計算上、損金に算入されるもの）の保有に伴うものです。

固定資産税・償却資産税の金額

　毎年1月1日時点で**土地・家屋・償却資産**の所有者として登記又は登録している法人（ただし、保有している土地の評価額が30万円未満、家屋の評価額が20万円未満、償却資産の評価額が150万円未満は免税となる）で、評価額を集計した課税標準額（千円未満切捨て）に対して**1.4%**の税額（百円未満切捨て）となります。

　償却資産の資産ごとの評価額については、前年度中に取得した資産については、取得価額×（1−減価率／2）、前年度以前に取得した資産については、前年度評価額×（1−減価率）となり、減価率については、各市町村のHP等で確認できます。

　また、償却資産税については、毎年1月1日時点の保有状況について、1月末日までに各市町村に提出する必要があります。

　なお、土地・家屋にかかる**固定資産税**は課税標準額×1.4%、**都市計画税**は課税標準額×0.3%であり、市町村によって異なりますが、毎年5月中旬頃に納税通知書及び課税明細書が届きます。

●eLTAX（地方税電子申告）について（詳細は8-7節にて解説）

　国税同様、地方税においても電子申告制度（eLTAX）がありますが、提出先の市町村によっては未対応地区もあります。

6

3 予算策定とは？

経理

予算なんて大袈裟だから、予算を作る必要ないよね？

予算管理をしないと、数値ベースでの従業員への共通目標も明確にできず、会社に利益や資金が残らない可能性があります

予算の策定

予算管理といっても、難しく考える必要はありません。まずは、会計をベースとして、損益面における売上、売上原価、人件費、その他経費といった項目で予算を策定します。その際、前期実績値をベースに売上の増加目標や売上の増加に対する原価の増加見込み、従業員を1人増やせば人件費がどの程度増えるかなど、項目ごとに目安となる数値を把握しておくことで、予算策定はスムーズに行えます。

また、**設備投資**の予定がある場合など、**資金計画**も重要になりますので、事業に係る**資金収支**、**設備投資予定額**、借入金の**調達・返済スケジュール**、**税金**の支払といった資金面の予算策定も必要となり、**資金収支表**や**キャッシュ・フロー計算書**などを作成すると資金の過不足状況の把握が可能となります。

なお、策定した予算については経営者だけで認識するのではなく、従業員と共有することで、会社の目標数値等が共有され、より実現しやすくなります。

●予実分析

予算を策定すると、策定したことに満足してしまい、予算の表だけで何も活用しない恐れがあります。予算は、会社としての利益目標や資金計画を明確にすることが大事ですが、それ以上に予算の達成状況や資金収支の状況を管理することが重要です。そのため、策定した予算について、毎月の実績値や達成割合、資金収支状況などを落とし込んだ**予実対比表**を作成し、経営者のみならず、従業員と共有し、予算との乖離について、予算を達成するための手段・方法を協議、実践していく必要があり

ます。

　なお、当初予算を策定した時点では想定できなかった経営環境（大規模自然災害など）に陥った場合や、当初予算が大幅な成長予算で実績が伴わない場合には、当初予算を見直した補正予算を策定、修正予算として当該補正予算を基に実績値との比較等実施していく必要があります。

▼予算

20XX年度　予算

(単位：千円)

項目	金額	備考
売上高	150,000	前年度実績＋20%
売上原価	75,000	原価率50%
人件費	30,000	前年より1名増予定
その他経費	30,000	
うち、減価償却費	12,000	
営業利益	15,000	
経常収支		
経常利益	14,800	借入利息200千円
減価償却費	10,000	
小計	24,800	
固定資産収支		
機械装置取得	△14,000	
小計	△14,000	
財務収支		
資金調達（借入）	10,000	
借入返済	△2,000	
税金の支払	△8,000	法人税、消費税
小計	－	
現預金増減額	10,800	

6

▼予実分析

20XX年度　予実対比 (3か月経過時点)　　　　　　　　(単位：千円)

項目	予算金額	実績金額	達成割合	備考
売上高	150,000	50,000	33.33%	当初見通しより上振れ
売上原価	75,000	25,000	33.33%	
人件費	30,000	8,000	26.67%	残業代により微増
その他経費	30,000	6,000	20.00%	下記事由により減
うち、減価償却費	10,000	2,000	20.00%	設備投資計画が遅延
営業利益	15,000	11,000	73.33%	

項目	計画	実績	過不足	備考
経常収支				
経常利益	14,800	10,950	△3,850	
減価償却費	10,000	2,000	△8,000	設備投資遅延
小計	24,800	12,950	△11,850	
固定資産収支				
機械装置取得	△14,000	−	14,000	設備投資遅延
小計	△14,000	−	14,000	
財務収支				
資金調達 (借入)	10,000	10,000	−	
借入返済	△2,000	△2,000	−	
税金の支払	△8,000	△1,500		消費税予定分
小計	−	6,500	−	
現預金増減額	10,800	19,450	650	

4 法定調書　給与所得/退職所得の源泉徴収票の作成とは？

源泉徴収票ってなんだろう？

源泉徴収票とは、法定調書の一種で、1月から12月の暦の一年間で支払った給与（賞与）/退職金と徴収した税金の合計が記載された用紙です。給与収入がある方は「給与所得の源泉徴収票」、退職金を受け取った方は「退職所得の源泉徴収票」が会社から発行されます

源泉徴収票とは

　従業員が受け取る給与からは、毎月、所得税・社会保険料・住民税等が控除されています。このうち、**所得税**については、毎月の給与支払額と合わせた計算式により「概算で控除」されています。概算で控除された所得税については、一般的には12月中に行われる「年末調整」によって確定額となり、暦の一年間で概算控除された所得税と年末調整による確定所得税の差額が算定されます。

　上記の年末調整の結果、従業員の暦の一年間の給与額面・所得税等が確定し、当該計算結果が「税務署、市区町村、従業員本人」に配布されます。その際に会社が配布する用紙が**給与所得の源泉徴収票**です。

　給与所得の源泉徴収票には、年末調整のために必要なすべての情報が一枚の紙に集約されています。つまり給与所得の源泉徴収票とは、会社が従業員の代わりに、暦の一年間の給与所得を精算し確定申告を行った結果をまとめた用紙とも言えます。

6

▼給与所得の源泉徴収票

令和　　年分　　**給与所得の源泉徴収票**

支払を受ける者	住所又は居所		(受給者番号)
			(個人番号)
			(役職名)
			氏名 (フリガナ)

種　　別	支　払　金　額	給与所得控除後の金額(調整控除後)	所得控除の額の合計額	源泉徴収税額
	内　　千　　円	千　　円	千　　円	内　　千　　円

(源泉)控除対象配偶者の有無等		配偶者(特別)控除の額	控除対象扶養親族の数(配偶者を除く。)						16歳未満扶養親族の数	障害者の数(本人を除く。)		非居住者である親族の数
	老人		特定		老人		その他			特別	その他	
有	従有	千　　円	人	従人	内　　人	従人	人	従人	人	内　　人	人	人

社会保険料等の金額	生命保険料の控除額	地震保険料の控除額	住宅借入金等特別控除の額
内　　千　　円	千　　円	千　　円	千　　円

(摘要)

生命保険料の金額の内訳	新生命保険料の金額	円	旧生命保険料の金額	円	介護医療保険料の金額	円	新個人年金保険料の金額	円	旧個人年金保険料の金額	円
住宅借入金等特別控除の額の内訳	住宅借入金等特別控除適用数		居住開始年月日(1回目)	年　月　日	住宅借入金等特別控除区分(1回目)		住宅借入金等年末残高(1回目)	円		
	住宅借入金等特別控除可能額	円	居住開始年月日(2回目)	年　月　日	住宅借入金等特別控除区分(2回目)		住宅借入金等年末残高(2回目)	円		

(源泉・特別)控除対象配偶者	(フリガナ) 氏名	区分		配偶者の合計所得	国民年金保険料等の金額	円	旧長期損害保険料の金額	円
	個人番号				基礎控除の額	円	所得金額調整控除額	円

控除対象扶養親族	1	(フリガナ) 氏名	区分			16歳未満の扶養親族	1	(フリガナ) 氏名	区分		(備考)
		個人番号						個人番号			
	2	(フリガナ) 氏名	区分				2	(フリガナ) 氏名	区分		
		個人番号						個人番号			
	3	(フリガナ) 氏名	区分				3	(フリガナ) 氏名	区分		
		個人番号						個人番号			
	4	(フリガナ) 氏名	区分								
		個人番号									

未成年者	外国人	死亡退職	災害者	乙欄	本人が障害者		寡婦	ひとり親	勤労学生	中途就・退職				受給者生年月日			
					特別	その他				就職	退職	年	月	日	元号	年	月	日

支払者	個人番号又は法人番号		(右詰で記載してください。)	
	住所(居所)又は所在地			
	氏名又は名称		(電話)	
	整理欄			375

出典：国税庁「令和　年分　給与所得の源泉徴収票」(https://www.nta.go.jp/taxes/tetsuzuki/shinsei/annai/hotei/pdf/r02/23100051-01.pdf) より

給与以外に、退職金の支払いについても源泉徴収票が発行されます。

従業員に退職金が支払われる際、これまでの勤続年数に応じた計算式により、控除される**所得税・住民税**が算定されます。その結果、退職金額面・所得税等が確定し、当該計算結果が「従業員本人」に配布されます。その際に会社が従業員に配布する用紙が**退職所得の源泉徴収票**です。

退職所得の源泉徴収票は、勤続年数に応じて退職金から控除すべき金額（以下、退職所得控除）を算定するために必要なすべての情報が集約されています。

なお、退職所得を算定する際、従業員が会社に対して**退職所得の受給に関する申告書**と呼ばれる書類を提出していない場合は、退職所得控除は適用されず、一律**20.42%**の所得税が概算控除されます。

当該ケースでは、発行された退職所得の源泉徴収票を用いて、従業員自身が確定申告（通常は翌年2月16日～3月15日）を行い、概算所得税額20.42%と確定所得税額の差額を精算しなければいけないため、留意が必要です。

▼退職所得の源泉徴収票・特別徴収票

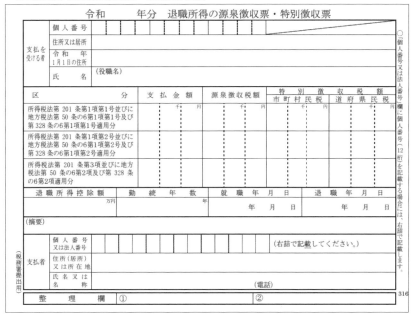

出典：国税庁「令和　年分　退職所得の源泉徴収票・特別徴収票」(https://www.nta.go.jp/taxes/tetsuzuki/shinsei/annai/hotei/pdf/h31/23100052-01.pdf)より

源泉徴収票の作成時期

源泉徴収票が発行されるタイミングは、主に以下のパターンがあります。

▼源泉徴収票の発行タイミング

	給与所得	退職所得
年末調整業務の完了時	○	×
従業員の退職時	○	○

　給与所得の源泉徴収票は、1月から12月の暦の一年間の給与・賞与の支払額が確定しないと作成ができないため、「毎年最後の月の給与支払額が確定したあと」に発行されます。実務上は、12月の給与明細とともに発行されるパターンが大半です。

　その他、従業員の退職時にも給与所得の源泉徴収票が発行されます。年の途中に退職した場合、毎月控除されていた所得税が「概算」、すなわち、年末調整が未了の給与所得の源泉徴収票が退職者に渡されます。

　退職者は、年内に転職した場合、年末調整が未了の給与所得の源泉徴収票を転職先に渡す必要があります。また年内に転職をしなかった場合、年末調整が未了の給与所得の源泉徴収票を用いて、翌年2月16日〜3月15日の期間に確定申告をして、概算の所得税を精算する必要があります。

　退職所得の源泉徴収票は、退職金の支払いという事実に基づいて発行されます。実務上は、従業員の退職時に、給与所得の源泉徴収票とともに渡されるパターンが大半です。

給与所得／退職所得の源泉徴収票の提出先

　会社は、法定調書である源泉徴収票を取りまとめて、各従業員に配布した上で、翌年の1月31日までに税務署及び従業員が居住する市区町村に提出しなければいけません。

　税務署及び従業員が居住する市区町村に提出する源泉徴収票は、全員分ではなく、一定の要件を満たす分のみとなります。一定の要件と配布先をまとめると、以下の表となります。

▼源泉徴収票の提出先

	給与所得	退職所得
税務署	・年末調整をした人で給与等が500万円を超えた従業員（法人役員のケースは150万円超） ・退職者で、給与等が250万円を超えた人 ・給与等が2,000万円超の人	法人役員分のみ提出
市区町村	全員分を提出	法人役員分のみ提出
従業員	全員に配布	全員に配布

6

5 法定調書　報酬、料金、契約金及び賞金の支払調書の作成とは？

経理

「報酬、料金、契約金及び賞金の支払調書」ってなんだろう？

顧問弁護士/税理士の先生や取引先への支出に対して「支払先、支払金額、支払内容」をまとめた用紙を作成して、翌年1月31日までに税務署に提出する必要があります

報酬、料金、契約金及び賞金の支払調書とは

　報酬、料金、契約金及び賞金の支払調書とは、会社が弁護士報酬や税理士報酬、作家に支払う原稿料、画家に支払う画料等を支払った場合に作成しなければいけない用紙のことをいいます。

　報酬、料金、契約金及び賞金の支払調書は、一定の要件を満たした支出についてのみ、作成を義務付けられています。

▼報酬、料金、契約金及び賞金の支払調書の作成要件

	支払先	一定の要件
①	外交員、集金人、電力量計の検針人やプロボクサー等、ホステス等、広告宣伝のための賞金	1人あたり年間50万円を超えた人
②	馬主へ支払う賞金	1回の賞金支払額が75万円を超える馬主に対するすべての賞金
③	プロ野球選手などに支払う報酬、契約金	1人あたり年間5万円を超えた人
④	弁護士や税理士等に対する報酬、作家や画家に対する原稿料や画料、講演料等	1人あたり年間5万円を超えた人

　上記のうち、実際に経理実務で関わる可能性が高いのは④となります。

　よくある誤りとして、「源泉所得税が発生している報酬のみ支払調書の対象とする」といったものがありますが、実際は、源泉所得税の有無に限らず、上記①〜④に

該当する支出があれば、支払調書の提出義務が生じます。この点、非常に誤りが多い論点のため、留意が必要です。

支払調書の作成方法

　報酬、料金、契約金及び賞金の支払調書には、主に**支払先**、**支払金額**、**源泉徴収税額**、**支払内容**を記載します。

　以下のケースの場合の記載例は次の図のとおりです。

・税理士に対する報酬総額、源泉徴収税額：1,200,000円（毎月10万円税抜）、122,520円

▼報酬、料金、契約金及び賞金の支払調書

令和 02 年分　報酬、料金、契約金及び賞金の支払調書									

支払を受ける者
住所（居所）又は所在地：○○市▲△町4－1
氏名又は名称：税理士　太郎
個人番号又は法人番号：

区　分	細　目	支　払　金　額	源　泉　徴　収　税　額
税理士報酬	顧問報酬	1 2 0 0 0 0 0	1 2 2 5 2 0

（摘要）消費税：120,000円

支払者
住所（居所）又は所在地：●●市▲▲町3－1
氏名又は名称：国税　株式会社　（電話）
個人番号又は法人番号：

整　理　欄	①	②

309

○個人番号又は法人番号一欄に個人番号（12桁）を記載する場合には、右詰で記載します。

出典：国税庁「[手続名] 報酬、料金、契約金及び賞金の支払調書（同合計表）」（https://www.nta.go.jp/taxes/tetsuzuki/shinsei/annai/hotei/23100038.htm）の「[入力用]　令和　年分　報酬、料金、契約金及び賞金の支払調書（PDF/1,128KB）」を用いた入力例

　また税理士等に支払う報酬から控除される源泉所得税は、下記の算式により算定されます。

6

175

▼源泉所得税の計算式

一回当たりの支払金額	税額
100万円以下	支払金額 × 10.21%
100万円超	（支払金額－100万円）× 20.42%＋102,100円

　本件では、「毎月10万円税抜」であり、100万円以下に該当するため、「10万円×10.21%＝10,210円/月　年間122,520円」と算定されます。

支払調書の作成時期と提出先

　報酬、料金、契約金及び賞金の支払調書は、多くのケースで年末年始に作成され、翌年**1月31日**までに**法定調書合計表**に添付して**税務署**に提出します（詳細は「支払調書の提出」を参照）。

　なお実務上、取引先に支払調書を交付するケースがありますが、法律上、取引先への交付義務はありません。古くからの慣例で取引先への支払調書の交付がされているケースがありますが、仮に誤った金額の支払調書を交付してしまうとトラブルに繋がる可能性があるため、慎重な対応が必要といえます。

6 法定調書　不動産の使用料等の支払調書の作成とは？

個人の大家さんから本社オフィスを賃貸しているけど、支払調書は関係あるのかな？

「不動産の使用料等の支払調書」を作成して、税務署に提出しないといけません

不動産の使用料等の支払調書とは

不動産の使用料等の支払調書とは、会社が下記に列挙した支出をした場合に作成しなければいけない用紙のことをいいます。

・ 不動産（不動産の上に存する権利も含む）、船舶（総トン数20トン以上の船舶のみ）、航空機の借受けの対価
・ 不動産の上に存する権利の設定の対価

6

上記の支出をした方のうち、下記に該当する方のみが税務署に対する支払調書の提出義務を負います。

・ すべての法人
・ 個人で不動産業を営む者（ただし、主として建物の賃貸借の代理や仲介を目的とする事業を営んでいる方は、支払調書の提出義務がありません）

不動産の使用料等に含まれる支出

不動産の使用料等に含まれる支出は、土地、建物の賃借料だけでなく、以下のようなものも含まれます。

- 地上権、地役権の設定あるいは不動産の賃借に伴って支払われる権利金、礼金
- 契約期間の満了に伴い、又は借地の上にある建物の増改築に伴って支払われる更新料、承諾料
- 借地権や借家権を譲受けた場合に地主や家主に支払われる名義書換料

　実務上、きちんと押さえておくべき支出は、①**地代**、②**家賃**、③**権利金**、④**礼金**、⑤**更新料**の5種類となります。

支払調書の提出範囲

　支払調書の提出範囲は、不動産の使用料等の支払先が「法人」「個人」により変化します。

　不動産の使用料等の支払先が「法人」の場合は、「③**権利金**、④**礼金**、⑤**更新料**」のみが提出対象となります。一方、不動産の使用料等の支払先が「個人」の場合は「①**地代**、②**家賃**、③**権利金**、④**礼金**、⑤**更新料**」のすべてが提出対象となります。

　上記支出のうち、同一人に対する1月から12月の暦の一年間の支払合計が15万円を超える場合は、支払調書を税務署に提出しなければいけません。なお、この15万円は消費税を含めた金額で判断しますが、もし消費税が明確に区分されている場合には、消費税額を含めない金額で支払調書の提出の要否を判断することができます。

　「支払調書の提出義務者」と「支払先」の関連性を一覧表にすると、下記のとおりとなります。

▼支払調書の提出義務者と支払先の関連表

「支払調書の提出義務者」		支払先	
「支払先」の関連性		法人	個人
提出義務者	すべての法人	③ ④ ⑤	① ② ③ ④ ⑤
	不動産業者である個人※	③ ④ ⑤	① ② ③ ④ ⑤

※不動産業者である個人のうち、主として建物の賃貸借の代理や仲介を目的とする事業を営んでいる方は、支払調書の提出義務がありません。

支払調書の作成方法

　不動産の使用料等の支払調書には、主に支払先、支払金額、物件用途（物件住所含む）、支払金額の根拠を記載します。

以下のケースの場合の記載例は次の図のとおりです。

▼個人大家に対する賃料総額：18,000,000円（毎月150万円税抜）、用途は本社オフィス

令和　2 年分　不動産の使用料等の支払調書

支払を受ける者	住所（居所）又は所在地	○○市△△町 2 － 1	
	氏名又は名称	国税　四郎	個人番号又は法人番号

区分	物件の所在地	細目	計算の基礎	支払金額
家賃	○○市△△町 1 － 1	事務所	160平米 1月～12月　月1.5百万円	千　円 18 000 000

（摘要）消費税：1,800,000円

あっせんをした者	住所（居所）又は所在地		支払確定年月日	あっせん手数料
	氏名又は名称		年　月　日 ・　・	千　円
	個人番号又は法人番号			

支払者	住所（居所）又は所在地	●●市▲▲町 3 － 1	
	氏名又は名称	国税　株式会社 （電話）	個人番号又は法人番号

整理欄	①	②

○「個人番号又は法人番号」欄に個人番号（12桁）を記載する場合には、右詰で記載します。

313

出典：国税庁「[手続名] 不動産の使用料等の支払調書（同合計表）」（https://www.nta.go.jp/taxes/tetsuzuki/shinsei/annai/hotei/23100034.htm）の「[入力用] 令和　年分　不動産の使用料等の支払調書」を用いた入力例

支払調書の作成時期と提出先

不動産の使用料等の支払調書は、多くのケースで年末年始に作成され、翌年1月31日までに法定調書合計表に添付して税務署に提出します（詳細は「支払調書の提出」を参照）。

なお法律上、取引先への交付義務はありませんが、実務上は古くからの慣例で取引先への支払調書の交付がされているケースが数多くあります。特に個人大家への不動産関連の支出に関しては、当該個人大家の確定申告で使用される事があります。もし仮に誤った金額の支払調書を交付してしまうと税金トラブルに繋がる可能性があるため、取引先への交付については、慎重な対応が必要といえます。

7 法定調書　支払調書の提出とは？

支払調書ってどのように提出すれば良いのかな？

税務署には「法定調書合計表」、市区町村には「給与支払報告書（総括表）」により提出します

法定調書とは

法定調書とは、税務署に対して提出をしなければいけない書類をいいます。

法定調書は、所得税法・相続税法・租税特別措置法・内国税の適正な課税の確保を図るための国外送金等に係る調書の提出等に関する法律によって定められており、その種類は全部で60種類にも及びます。

6-4節、6-5節、6-6節で説明をした**給与所得／退職所得の源泉徴収票、報酬、料金、契約金及び賞金の支払調書、不動産の使用料の支払調書等の作成**も法定調書の一種です。

本節では、この法定調書の提出方法について、説明をします。

税務署への提出

会社が税務署に支払調書を提出する際、**法定調書合計表**と呼ばれる用紙に、各支払調書の金額を転記するとともに、添付書類として、個別の支払調書を添付することで、税務署に提出をします。

法定調書合計表及び添付書類の支払調書の提出期限は、翌年の1月31日となります。

法定調書合計表に記載すべき支払調書は下記の6点です。

　①給与所得の源泉徴収票
　②退職所得の源泉徴収票

③報酬、料金、契約金及び賞金の支払調書

④不動産の使用料等の支払調書

⑤不動産等の譲受けの対価の支払調書

⑥不動産等の売買又は貸付けのあっせん手数料の支払調書

上記のうち、⑤不動産等の譲受けの対価の支払調書、⑥不動産等の売買又は貸付けのあっせん手数料の支払調書については、不動産の売買取引に関連して支出した取引金額・仲介手数料を記載する支払調書であり、稀なケースなため本節の説明からは除外します。

法定調書合計表に添付しなければいけない法定調書の基準

法定調書合計表には、一定の要件を満たした法定調書のみを添付します。

▼法定調書合計表に添付しなければいけない法定調書の一覧表

法定調書の名称	税務署に提出する基準
給与所得の源泉徴収票	・年末調整をした人で給与等が500万円を超えた従業員（法人役員の場合は150万円超） ・退職者で、給与等が250万円を超えた人 ・給与等が2,000万円超の人
退職所得の源泉徴収票	法人役員分のみ提出
報酬、料金、契約金及び賞金の支払調書	・外交員、集金人、電力量計の検針人やプロボクサー等、ホステス等、広告宣伝のための賞金：1人あたり年間50万円を超えた人 ・馬主へ支払う賞金：1回の賞金支払額が75万円を超える馬主に対するすべての賞金 ・プロ野球選手などに支払う報酬、契約金：1人あたり年間5万円を超えた人 ・弁護士や税理士等に対する報酬、作家や画家に対する原稿料や画料、講演料等：1人あたり年間5万円を超えた人
不動産の使用料等の支払調書	貸主が個人の場合は、「1月から12月の暦の一年間の合計賃料」及び「権利金や更新料の支払額」が合計15万円を超える場合に提出。 貸主が法人の場合には、権利金や更新料が15万円を超える場合に提出。

上記のとおり、法定調書ごとに事細かに一定の要件が定められているため、法定調書の提出対象になる可能性がある支出については、期中の帳簿作成時から後日の

集計がしやすいように、補助科目を利用する等の工夫が必要となります。

法定調書合計表の作成方法

以下のケースの場合の記載例は次の図のとおりです。

- 給与総額、源泉徴収税額、人員数：765,000,000円、33,000,000円、153名
- うち、源泉徴収票の提出を要する者の「給与総額、源泉徴収税額、人員数」：450,000,000円、22,500,000円、50名
- 退職金の支払総額、源泉徴収税額、人員数：75,000,000円、1,287,991円、4名
- うち、源泉徴収票の提出を要する者の「退職金の支払総額、源泉徴収税額、人員数」：35,000,000円、1,287,991円、1名
- 顧問弁護士に支払った報酬総額、源泉徴収税額、人員数：1,200,000円、0円、1名
- 顧問税理士に支払った報酬総額、源泉徴収税額、人員数：1,200,000円、122,520円、1名
- 本社家賃の支払総額：18,000,000円、一箇所

▼給与所得の源泉徴収票等の法定調書合計表

FE0104

令和 02 年分 給与所得の源泉徴収票等の法定調書合計表
（所得税法施行規則別表第5(8)、5(24)、5(25)、5(26)、6(1)及び6(2)関係）

提出用（平成28年1月1日以後提出用）

番号

税務署受付印	令和　年　月　日提出 税務署長　殿	事業種目		整理番号

提出者
- 住所又は所在地　電話（　　　－　　　－　　　）
- （フリガナ）コクゼイ カブシキガイシャ
- 氏名又は名称　国税 株式会社
- 個人番号又は法人番号　↓個人番号の記載に当たっては、左端を空欄にし、ここから記載してください。
- （フリガナ）
- 代表者氏名印

調書の提出区分　新規=1 追加=2 訂正=3 無効=4

提出媒体

	1 給与	2 退職	3 報酬	4 使用	5 譲受	6 斡旋
1	14	14	14	14	14	14

作成担当者
作成税理士署名押印　電話（　　　－　　　－　　　）

本店等一括提出　有 ○ 否 ○
翌年以降送付　有 ○ 否 ○

税理士番号

○提出媒体欄には、法定調書の種類別にコードを記載してください。（電子=14 FD=15 MO=16 CD=17 DVD=18 書面=30 その他=99）

○平成27年分以前の合計表を作成する場合には、個人番号又は法人番号欄に何も記載しないでください。

1 給与所得の源泉徴収票合計表（375）

区分	人員	うち、源泉徴収税額のない者	支払金額	源泉徴収税額
俸給、給与等の総額	153		765,000,000	33,000,000
うち、所得税法第184条の規定による源泉徴収票の提出を省略するもの	50		450,000,000	22,500,000
源泉徴収票を提出するもの		（摘要）		
うち、丙欄適用の日雇労務者の賃金				
災害減免法により徴収猶予したもの				

2 退職所得の源泉徴収票合計表（316）

区分	人員	支払金額	源泉徴収税額	（摘要）
退職手当等の総額	4	750,000,000	1,287,991	
うち、源泉徴収票を提出するもの		35,000,000	1,287,991	

3 報酬、料金、契約金及び賞金の支払調書合計表（309）

区分	人員	個人以外	支払金額	源泉徴収税額
原稿料、講演料等の報酬又は料金（1号該当）				
弁護士、税理士等の報酬又は料金（2号該当）	1	1	2,400,000	122,520
診療報酬（3号該当）				
職業野球選手、騎手、外交員等の報酬又は料金（4号該当）				
芸能等に係る出演、提出等の報酬又は料金（5号該当）				
ホステス等の報酬又は料金（6号該当）				
契約金（7号該当）				
賞金（8号該当）				
計	1	1	2,400,000	122,520
うち、支払調書を提出するもの	0	1	1,200,000	122,520
うち、所得税法第174条第10号に規定する内国法人に対する賞金			（摘要）	
災害減免法により徴収猶予したもの				

4 不動産の使用料等の支払調書合計表（313）

区分	人員	支払金額
使用料等の総額	1	18,000,000
うち、支払調書を提出するもの	1	18,000,000
（摘要）		

6 不動産等の売買又は貸付けのあっせん手数料の支払調書合計表（314）

区分	人員	支払金額
あっせん手数料の総額		
うち、支払調書を提出するもの		
（摘要）		

5 不動産等の譲受けの対価の支払調書合計表（376）

区分	人員	買数	支払金額
譲受けの対価の総額			
うち、支払調書を提出するもの			
（摘要）			

通信日付印	確認印	提出年月日	身元確認
税務署整理欄		区分	

A B C D E F G H

6

出典：国税庁　申請書様式・記載要領「令和　年分　給与所得の源泉徴収票等の法定調書合計表（OCR帳票）」（https://www.nta.go.jp/law/tsutatsu/kobetsu/hotei/000601/pdf/07-3.pdf）をもとに記入例を作成

法定調書合計表の提出方法

法定調書合計表を提出する方法は、下記の3種類から選択する事ができます。

①書面による提出
②e-Taxによる提出
③法定調書の記載事項を記録したCD・DVDでの提出

ただし現在、電子申告の義務化が進められており、2021年（令和3年）1月1日以降の提出については、前々年の法定調書の提出枚数が100枚以上である場合に限り、e-TaxもしくはCD・DVDでの提出が必須となります。

市区町村への提出

会社は各従業員が居住する市区町村に対して、翌年1月31日までに**給与支払報告書（総括表）**と**給与支払報告書（個人別明細書）**を提出しなければいけません。

給与支払報告書（個人別明細書）には、通常、源泉徴収票と同じ内容が記載されていますが、源泉徴収票は所得税の計算、給与支払報告書は住民税の計算、という利用目的に違いがあります。

税務署にて準備されている源泉徴収票の用紙は、その多くが複写式になっており、源泉徴収票を作成すれば、同時に給与支払報告書も作成することができるようになっています。

給与支払報告書（総括表）は、書面での提出の場合、従業員が居住する市区町村ごとに印刷をした上で、給与支払報告書（個人別明細書）を添付し、郵送で提出する必要があります。

ただし、法定調書合計表と同じく、給与支払報告書についても電子申告の義務化が進められており、2021年（令和3年）1月1日以降の提出については、前々年の給与所得の源泉徴収票の提出枚数が100枚以上である場合に限り、eLTAXもしくはCD・DVDでの提出が必須となります。

8 年末調整って何？

人事

そもそも年末調整って何なの？

サラリーマンの天引きされている税金を精算する作業のことを
いいます

年末調整とはどんなものなのか？

　会社などの給与の支払者は、役員や従業員に対して給与を支払う際に、給与計算
を行って、所得税及び復興特別所得税の源泉徴収を行っています。**源泉徴収**とは、会
社などが、役員や従業員に支払う給与や報酬を受け取る方から所得税を天引きし、
本人に代わって納めることを言います。源泉徴収される税額は、支払われる給与や
報酬の額によって、**源泉徴収税額表**等に定められており、毎月天引きされることに
なりますが、あくまで概算です。給与の額は残業代などで毎月変動し、1年分の所得
税が確定するのは、12月に給与が支払われ、1月から12月までの給与の合計額が確
定してからとなります。このように月々天引きされた概算の税額と1年間分の確定
した税額を比較することで税金の過不足金額を調整することが**年末調整**という仕組
みになります。源泉徴収をしていた税額が1年分の税額よりも多い場合には、差額が
役員や従業員に還付され、逆の場合には徴収がされることになります。年末調整で
は、比較的還付がされるケースが多いため、年に1度のお小遣いと思っている方も多
いですが、実は月々の納めすぎていた税金が還ってきただけということになります。
なお、年収が2,000万円以上ある場合や、副業などで2か所以上の収入源があり、他
の給与支払者に**扶養控除**（異動）申告書を提出している場合などは年末調整の対象と
ならないため、注意が必要です。

6

年末調整の手順

●従業員による各種申告書の提出

　年末調整を実施するためには、従業員から資料を提出してもらう必要があります。年末調整においては、以下の書類が提出されることが定められており、11月下旬ぐらいまでには回収できるように役員や従業員に配布します。別頁で詳しく記載方法などを解説します。

【必ず提出が必要な書類】

給与所得者の扶養控除等（異動）申告書

　　給与所得者が、その給与について、配偶者控除や扶養控除といった諸控除を受けるために必要な書類となります。

給与所得者の基礎控除申告書兼配偶者（特別）控除申告書兼所得金額調整控除申告書

　　給与所得者が、基礎控除、配偶者（特別）控除及び所得金額調整控除を受けるために必要な書類です。

【該当する場合には提出が必要な書類】

給与所得者の保険料控除申告書と控除証明書類他

　　生命保険料や地震保険料などの保険料を支払った方が、所得から控除を受けるために必要な書類です。

●年末調整の計算の実施

STEP1

その年の1月1日から12月31日までの間に支払うべきことが確定した給与の合計額（賞与等も含む）を計算し、**年末調整等のための給与所得控除後の給与等の金額の表**で給与所得控除後の給与の額を求めます。給与所得控除とは、サラリーマンにとっての必要経費に相当するもので、金額が決まっています。

STEP2

給与所得控除後の給与の額から扶養控除、保険料控除などの所得控除を差引きます。

STEP3

所得控除を差し引いた金額（1,000円未満切捨て）に、所得税の税率を当てはめて税額を求めます。

STEP4

年末調整で住宅借入金等特別控除を行う場合には、控除額を計算した税額から差引きします。

STEP5

上記計算した税額に**102.1%**をかけた税額（100円未満切捨て）が、1年間に収めるべき所得税及び復興特別所得税になります。計算した税額と源泉徴収された金額を比較して、少ない場合には還付を行い、多い場合には徴収をします。

6

9 年末調整 必要書類の依頼と回収はどうする？

人事

年末調整に必要な資料ってあるの？

年末調整には何種類かの書類を対象者から提出してもらう必要
があります

年末調整に必要な書類とは？

　年末調整を実施するためには、対象となる従業員の方から下記の書類を提出して
もらう必要があります。

●必ず提出が必要な書類

給与所得者の扶養控除等（異動）申告書

　給与所得者が、その給与について、配偶者控除や扶養控除といった諸控除を受け
るために必要な書類となります。そもそもこの書類の提出がないと年末調整の対象
者とすることができません。

給与所得者の基礎控除申告書兼配偶者（特別）控除等申告書兼所得金額調整控除申告書

　基礎控除や配偶者控除等について記載する申告書となります。2019年度までは、
配偶者控除申告書として単独の1枚の用紙でしたが、2020年度から基礎控除申告書
及び所得金額調整控除申告書と合わせて3つの控除を1枚の用紙に記載することに
なりました。

●該当する場合には提出が必要な書類

給与所得者の保険料控除申告書と控除証明書類

　生命保険料や地震保険料などの保険料を支払った方が、所得から控除を受けるた
めに必要な書類です。

（特定増改築等）住宅借入金等特別控除申告書

　年末調整において、住宅ローン控除を受ける従業員が提出する書類です。なお、住宅ローン控除は、初年度については本人の確定申告が必要ですが、2年目以降は勤務先の年末調整により控除を受けることができます。

前職の源泉徴収票

　同じ年度で前職がある場合には、提出が必要となります。

▼**年末調整の全体像**（国税庁　令和2年分　年末調整のしかたより）

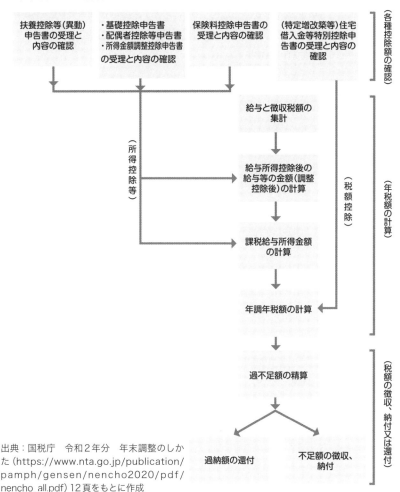

出典：国税庁　令和2年分　年末調整のしかた（https://www.nta.go.jp/publication/pamph/gensen/nencho2020/pdf/nencho_all.pdf）12頁をもとに作成

6

10 年末調整　給与所得者の扶養控除等（異動）申告書の作成とは？

人事

給与所得者の扶養控除等（異動）申告書って何？

年末調整を受けるために必ず提出が必要な書類です。この書類を提出していないと年末調整を受けられずに確定申告をすることになります

給与所得者の扶養控除等（異動）申告書とはどのような書類なのか？

給与の支払を受ける人（給与所得者）が、その給与について扶養控除などの諸控除を受けるために提出する書類のことをいいます。

給与所得者の扶養控除等（異動）申告書は、個人住民税の**給与所得者の扶養親族申告書**と統合した様式となっています。

なお、マイナンバー記載については、過去に配偶者や扶養親族のマイナンバーを一定の書類で提出したことがあり、その情報を管理している場合には、改めて記載をしてもらう必要はありません。これは、他の申告書についても同様です。

その年の最初の給与の支払を受ける日の前日までに提出してもらう必要があるので、年末調整対象年度の次の年度の申告書を提出してもらうのが一般的です。中途入社の方には入社時に提出してもらいましょう。

記載項目の留意点

●源泉控除対象配偶者

源泉控除対象配偶者とは、扶養人数に入れることのできる条件を満たしている配偶者をいいます。この配偶者は、所得が95万円以下かつ申告書を提出する本人の所得が900万円以下である必要があります。

●控除対象扶養親族

控除対象扶養親族とは、配偶者以外の扶養親族を指し、本年1月1日以降に16歳以上である親族を記入します。国内居住、特定扶養親族（19歳以上23歳未満）、同居老親（70歳以上）についても記入します。

●障害者、寡婦（夫）、特別の寡婦、又は勤労学生

申告書提出者本人、配偶者、扶養親族が障害者に該当する場合や、申告書提出者本人が寡婦（夫）、特別の寡婦や勤労学生である場合に記入します。ここでいう配偶者は所得48万円以下の同一生計配偶者を指し、扶養親族は16歳未満の親族も含まれ、「控除対象扶養親族」で記載されている内容と異なることに留意が必要です。

●他の所得者が控除を受ける扶養親族等

夫婦共働きのご家庭で子供を分けて扶養に入れているような場合に、配偶者の扶養に入れている扶養親族の名前を記入します。

●16歳未満の扶養親族・単身児童扶養者

16歳未満の扶養親族について、住民税の非課税限度額の算定に必要となるため記入をします。所得税では、16歳未満の扶養親族は控除の対象とはなりませんが、住民税では税額に変更の可能性があるため、記入が必要となります。

また、児童扶養手当を受けている単身児童扶養者（いわゆるひとり親）については、2021年度から住民税が非課税となるため、忘れずに記入しましょう。

6

11 年末調整　給与所得者の保険料控除申告書の作成とは？

人事

給与所得者の保険料控除申告書って何？

生命保険を支払っている場合などに年末調整で税金を安くするために提出する書類になります

給与所得者の保険料控除申告書とは

　給与の支払を受ける人（給与所得者）が、その給与について、年末調整で生命保険料などの保険料控除を受けるために提出する書類をいいます。

　保険料控除申告書の用紙は、**生命保険料控除**、**地震保険料控除**、**社会保険料控除**、**小規模企業共済等掛金控除**の4つの項目に分けられており、それぞれ転記や計算が必要となっています。

記載項目の留意点

●生命保険料控除欄

　生命保険料控除欄は、**一般の生命保険料**、**介護・医療保険料**、**個人年金保険料**の3区分に分かれており、それぞれの区分ごとに、保険会社等の名称、保険等の種類、保険期間又は年金支払期間、保険等の契約者の氏名、保険金等の受取人（氏名）、あなたとの続柄、支払開始日（個人年金保険料のみ）を加入している保険会社から郵送されてくる保険料控除証明書から転記します。また、新・旧の区分（介護医療保険料を除く）、あなたが本年中に支払った保険料等金額を保険料控除証明書から転記します。なお、証明書には、**年間払込見込額**が記載されており、実際に払込を行った額ではなくこちらを転記します。保険料控除証明書の一般申告額は一般の生命保険料の欄へ、介護医療申告額は介護医療保険料の欄へ、個人年金申告額は個人年金保険料の欄へ転記をすることに注意してください。

新・旧の区分（介護医療保険料を除く）の制度区分ごとに合計して、合計金額をA～E欄に記載を行い、A、C、Eは計算式Ⅰ（新保険料等用）に当てはめて計算し、①、⓪、④欄に記載し（最高40,000円）、B、Eは計算式Ⅱ（旧保険料等用）に当てはめて計算し、②、⑤欄に記載します（最高50,000円）。

一般の生命保険料では①と②の金額の合計額を③に記載し（最高40,000円）、②と③のいずれか大きい金額を⑦に記載します。同様に個人年金保険料においても、④と⑤の金額の合計額を⑥に記載し（最高40,000円）、⑤と⑥のいずれか大きい金額を⑧に記載します。

最終的に記載した⑦、⓪、⑧の合計額を生命保険料控除額の欄に記載をします（最高120,000円）。これで生命保険料控除の欄の記載は完了です。なお、生命保険料控除証明書は申告書に添付して勤務先に提出する必要があります。

●地震保険料控除欄

地震保険料控除の対象となる契約は、地震保険と旧長期損害保険となります。加入している保険会社から郵送されてくる**地震保険料控除証明書**を確認しましょう。**旧長期損害保険**とは、過去に損害保険料控除（長期保険料控除とも言います）の対象になった損害保険のことです。保険期間が10年以上、かつ満期返戻金があることが特徴です。ただし、平成18年の税制改正で、平成19年分からの損害保険料控除が廃止されてしまいました。しかし、経過措置として一定の要件を満たす長期損害保険契約等に係る損害保険料については、地震保険料控除の対象とすることができるようになっています。また、常時住居として使用していない「別荘」「空き家」や、本人やその家族、親族が住んでいない賃貸用の「投資物件」などの地震保険契約は保険料控除の対象とならないことに注意が必要です。

保険会社等の名称、保険等の種類（目的）、保健期間、保険等の契約書の氏名（保険等の対象となった家屋等に居住又は家財を利用している者等の氏名、あなたとの続柄）、地震保険料又は旧長期損害保険料区分、あなたが本年中に支払った保険料等のうち、左欄の区分に係る金額（分配を受けた剰余金等の控除後の金額）を地震保険控除証明書から記入・転記します。転記した地震保険料の金額と旧長期損害保険料の合計額をそれぞれⒷ、Ⓒ欄に記載し、地震保険料の控除額欄にⒷの金額（最高50,000円）及びⒸの金額（10,000円を超える場合はⒸ×1/2＋5,000円、最高15,000円）を記載したうえで、合計額（最高50,000円）を記載して完了となります。

地震保険と旧長期損害保険の契約が別契約で加入しているときは、両方の契約を合算して、地震保険料控除限度額まで控除を受けることが可能となりますが、同一契約で

6

加入している場合は、地震保険料控除か旧長期損害保険料控除のどちらかの控除しか受けることできないため、それぞれを計算してみて有利な方を選ぶようにしましょう。

なお、地震保険控除証明書は申告書に添付して勤務先に提出する必要があります。

●社会保険料控除欄

社会保険料控除とは、健康保険料、介護保険料、国民健康保険料、厚生年金保険料、国民年金保険料、後期高齢者医療保険料などで、勤務先によって給与や賞与から差し引かれている以外の社会保険料がある人や、生計を一にする家族の社会保険料を自分が支払っている人が記入します。

たとえば、自分が大学生の時に**学生納付特例制度**を使って支払っていなかった**国民年金保険料**を社会人になってから支払った場合や、20歳以上の大学生の子供の国民年金保険料を支払った場合などが該当します。

社会保険の種類、保険料支払先の名称、保険料を負担することになっている人の氏名とあなたとの続柄、あなたが本年中に支払った保険料の金額を、保険料を支払った機関から送付された社会保険料控除証明書や保険料の領収証書、保険料納付証明書等から記載、転記します。控除証明書発行時までの支払い済みの保険料額ではなく、対象となる1月から12月までの1年間の支払予定額の合計額を記入することに注意が必要です。

それぞれの金額を合計し、合計欄に記載します。なお、日本年金機構や国民年金基金から届いた社会保険料控除証明書（国民年金の保険料、国民年金基金の保険料）は申告書に添付して勤務先に提出する必要があります。

●小規模企業共済等掛金控除欄

小規模企業共済等掛金控除は、勤務先からの給与・賞与から差し引かれているもの以外で、独立行政法人中小企業基盤整備機構の共済契約の掛金、確定拠出年金法に規定する企業型年金加入者掛金・個人型年金加入者掛金、心身障害者扶養共済制度に関する契約の掛金を払っている人は、それぞれの種類ごとに金額を小規模企業共済等掛金払込証明書から転記します。それぞれの金額を合計し、合計欄に記載します。なお、小規模企業共済等掛金払込証明書は申告書に添付して勤務先に提出する必要があります。

12　年末調整　給与所得者の基礎控除申告書等の作成とは？

人事

給与所得者の基礎控除申告書等って何？

基礎控除申告書、配偶者（特別）控除申告書、所得金額調整控除の申告という3つの申告を1枚の申告書で行うもので、2020年度に改正が行われた申告書となります

給与所得者の基礎控除申告書等とは

　この申告書は、2018年度から新しく加わった、**給与所得者の配偶者（特別）控除等申告書**に、2020年度から**基礎控除**及び**給与所得控除**の改正等にともなう記入欄が追加され改訂された申告書となっており、「給与所得者の基礎控除申告書　兼　給与所得者の配偶者（特別）控除等申告書　兼　所得金額調整控除申告書」という非常に長い名前の申告書となっています。配偶者（特別）控除等申告書については、少なくとも配偶者がいない方は提出が不要となっていましたが、基礎控除申告書については年末調整を受ける方のほとんどすべての方が記載・提出が必要になると考えられるため、結果としてこの申告書はほとんどすべての方が記載・提出が必要になります。

6

記載項目の留意点

●給与所得者の基礎控除申告書

　基礎控除とは、所得税・住民税の計算をするときに、納税者の所得から一律（48万円）で差し引かれる所得控除の1つとなります。基礎控除については、2019年度まではすべての納税者に一律に適用されていましたが、2020年度からは納税者本人の合計所得金額に応じて以下の表のように控除額が異なることになりました。収入が会社からの給与のみの方であれば、所得金額が2,400万円とは給与収入が2,595万円となりますので、サラリーマンのほとんどすべての方が対象になると考えられ

ます (2018年国税庁民間給与実態統計調査によると、給与収入が2,500万円以上の方は全体の0.33%です)。

▼所得金額と対応する基礎控除額

納税者本人の合計所得金額	控除額
2,400万円以下	48万円
2,400万円超2,450万円以下	32万円
2,450万円超2,500万円以下	16万円
2,500万円超	0円

今まで38万円だった基礎控除が48万円となりましたが、一方でサラリーマンの経費のような存在である給与所得控除が10万円の引下げがされているため、多くのサラリーマンにとっては、実質的にプラスマイナスゼロで、税金の負担に影響はないことになります。

給与所得者の基礎控除申告書には、給与所得と給与所得以外の所得の合計額を記載することとなっています。

給与所得

ここでは、給与の額面の金額である収入金額とそこから給与所得控除額を差し引いた給与所得を記載することになります。収入金額については、既に支給された給与・賞与の明細書の額面金額を合計し、まだ支給されていない給与・賞与の金額を予測して1年間の合計額を算出します。年末調整の対象となる年度の年間の収入金額を予測して集計することが必要になることに注意が必要です。

収入金額の集計が終了したら、申告書の裏面の給与所得の金額の計算方法の表を参照し、給与所得の金額を算出して記載をします。

給与所得以外の所得の合計額

所得税の対象となる所得には、給与所得以外にも様々な所得があり、たとえば副業で不動産収入などの収入がある場合には、収入から必要経費を差し引いた所得を合計して記載をします。こちらも年末調整の対象年度の見積額となることに注意が必要です。所得には様々なものがありますが、サラリーマンの方であれば、不動産所得、配当所得、一時所得、雑所得などが対象となることが考えられます。

控除額の計算

　給与所得と給与所得以外の所得の合計額を合算し、判定の欄に該当する所得金額にチェックを入れます。チェックを入れた所得金額が、(A) 900万円以下、(B) 900万円超950万円以下、(C) 950万円超1,000万円以下の方は、区分Ⅰの欄にA～Cを記載し、判定欄でチェックを入れた方は対応する控除額を基礎控除の額の欄に記載して完了となります。

●配偶者控除等申告書

　この申告書については、本人の年末調整の対象年度の合計所得金額の見積額が1,000万円以下でかつ、配偶者の同じ年度の合計所得金額の見積額が133万円以下の場合にのみ記載することとなりますので、要件に該当しない方はそもそも記載する必要がありません。

控除対象配偶者

　控除対象配偶者とは、民法の規定による配偶者であり（内縁関係では要件は満たしません）、納税者本人と生計を一にしていて、年間の合計所得金額が48万円以下（給与収入であれば103万円以下）であり、青色申告や白色申告の事業専従者として給与の支払いを受けていない方を言います。控除対象配偶者に該当した場合には、納税者本人の所得金額に応じて、以下のように控除を受けることができます。

6

▼所得金額と対応する配偶者控除額

控除を受ける納税者本人の 合計所得金額	控除額	
合計所得金額	一般の控除対象配偶者	老人控除対象配偶者（※）
900万円以下	38万円	48万円
900万円超950万円以下	26万円	32万円
950万円超1,000万円以下	13万円	16万円

※老人控除対象配偶者とは、控除対象配偶者のうち、その年12月31日現在の年齢が70歳以上の人をいいます。
　なお、配偶者が障害者の場合には、配偶者控除の他に障害者控除27万円（特別障害者の場合は40万円、同居特別障害者の場合は75万円）が控除できます。
出典：国税庁「No.1191　配偶者控除」(https://www.nta.go.jp/taxes/shiraberu/taxanswer/shotoku/1191.htm) をもとに作成

配偶者特別控除

配偶者特別控除は控除対象配偶者の要件のうち、年間の合計所得金額が48万円超133万円以下である場合に受けることのできる控除となります。対象となる配偶者が配偶者特別控除を適用していないこと等の要件も必要となります。配偶者の合計所得金額及び納税者本人の合計所得金額に応じて以下のように控除を受けることができます。

▼所得金額と対応する配偶者特別控除額

		控除を受ける納税者本人の合計所得金額		
		900万円以下	900万円超 950万円以下	950万円超 1,000万円以下
配偶者の合計所得金額	48万円超 95万円以下	38万円	26万円	13万円
	95万円超 100万円以下	36万円	24万円	12万円
	100万円超 105万円以下	31万円	21万円	11万円
	105万円超 110万円以下	26万円	18万円	9万円
	110万円超 115万円以下	21万円	14万円	7万円
	115万円超 120万円以下	16万円	11万円	6万円
	120万円超 125万円以下	11万円	8万円	4万円
	125万円超 130万円以下	6万円	4万円	2万円
	130万円超 133万円以下	3万円	2万円	1万円

出典：国税庁「No.1195　配偶者特別控除」(https://www.nta.go.jp/taxes/shiraberu/taxanswer/shotoku/1195.htm) をもとに作成

申告書の記載の仕方

まず、配偶者の氏名、個人番号 (マイナンバー)、生年月日を記載します。個人番号 (マイナンバー) については記載を要しない場合もあります。

住所が異なる場合には、その住所を記載します。さらにその住所が海外であるような場合には、非居住者である配偶者欄に○をして、生計を一にする事実欄に、送金等をした金額の合計額を記載したうえで、親族関係書類、送金会計書類を申告書に添付します。なお、住所が異ならないような場合には、記載は不要です。

配偶者の本年中の合計所得金額の見積額の計算欄については、基礎控除申告書で計算したように配偶者の給与所得については収入金額及び所得金額、給与所得以外

の所得の合計額を記載し、合算した上で、判定欄の該当するところにチェックを入れ、該当する数字 (①〜④) を区分Ⅱ欄に記載します。基礎控除申告書で記載した区分Ⅰ欄と区分Ⅱ欄を参照して、配偶者控除又は配偶者特別控除の金額を記載して完了となります。

●所得金額調整控除申告書

　上述のとおり、2020年度から所得税法の改正によって、給与所得控除の金額が一律10万円減額され、さらに上限金額の引下げが行われています。そこで給与等の収入金額 (いわゆる年収) が850万円を超えるサラリーマンの方について、

・本人が特別障害者に該当する場合
・23歳未満の扶養親族を有する場合
・特別障害者である同一生計配偶者又は扶養親族を有する場合

に一定の控除を受けることができることになりました。

申告書の記載の仕方

　要件欄の、あなた自身が特別障害者、同一生計配偶者が特別障害者、扶養親族が特別障害者、扶養親族が年齢23歳未満の該当する箇所にチェックを入れます。

　扶養親族欄の記載の仕方は配偶者控除等申告書で記載したのと同様に氏名、個人番号 (マイナンバー)、生年月日を記載し、納税者本人との続柄、対象者の合計所得金額の見積額を記載します。

　特別障害者欄には、申告書の裏面を参照し、身体障害者手帳に身体上の障害の程度が一級又は二級と記載されているなど、特別障害者に該当する事実を記載します。特別障害者に該当する人が扶養控除等申告書に記載している特別障害者と同一である場合には、扶養控除等申告書のとおりと記載しても問題ありません。

6

13 健康診断・健康管理って？

従業員の健康まで会社が管理する必要はあるの？　健康管理は従業員本人の責任じゃないの？

労働安全衛生法で、事業者には、産業医の選任、健康診断の実施、ストレスチェック制度の実施など、従業員の健康管理のために様々な義務が課せられています。正しく理解して、法令に違反することなく、快適な職場環境を提供できるようにしましょう

産業医を選任する

　事業者は、健康診断やそれに基づく健康指導、従業員の日頃の健康管理を行うために、事業規模によっては、産業医を選任しなければならないこととされています。

　産業医の選任義務がある事業場は、以下の表のとおりです（労働安全衛生法13条、安全衛生法施行規則13条1項3号）。

▼産業医の選任義務がある事業場

従業員数	産業医の選任義務	専属産業医の選任義務
常時50人未満	×※	×
常時50人以上、1000人未満	〇	×
常時1000人以上、3000人未満	〇	〇
常時3000人以上	〇 （2人以上の産業医が必要）	〇

※ ただし、労働者の健康管理等を行うのに必要な医学に関する知識を有する医師や労働者の健康管理等を行うのに必要な知識を有する保健師に労働者の健康管理等の全部又は一部を行わせるよう努めなければならないとされています（同法13条の2、同規則15条の2）。

産業医を選任するといっても、何をしてもらえばいいの？

　産業医の職務内容は、法律で定められています。たとえば、健康診断の結果に基づく指導のほか、従業員の健康管理に関することについて広く職務を行うものとされています（同法13条1項、同規則14条1項）。また、産業医は、少なくとも毎月1回は作業場等を巡視し、有害のおそれがあるときは、直ちに、労働者の健康障害を防止するため必要な措置を講じなければなりません（同規則15条2項）。

従業員に健康診断を受診してもらう

● STEP1：健康診断の実施

　事業者は、従業員の健康状態を把握するために、以下の表のとおり、従業員に健康診断を受診させなければいけません（同法第66条1項）。

▼健康診断のまとめ

健康診断の種類	対象となる労働者	実施時期
雇入時の健康診断（同規則43条）	常時使用する労働者	雇い入れるとき
定期健康診断（同規則44条）	常時使用する労働者（特定業務従事者を除く）	1年以内ごとに1回
特定業務従事者の健康診断（同規則45条）	同規則第13条1項3号に掲げる業務に常時従事する労働者	当該業務への配置換えの際、及び6月以内ごとに1回

6

アルバイトやパートタイマーにも健康診断を受診させる必要はあるの？

アルバイトやパートタイマーであっても、①期間の定めのない雇用契約により使用される者や（期間の定めがあっても、更新により1年以上使用されることが予定されている者、及び更新により1年以上使用されている者も含む）、②1週間の労働時間数が当該事業場において同種の業務に従事する通常の労働者の1週間の所定労働時間の4分の3以上である者には、健康診断を受診させなくてはなりません。

健康診断の費用は誰が負担するの？　健康診断の受診に要した時間の賃金を支払う義務があるの？

健康診断の費用は、法令で事業者に健康診断の実施を義務付けているので、事業者が負担すべきものとされています（昭和47.9.18　基発602）。また、健康診断の受診に要した時間の賃金について、事業者がこれを支払うことは義務ではありませんが、同通達で、労働者の健康の確保は事業の円滑な運営の不可欠な条件であるのでその受診に要した時間の賃金を事業者は支払うことが望ましい、とされています。従業員に漏れなく健康診断を受診させるためには、その時間の賃金を支払うことも検討に値するでしょう。

● STEP2：診断結果の記録と保存等

診断結果の記録と保存

健康診断の結果は、記録し、5年間は保存しておかなくてはなりません（同法66条の3）。

従業員への通知

健康診断の結果は、従業員本人に通知しなければいけません（同法66条の6）。

労基署への報告

常時50人以上の労働者を使用している事業者は、健康診断を行ったときは、遅滞

なく、定期健康診断結果報告書を所轄の労働基準監督署長に提出しなければいけません（同法100条、同規則52条）。

コラム

従業員の健康情報はどのように管理すればいい？

　事業者は健康診断結果のような従業員の健康情報を取扱い、それを基に従業員の健康管理をすることになります。その一方で、近年、個人情報保護の要請が高まっており、要配慮個人情報として、従業員の健康情報の取扱いにも慎重を期すことが求められています。2019年4月1日には、労働安全衛生法が改正され、事業者は、事業規模にかかわりなく、健康情報の取扱いのルールを明確化するため、「健康情報取扱規程」を策定しなければならないことになりました。

● STEP3：診断結果に基づく従業員への指導等

　事業者は、健康診断を実施し、結果を記録・保存するだけでなく、その結果に基づき、日々の従業員の健康を管理していかなくてはなりません。

医師の意見聴取

　事業者は、健康診断の結果に基づき、健康診断の項目に異常の所見のある労働者について、労働者の健康を保持するために必要な措置について、医師の意見を聞かなければなりません（同法66条の4）。

事後措置の実施

　医師の意見を聞いた後は、その意見を勘案し、就業場所の変更、作業の転換、労働時間の短縮、深夜業の回数の減少等の措置を講じなければなりません（同法66条の4、同法66条の5第1項）。

保健指導

　健康診断の結果、健康診断の項目に異常の所見のある労働者に対しては、医師等による保健指導を行うよう努めなくてはなりません（同法66条の7）。ただし、これはあくまで努力義務とされています。

6

従業員のメンタルヘルス対策を実施する

近年、精神障害等に係る労災認定件数が増加傾向にあるように、労働者のメンタルヘルス対策は企業にとって重要な課題となっています。

2015年12月には、**ストレスチェック制度**が施行されました。これは、常時使用する従業員に対して医師、保健師等による心理的な負担の程度を把握するための検査（ストレスチェック）を実施することを事業者の義務としたものです（同法66条の10）。常時使用する労働者が50人以上いる場合はストレスチェックを行うことは義務ですが、50人未満の場合は努力義務とされています。

ストレスチェックは、概要、以下のフローで実施していきます。

STEP1：ストレスチェック実施のための準備、体制づくり
STEP2：ストレスチェックの実施
STEP3：高ストレス者への面接指導
STEP4：実施状況の確認、評価

14 社会保険の手続きは どうする？

人事

役員や従業員は社会保険に加入する義務があるって聞いたんだけど、どうすればいいのかな？

「被保険者資格取得届」などを提出する必要があります。手続を説明しますので、ひとつずつ処理していきましょう！

社会保険料の計算

1年を通してルーティン業務としての社会保険手続きには、従業員の入社や退社の手続きのほか、主に給与が変更した際に、変更後の給与額に見合った社会保険料額とするための届出がいくつかあります。

社会保険料の額は次の式で計算されます。

6

社会保険料 ＝ 標準報酬月額 × 保険料率

標準報酬月額の決定

社会保険では、給与額をそのまま使って保険料率を乗じて計算する代わりに、標準報酬月額等級という給与（社会保険では「報酬額」という）をいくつかの幅（等級）に区分した標準報酬月額というテーブルに当てはめて計算します。標準報酬については、全国健康保険協会（協会けんぽ）のページ（https://www.kyoukaikenpo.or.jp/g7/cat330/sb3150/）から、都道府県ごとの保険料額表を参照できます。

この標準報酬月額は傷病手当金や出産手当金などの保険給付や老齢／障害／遺族など年金給付の際にも給付額の基礎として使われますので、各従業員の給与がきちんと反映される必要があります。

健康保険と厚生年金では、標準報酬月額の最低等級と最高等級が多少異なります。

健康保険の標準報酬月額は、現在、第1級の58,000円から第50級の1,390,000円までの全50等級に区分されています。厚生年金の標準報酬月額は、第1級の88,000円から第32級の650,000円までの全32等級に区分されています。

　標準報酬月額は次の時期に変更され、その都度届出が必要となります。

▼標準報酬月額決定のタイミング

変更の時期	届出名称等	届出時期
1. 入社時	資格取得 「被保険者資格取得届」	資格取得日から5日以内
2. 毎年7月	定時決定 「被保険者報酬月額算定基礎届」	毎年7/1〜7/10
3. 昇給／降給時	随時改定 「被保険者報酬月額変更届」	給与変動により標準報酬月額に2等級以上の差が生じた月から4か月目
4. 産前産後休業・育児休業者職場復帰時（給与変動がある場合）	産前産後／育児休業終了時の改定 「産前産後休業終了時・育児休業等終了時報酬月額変更届」	職場復帰日から3か月経過した月

　各種の届出により決定した新しい標準報酬月額は、次の年の定時決定が行われる時期（毎年8月、つまり9月の給与計算まで）適用します。

算定基礎届とは

　毎年、7月1日現在社会保険に加入しているすべての被保険者（例外あり）について、その年の4・5・6月に支払った給与（報酬）の平均を算出し年金機構（および健康保険組合）に「算定基礎届」として提出し、各被保険者の新しい標準報酬月額を決定してもらいます。これを「定時決定」といいます。

なぜ算定基礎届を提出しなければならないのか

　実際に毎月支払われている給与額と、年金機構で従前に決定した標準報酬月額とかけ離れていないかチェックするため、毎年1回チェックを行います。

算定基礎届の提出時期と新たな標準報酬月額の適用期間

算定基礎届は毎年7月1日〜7月10日までに提出します。定時決定の結果、新たな標準報酬月額は、その年の9月〜翌年の8月まで適用されます（通常は社会保険料を翌月徴収していますので、その年の10月給与から翌年の9月給与までが適用となります）。

例外：算定基礎届を提出しない被保険者もいます。

1. その年の6月1日以降に社会保険の資格取得した被保険者
2. その年の6月30日以前に退職する被保険者
3. その年の7月から9月に随時改定する被保険者

なお、上記3の随時改定する被保険者について、年金機構の届出用紙を使用する場合は、報酬月額欄を記入せず空欄とし、備考欄の「3.月額変更予定」を○で囲むだけで提出します。

社会保険の「報酬」とは

社会保険でいう「報酬」とは、賃金、給料、俸給、手当、賞与などの名称を問わず、労働者が労働の対償として受けるすべてのものを含みます。よく通勤手当を経費として処理している会社を見かけますが、社会保険では通勤手当は報酬に含まれますのでご注意ください。また、金銭（通貨）に限らず、通勤定期券、食事、住宅など現物で支給されるものも報酬に含まれます。ただし、大入り袋などの臨時に受けるもの、病気見舞い金など会社から恩恵的に支給されたものや、年3回以下で支給される賞与（算定基礎届ではなく賞与支払届にて届出）などは報酬には含みません。

では実際に算定基礎届に記入してみましょう。
社会保険独特の難しそうな文言は以下の説明をご参照ください。

・通貨によるものの額　4・5・6月に実際に支払われた各月の給与総額（各種手当を含んだ金額）を記入します。年4回以上支給される賞与は1年間（前年7月1日〜本年6月30日）の合計額を12等分した額を各月の報酬額に加

6

算します。

・現物によるものの額　住宅（社宅や寮）の貸与、食事、自社製品、通勤定期券など現物で支給するものの価額については、厚生労働大臣の告示により都道府県別現物給与の標準価格として定められていますので、年金機構のホームページなどで確認し、この額を記入します。

支払基礎日数

　各月の給与計算の対象となる日数をいいます。完全月給制の場合は、土日祝日でも給与から働かない日についての欠勤控除はしませんので、出勤日数に関係なく歴日数を使います（例：給与が15日締め当月25日支払の場合、4月25日支給の給与は3月16日から4月15日までですので支払基礎日数は「31日」となります）。

　なお、算定基礎届では基本的に支払基礎日数が17日以上ある月のみ報告しますので4・5・6月で支払い基礎日数が17日未満の月があれば、その月は除いた月数で算出します（例：6月だけ病気欠勤により16日しか支払基礎日数がない場合は4月と5月の平均で算出します）。

　ただし、支払基礎日数には様々な取扱いがありますので、ご注意ください。

　①パート等で4・5・6月のすべてについて支払基礎日数が17日未満の場合
　　4・5・6月で支払基礎日数が15日以上ある月の平均で算出します。
　　もし、15日以上の月がない場合は、11日以上ある月の平均とします。

　②月の途中に入社したため、入社月の給与が日割計算されている場合は、その月の支払基礎日数が17日以上あっても入社月を除いて平均を算出します。

　③産前産後休業や育児休業等に入った場合でも4・5・6月の3か月とも支払基礎日数が17日以上あれば通常通り3で除して平均を算出します。

　④休職などで4・5・6月の3か月とも支払基礎日数が0日の場合は、「保険者算定」といって従前の標準報酬月額となります。
　　また、育児休業中で3月とも支払基礎日数が0日の場合は、休業直前の標準報酬月額で決定されます。

休業手当との関係

　令和2年に始まった新型コロナウイルスで緊急事態宣言などに関連し、会社を休業するなどの対応を行った会社が多いと思いますが、休業に関する特別な算定基礎届については以下のとおりとなります。

　①7月1日時点で休業が解消し休業手当の支払いは行っていないという場合は、「休業手当」が支払われた月を含めずに算定基礎届を作成すること。これは、算定基礎届が9月以降の標準報酬月額を決定する目的で行われるため、一時的に低下した給与を反映させないためです。

　②7月1日時点で休業が解消していない場合は、「休業手当」が支払われた月を含めて算定基礎届を作成すること。これは、9月以降も低下した給与支払の状況が続く見込みがあると判断されるためです。

　③定額の休業手当を3か月を超えて支払った場合は、随時改定の対象になります。

70歳以上の被用者の算定基礎届

　厚生年金に加入していた70歳、もしくは70歳以上で、会社で働き続ける方（役員を含む）のことを70歳以上被用者といいます。以下のすべての条件に該当する人です。厚生年金保険の被保険者とはならず厚生年金保険料は支払いません。

【70歳以上被用者の条件】

　・70歳以上である
　・過去に厚生年金保険の被保険者期間がある
　・厚生年金保険の適用事業所に勤務し、所定労働時間が一般従業員の4分の3以上である

　この方達も算定基礎届を提出します。4・5・6月に受けた報酬の平均月額を記入し、備考欄の「70歳以上被用者算定」を○で囲み、他の従業員と同様に届出てください。

月額変更届（月変）とは

　被保険者の給与が昇給又は降給したことにより、給与（報酬）の額が大幅に変動したときは、実際に毎月支払われている給与額と、年金機構／健康保険組合で従前に決定した標準報酬月額との間に隔たりがないよう、毎年１回の算定基礎届とは別に「月額変更届」を給与に変動があった被保険者の新しい標準報酬月額を決定してもらいます。これを「随時改定」といいます。

月額変更届に該当する場合

　随時改定に該当するのは次の３つの条件すべてに該当した場合です。

　①基本給、通勤手当、家族手当、役付手当など、固定的賃金に変動があった

　②変動以降引き続く３か月間について各月の支払基礎日数が17日以上あった
　　（501人以上の特定適用事業所に勤務する短時間労働者の場合は11日以上）

　③変更月から３か月間の給与の平均額と変更前の標準報酬月額に、標準報酬等級２等級以上の差があった

月額変更届の提出時期と新たな標準報酬月額の適用期間

　月額変更届は、変更月から数えて４か月目に提出し、５か月目の給与から社会保険料が変更します。１月から６月までに随時改定によって決定された標準報酬月額は、再び随時改定がない限り、その年の８月（９月給与）までの各月に適用されます。また、７月から12月までに改定された場合は、翌年の８月（９月給与）までの各月に適用されます。

月額変更の対象とならない場合

　固定的賃金は増加しても、非固定的賃金（毎月支給額が異なる手当－残業手当など）が減少したため、３か月の平均額が結果として２等級以上下がった場合などは月額変更届には該当しません。これは間違いやすいので、以下の表をご参考ください。

▼賃金・給与の増減と月額変更届の提出要否まとめ

固定的賃金の変動と月額変更届の必要の有無　　↑：増加　　↓：減額

固定的賃金	↑	↑	↓	↓	↑	↓
非固定的賃金	↑	↓	↓	↑	↓	↑
3カ月の給与平均額	↑	↑	↓	↓	↓	↑
月額変更届の提出	必要	必要	必要	必要	不要	不要

【休職/休業に関する随時改定などイレギュラーな取扱い】

① 休職による休職給を受けた場合は、固定的賃金の変動がある場合には該当しないため、随時改定の対象とはなりません。

② 一時帰休（レイオフ）や新型コロナ緊急事態宣言などにより会社が休業し、その間通常の給与に代えて休業手当が支払われた場合で、継続して3か月を超えて通常の報酬よりも低額の休業手当等が支払われたときは、固定的賃金の変動とみなし、随時改定の対象となります。この場合、休業手当が支払われた日は支払基礎日数にカウントします。1か月間給与が支払われない場合で、1日でも休業手当が支払われていれば、休業手当が支払われた月に該当します。

③ 休業期間中に休業手当の支給割合が変更した場合（通常給与の80％から60％への減少など）も随時改定に該当しますが、休業日数の増加だけでは随時改定には該当しません。

④ 一時帰休や休業が解消され、継続して3か月を超えて通常の報酬が支払われるようになった場合も随時改定の対象となります。

⑤ さかのぼって昇給があり、昇給差額が支給された場合は、差額が支給された月を変動月として、差額を差し引いた3か月間の平均月額が該当する等級と従前の等級との間に2等級以上の差が生じる場合、随時改定の対象となります。

6

1等級差でも随時改定の対象となる場合

標準報酬月額には上限・下限があるため、給与（報酬）の額が大幅に変動しても2等級の差が生じないことがあります。次の場合、①の標準報酬月額に該当する人が②の給与（報酬）の3か月の平均額になった場合は、1等級であっても③の標準報酬月額に改定されます。

▼健康保険の場合

ケース	従前の標準報酬月額	報酬の平均月額	改定後の標準報酬月額
昇給の場合	49等級・1,330千円	1,415千円以上	50等級・1,390千円
	1等級・58千円 （報酬月額53千円未満）	63千円以上	2等級・68千円
降給の場合	50等級・1,390千円 （報酬月額1,415千円以上）	1,355千円未満	49等級・1,330千円
	2等級・68千円	53千円未満	1等級・58千円

▼厚生年金の場合

ケース	従前の標準報酬月額	報酬の平均月額	改定後の標準報酬月額
昇給の場合	31等級・620千円	665千円以上	32等級・650千円
	1等級・88千円 （報酬月額83千円未満）	93千円以上	2等級・98千円
降給の場合	32等級・650千円 （報酬月額665千円以上）	635千円未満	31等級・620千円
	2等級・98千円	83千円未満	1等級・88千円

産前産後休業終了時改定・育児休業終了時改定

　産前産後休業終了後、育児休業を取らずに職場復帰する場合や、育児休業を終了時に3歳未満の子を養育している被保険者が職場復帰した際は、時間短縮や残業をしないことで、給与（報酬）が休業前と比べ低下することがあります。このような場合は、次の2つの基準を満たせば、通常の随時改定の基準とは別に被保険者の申出により標準報酬月額の改定対象となります。

① 従前の標準報酬月額と改定後の標準報酬月額（休業終了日の翌日が属する月以後3か月に受けた報酬の平均額に基づく）に1等級以上の差が生じるとき

② 休業終了日の翌日が属する月以後3か月のうち、少なくとも1か月に17日以上の支払基礎日数があること（パートタイムの場合で3か月のいずれの月も17日未満の場合は、15日以上17日未満の月で平均します。特定適用事業所の場合、短時間労働者の支払基礎日数は11日以上となります）。

6

▼標準報酬月額表の例 _ 東京都

令和3年3月分（4月納付分）からの健康保険・厚生年金保険の保険料額表

- 健康保険料率：令和3年3月分〜　適用
- 介護保険料率：令和3年3月分〜　適用
- 厚生年金保険料率：平成29年9月分〜　適用
- 子ども・子育て拠出金率：令和2年4月分〜　適用

（東京都）　　（単位：円）

標準報酬		報酬月額		全国健康保険協会管掌健康保険料				厚生年金保険料（厚生年金基金加入員を除く）	
				介護保険第2号被保険者に該当しない場合		介護保険第2号被保険者に該当する場合		一般、坑内員・船員	
等級	月額			9.84%		11.64%		18.300%※	
		円以上	円未満	全 額	折半額	全 額	折半額	全 額	折半額
1	58,000	～	63,000	5,707.2	2,853.6	6,751.2	3,375.6		
2	68,000	63,000 ～	73,000	6,691.2	3,345.6	7,915.2	3,957.6		
3	78,000	73,000 ～	83,000	7,675.2	3,837.6	9,079.2	4,539.6		
4(1)	88,000	83,000 ～	93,000	8,659.2	4,329.6	10,243.2	5,121.6	16,104.00	8,052.00
5(2)	98,000	93,000 ～	101,000	9,643.2	4,821.6	11,407.2	5,703.6	17,934.00	8,967.00
6(3)	104,000	101,000 ～	107,000	10,233.6	5,116.8	12,105.6	6,052.8	19,032.00	9,516.00
7(4)	110,000	107,000 ～	114,000	10,824.0	5,412.0	12,804.0	6,402.0	20,130.00	10,065.00
8(5)	118,000	114,000 ～	122,000	11,611.2	5,805.6	13,735.2	6,867.6	21,594.00	10,797.00
9(6)	126,000	122,000 ～	130,000	12,398.4	6,199.2	14,666.4	7,333.2	23,058.00	11,529.00
10(7)	134,000	130,000 ～	138,000	13,185.6	6,592.8	15,597.6	7,798.8	24,522.00	12,261.00
11(8)	142,000	138,000 ～	146,000	13,972.8	6,986.4	16,528.8	8,264.4	25,986.00	12,993.00
12(9)	150,000	146,000 ～	155,000	14,760.0	7,380.0	17,460.0	8,730.0	27,450.00	13,725.00
13(10)	160,000	155,000 ～	165,000	15,744.0	7,872.0	18,624.0	9,312.0	29,280.00	14,640.00
14(11)	170,000	165,000 ～	175,000	16,728.0	8,364.0	19,788.0	9,894.0	31,110.00	15,555.00
15(12)	180,000	175,000 ～	185,000	17,712.0	8,856.0	20,952.0	10,476.0	32,940.00	16,470.00
16(13)	190,000	185,000 ～	195,000	18,696.0	9,348.0	22,116.0	11,058.0	34,770.00	17,385.00
17(14)	200,000	195,000 ～	210,000	19,680.0	9,840.0	23,280.0	11,640.0	36,600.00	18,300.00
18(15)	220,000	210,000 ～	230,000	21,648.0	10,824.0	25,608.0	12,804.0	40,260.00	20,130.00
19(16)	240,000	230,000 ～	250,000	23,616.0	11,808.0	27,936.0	13,968.0	43,920.00	21,960.00
20(17)	260,000	250,000 ～	270,000	25,584.0	12,792.0	30,264.0	15,132.0	47,580.00	23,790.00
21(18)	280,000	270,000 ～	290,000	27,552.0	13,776.0	32,592.0	16,296.0	51,240.00	25,620.00
22(19)	300,000	290,000 ～	310,000	29,520.0	14,760.0	34,920.0	17,460.0	54,900.00	27,450.00
23(20)	320,000	310,000 ～	330,000	31,488.0	15,744.0	37,248.0	18,624.0	58,560.00	29,280.00
24(21)	340,000	330,000 ～	350,000	33,456.0	16,728.0	39,576.0	19,788.0	62,220.00	31,110.00
25(22)	360,000	350,000 ～	370,000	35,424.0	17,712.0	41,904.0	20,952.0	65,880.00	32,940.00
26(23)	380,000	370,000 ～	395,000	37,392.0	18,696.0	44,232.0	22,116.0	69,540.00	34,770.00
27(24)	410,000	395,000 ～	425,000	40,344.0	20,172.0	47,724.0	23,862.0	75,030.00	37,515.00
28(25)	440,000	425,000 ～	455,000	43,296.0	21,648.0	51,216.0	25,608.0	80,520.00	40,260.00
29(26)	470,000	455,000 ～	485,000	46,248.0	23,124.0	54,708.0	27,354.0	86,010.00	43,005.00
30(27)	500,000	485,000 ～	515,000	49,200.0	24,600.0	58,200.0	29,100.0	91,500.00	45,750.00
31(28)	530,000	515,000 ～	545,000	52,152.0	26,076.0	61,692.0	30,846.0	96,990.00	48,495.00
32(29)	560,000	545,000 ～	575,000	55,104.0	27,552.0	65,184.0	32,592.0	102,480.00	51,240.00
33(30)	590,000	575,000 ～	605,000	58,056.0	29,028.0	68,676.0	34,338.0	107,970.00	53,985.00
34(31)	620,000	605,000 ～	635,000	61,008.0	30,504.0	72,168.0	36,084.0	113,460.00	56,730.00
35(32)	650,000	635,000 ～	665,000	63,960.0	31,980.0	75,660.0	37,830.0	118,950.00	59,475.00
36	680,000	665,000 ～	695,000	66,912.0	33,456.0	79,152.0	39,576.0		
37	710,000	695,000 ～	730,000	69,864.0	34,932.0	82,644.0	41,322.0		
38	750,000	730,000 ～	770,000	73,800.0	36,900.0	87,300.0	43,650.0		
39	790,000	770,000 ～	810,000	77,736.0	38,868.0	91,956.0	45,978.0		
40	830,000	810,000 ～	855,000	81,672.0	40,836.0	96,612.0	48,306.0		
41	880,000	855,000 ～	905,000	86,592.0	43,296.0	102,432.0	51,216.0		
42	930,000	905,000 ～	955,000	91,512.0	45,756.0	108,252.0	54,126.0		
43	980,000	955,000 ～	1,005,000	96,432.0	48,216.0	114,072.0	57,036.0		
44	1,030,000	1,005,000 ～	1,055,000	101,352.0	50,676.0	119,892.0	59,946.0		
45	1,090,000	1,055,000 ～	1,115,000	107,256.0	53,628.0	126,876.0	63,438.0		
46	1,150,000	1,115,000 ～	1,175,000	113,160.0	56,580.0	133,860.0	66,930.0		
47	1,210,000	1,175,000 ～	1,235,000	119,064.0	59,532.0	140,844.0	70,422.0		
48	1,270,000	1,235,000 ～	1,295,000	124,968.0	62,484.0	147,828.0	73,914.0		
49	1,330,000	1,295,000 ～	1,355,000	130,872.0	65,436.0	154,812.0	77,406.0		
50	1,390,000	1,355,000 ～		136,776.0	68,388.0	161,796.0	80,898.0		

※厚生年金基金に加入している方の厚生年金保険料率は、基金ごとに定められている免除保険料率（2.4%〜5.0%）を控除した率となります。

加入する基金ごとに異なりますので、免除保険料率および厚生年金基金の掛金については、加入する厚生年金基金にお問い合わせください。

◆介護保険第2号被保険者は、40歳から64歳までの方であり、健康保険料率（9.84%）に介護保険料率（1.80%）が加わります。
◆等級欄の（　）内の数字は、厚生年金保険の標準報酬月額等級です。
　4(1)等級の「報酬月額」欄は、厚生年金保険の場合「93,000円未満」と読み替えてください。
　35(32)等級の「報酬月額」欄は、厚生年金保険の場合「635,000円以上」と読み替えてください。
◆令和3年度における全国健康保険協会の任意継続被保険者について、標準報酬月額の上限は、300,000円です。

〇被保険者負担分（表の折半額の欄）に円未満の端数がある場合
①事業主が、給与から被保険者負担分を控除する場合、被保険者負担分の端数が50銭以下の場合は切り捨て、50銭を超える場合は切り上げて1円となります。
②被保険者が、被保険者負担分を事業主へ現金で支払う場合、被保険者負担分の端数が50銭未満の場合は切り捨て、50銭以上の場合は切り上げて1円となります。
（注）①、②にかかわらず、事業主と被保険者間で特約がある場合には、特約に基づき端数処理をすることができます。
〇納入告知書の保険料額
納入告知書の保険料額は、被保険者個々の保険料額を合算した金額になります。ただし、合算した金額に円未満の端数がある場合には、その端数を切り捨てた額となります。
〇賞与にかかる保険料額
賞与に係る保険料額は、賞与額から1,000円未満の端数を切り捨てた額（標準賞与額）に、保険料率を乗じた額となります。
また、標準賞与額の上限は、健康保険は年間573万円（毎年4月1日から翌年3月31日までの累計額。）となり、厚生年金保険と子ども・子育て拠出金の場合は月額150万円となります。
〇子ども・子育て拠出金
事業主の方は、児童手当の支給に要する費用等の一部として、子ども・子育て拠出金を負担いただくことになります。（被保険者の負担はありません。）
この子ども・子育て拠出金の額は、被保険者個々の厚生年金保険の標準報酬月額および標準賞与額に、拠出金率（0.36%）を乗じて得た額の総額となります。

15 労働保険の年度更新とは？

社会保険の他に労働保険にも入らないといけないの？

一定の役員・従業員は労働保険に加入する義務があります。条件を確認していきましょう！

労働保険とは

　労災保険と雇用保険を総称して労働保険と言います。労働保険料は、社会保険料とは計算方法、計算時期や申告時期が異なります。労働保険料は、年度（4月1日から翌年3月31日までの1年間）を単位とし、あらかじめ当年度の概算額（見込額）を算出して申告・納付し、翌年度に確定精算します。ですので、毎年6月1日から7月10日までに当年度の概算で計算した保険料（概算保険料）と前年度の確定した保険料（確定保険料）をあわせて申告・納付し、この作業を労働保険の「年度更新」と呼びます。申告・納付が大幅に遅れると追徴金や延滞金が課されます。

　労働保険料は、原則として次の式により計算されます。

労働保険料＝すべての従業員に支払った賃金の総額（賃金総額）×保険料率

賃金総額

　労働保険では「報酬」の代わりに「賃金」という言葉を使います。これは、労働保険の方が社会保険より加入すべき従業員の範囲が広く、労働保険料の対象となる給与も「報酬」より広い範囲になるからです。対象となる全従業員の当年4月から翌年3月の間に支払われた対象となるすべての賃金の合計が賃金総額です。

　労働保険料の算定基礎となる主な賃金の種類は以下のとおりです。

6

▼労働保険料の算定基礎となる賃金早見表 (例示)

賃金総額に算入するもの	賃金総額に算入しないもの
• 基本給・固定給等基本賃金 • 超過勤務手当・深夜手当・休日手当等 • 扶養手当・子供手当・家族手当等 • 宿、日直手当 • 役職手当・管理職手当等 • 地域手当 • 住宅手当 • 教育手当 • 単身赴任手当 • 技能手当 • 特殊作業手当 • 奨励手当 • 物価手当 • 調整手当 • 賞与 • 通勤手当 • 休業手当 • いわゆる前払い退職金 （労働者が在職中に、退職金相当額の全部又は一部を給与や賞与に上乗せするなど前払いされるもの） • 定期券・回数券等 • 創立記念日等の祝金 （恩恵的なものでなく、かつ、全労働者又は相当多数に支給される場合） • チップ （奉仕料の配分として事業主から受けるもの） • 雇用保険料その他社会保険料 （労働者の負担分を事業主が負担する場合） • 住居の利益 （社宅等の貸与を行っている場合のうち貸与を受けない者に対し均衡上住宅手当を支給する場合）	• 休業補償費 • 退職金 （退職を事由として支払われるものであって、退職時に支払われるもの又は事業主の都合等により退職前に一時金として支払われるもの） • 結婚祝金 • 死亡弔慰金 • 災害見舞金 • 増資記念品代 • 私傷病見舞金 • 解雇予告手当て （労働基準法第20条の規定に基づくもの） • 年功慰労金 • 出張旅費・宿泊費等 （実費弁償的なもの） • 制服 • 会社が全額負担する生命保険の掛金 • 財産形成貯蓄のため事業主が負担する奨励金等 （労働者が行う財産形成貯蓄を推奨援助するため事業主が労働者に対して支払う一定の率又は額の奨励金等） • 住居の利益 （一部の社員に社宅等の貸与を行っているが、他の者に均衡給与が支給されない場合）

出典：厚生労働省 神奈川労働局ホームページ「労働保険料の算定基礎となる賃金早見表【労働保険徴収課】」(https://jsite.mhlw.go.jp/kanagawa-roudoukyoku/hourei_seido_tetsuzuki/roudou_hoken/hourei_seido/rouho_hayami.html) をもとに作成

労働保険の対象となる従業員の範囲

　労働保険では「労働者」という言い方をしますが、常用、日雇、パート、アルバイト、派遣等、名称や雇用形態にかかわらず、労働の対価として賃金を受けるすべての従業員が対象となります。このうち、雇用保険の対象者は雇用保険に加入している被保険者で、労災保険は労働者に該当するすべての従業員を言います。原則的に会社の代表者や役員は含みません。代表者や役員は労災については中小企業であれば特別加入という方法で加入することができますが、労働保険料の計算方法が異なります。なお、代表者は雇用保険には加入できません。労働保険の対象となる従業員は次のとおりです。

①出向者（ここでは当社で給与を支払っている場合とします）
　他社から出向してきている従業員は、労災保険料のみ対象となります。雇用保険は出向元で加入し出向元で雇用保険料を支払います。逆に他社に出向している従業員は労災保険料の対象とせず、雇用保険料のみ支払います。

②兼務役員
　役員であっても役員報酬だけでなく労働者としての賃金を受けていて、ハローワークで「兼務役員」であることを認められた場合には被保険者になります。労働保険料の計算に算入するのは労働者としての賃金のみで役員報酬は含みません。

③パート・アルバイト
　週の労働時間が20時間以上であれば雇用保険の被保険者ですので雇用保険料の対象となりますが、週20時間未満の場合は労災保険料のみ対象となります。

④海外派遣者
　海外に出向している従業員は労災については「海外派遣者の特別加入」という届出をして通常の労働保険とは別に計算しますが、雇用保険については国内の従業員と同じ方法で計算します。
　海外から出向してきている従業員は、本国で雇用保険に該当する保険に加入していれば、日本では労災保険料のみ計算します。

6

コメント

　特別加入制度とは、労働者以外の人でも、業務の実態や災害の発生状況からみて、労働者に準じて保護することがふさわしいと見なされる人について、一定の要件の下に労災保険に特別に加入することを認めている制度です。特別加入できる人は次の4種類に分けられます。

①中小事業主等

　労働者を常時使用する中小企業の事業主又は役員（家族従事者も含む）。なお、労働者を通年雇用しない場合でも、1年間に100日以上労働者を使用している場合には、常時労働者を雇用している事業主として取り扱われます。

▼中小企業事業主と認められる企業規模

業種	労働者数
金融業、保険業、不動産業、小売業	50人以下
卸売業、サービス業	100人以下
上記以外の業種	300人以下

※1つの企業に工場や支店などが複数あるときは、それぞれに使用される労働者の数を合計したものになります。

②一人親方等

　いわゆる一人親方、その他の自営業者で、常態として労働者を使用しない個人タクシーや個人貨物運送業者、建設の事業（大工、左官、とび職人等）、漁師や水産動植物の採捕、林業、廃棄物の収集や解体などの事業者など。

③特定作業従事者

　特定作業従事者団体の構成員で、農作業、家内労働者、介護作業従事者など。

④海外派遣者

　特別加入することができるのは、次のいずれかに該当する場合です。

1) 日本国内の事業主から、海外で行われる事業に労働者として派遣される人。
2) 日本国内の事業主から、海外にある中小規模の事業に事業主等（労働者ではない立場）として派遣される人。中小規模の事業については上記の「中小企業事業主と認められる企業規模」と同じですが、派遣される事業の規模の判断については、事業場ごとではなく、国ごとに企業を単位として判断します。
3) JICAなど開発途上地域に対する技術協力事業（有期事業を除く）を行う団体から派遣され、開発途上地域で行われる事業に従事する人。
　なお、単に留学を目的として海外へ赴く者、現地採用された者は、特別加入対象とはなりません。

確定保険料の計算

　前年度（前年4月1日から当年の3月31日）のすでに確定している賃金総額を基に確定保険料を計算します。

1. 賃金総額の集計

　上記の期間について、前年と今年の賃金台帳を基に賃金集計表（次頁）を作成します。年末調整の期間と異なりますので注意してください。

　給与計算の支払日が締め日の翌月となっている場合は、前年5月から当年4月に支払った賃金総額になりますが、労働保険に加入済の会社が従来の年度更新の際、支給日ベースで前年4月支給分から当年3月支給分として計算していた場合は、そのまま支給日ベースで賃金総額を集計しても問題はありません。それより算入する給与に抜けやダブりがないようにすることが大切です。

　賃金総額に算入すべきすべての賃金・手当を各月ごとに集計しますが、賞与や、通勤交通費として給与と別に現金で支払っている場合の通勤手当や事業主から支給されるチップ（現金）や特別な手当などは集計が漏れやすいので注意しましょう。以下、間違いやすい記入箇所について説明します。

1) 出向労働者の有無

　受入者数とは他社から当社に出向してきている従業員数で、出向者数とは、他社に出向している従業員数です。出向してきている従業員については、「①常用労働者」に含めて記載します。他社から出向してきているため、出向元に問合せて賃金総額を教えてもらい、常用労働者欄に算入します。逆に他社に出向している従業員については、当社と雇用関係にあり当社から給与が支払われているのであれば、雇用保険の「⑤常用労働者、パート、アルバイトで雇用保険の資格のある人」にその賃金総額を加算します。①⑤とも後で確認しやすいように、それぞれの賃金総額をまとめて一番下の欄などに記入しておくと便利です。

2) ② 役員で労働扱いの者

　法人の役員が兼務役員の場合は、役員報酬を除く労働者としての各月の賃金合計額を記入します。また「⑥役員で雇用保険の資格のある人」にも各月の賃金合計額を記入します。

6

▼令和2年度確定保険料・一般拠出金算定基礎賃金集計表

出典：厚生労働省「令和2年度確定保険料・一般拠出金算定基礎賃金集計表」(https://www.mhlw.
go.jp/bunya/roudoukijun/roudouhoken01/yousiki.html) より

3)〈3〉臨時労働者

パートやアルバイト等で雇用保険に加入していない労働者の各月の賃金合計額を記入します。

4)⑧高年齢労働者 (法改正により集計表から削除)

令和2年4月1日以降この項目はなくなりました。従来は、保険年度初日(4月1日)時点で満64歳以上の高年齢者の賃金額を免除していましたが法改正により一般の被保険者と同様に賃金総額に算入します。

2. 労働保険概算・増加概算・確定保険料申告書に転記

毎年6月に労働基準監督署から送られる申告書の用紙を参照してください。

1)④常用労働者数・⑤雇用保険被保険者数

算定賃金集計表で算出した常用労働者数と雇用保険被保険者数 (共に1年間の延べ人数を12で除した人数) を記入します。小数点以下は切捨てですが、0人となる場合は1人と記入します。⑥は令和2年4月1日の法改正で廃止されました。

2)労災保険分 (ロ)

算定賃金集計表で算出した「労災保険・一般拠出金分」の数字を「⑧保険料・一般拠出金算定基礎額」(ロ) に転記します。

6

3)雇用保険分 (ホ)

算定賃金集計表で算出した「雇用保険分」の数字を「⑧保険料・一般拠出金算定基礎額」(ホ) に転記します。令和2年4月1日の法改正により「⑭の合計額の…」と「(A)－(B)」は不要になりました。「⑫の合計額の千円未満を切捨てた額」のみ転記してください。

高年齢免除者が廃止され記載不要のため、雇用保険分は一本化されました。

4)一般拠出金 (ヘ)

算定賃金集計表で算出した「労災保険・一般拠出金分」の数字を「⑧保険料・一般拠出金算定基礎額」(ヘ) に転記します。

5) 申告書の⑨保険料・一般拠出率

　労働基準監督署から送られた用紙に印字されていますので、そのまま計算して（ロ）（ホ）（ヘ）に記入します。

　なお、全従業員が雇用保険の被保険者となっていて臨時労働者が０人の会社は申告書の「労働保険料（イ）」にのみ賃金総額（千円未満切捨て）を記入し、そのまま印字された「⑨保険料・一般拠出率保険料率」を乗じて「⑩確定保険料・一般拠出金⑧×⑨」の（イ）に記入してください。

新年度の概算保険料の計算

　原則は、確定保険料算定内訳の「⑧保険料・一般拠出金算定基礎額」（ロ）（ホ）の数字をそれぞれ「⑫保険料算定基礎額の見込額」（ロ）（ホ）に転記します。全従業員が雇用保険の被保険者となっている場合は、確定保険料算定内訳の「⑧保険料・一般拠出金算定基礎額」（イ）の数字を「⑫保険料算定基礎額の見込額」（イ）に転記します。

　ただし、新年度に事業所数増減など、従業員数が前年度と比較して大幅に増加又は減少することが見込まれる場合、又は賃金総額も大幅な変更があると見込まれる場合は、前年度の数字を転記せずに、「⑫保険料算定基礎額の見込額」（ロ）（ホ）に見込まれる賃金総額（千円未満切捨て）を記載しても法的に問題はありません。

　法律では、当年度の見込み賃金総額が前年度と比較して1/2上又は2倍以下の場合は、前年度確定賃金総額と同額を概算賃金総額の見込み額とすることとしていますが、実務ではこの範囲についてはさほど厳しくはありません。前年度と同額とせずに見込み額を記載したとしても法違反を問われることはありません。

　リストラにより当年度の従業員数が減少する見込みがあったり、開業間もない事業所などは劇的に従業員数が増加することが多いため、前年度の数字を転記すると、見込み（概算保険料）と実際の（確定保険料）賃金総額が相当異なるため、翌年度の年度更新の際に前年度の概算保険料と確定保険料の差額が大変大きくなり、翌年度に充当してもなお還付対象となる保険料が発生したり、逆に高額な不足額を支払うことになり慌ててしまう状況にもなりかねませんので、経営的にはできる限り予測できる範囲で見込み額（概算保険料）を算出しておくことをお勧めします。

概算保険料の納付回数

　概算保険料の額が（申告書では⑭（イ）欄）が40万円以上の場合は、当年度中に3回に分けて納付することができます。これを「延納」といいます。納付を延期するの

ではなく、分けて支払うので分納と思われている方もいますが、労働保険では延納と言います。概算保険料が40万円以上の場合は、延納しても、一括で支払うことも選ぶことができます。分けて支払いたい場合は、申告書の「⑰延納の申請」に「3」と記載します。この場合は、第1期（7月12日）第2期（11月1日）第3期（翌年1月31日）の3回で支払うことになります。その都度、労働基準監督署から納付書が届きますので、それで支払います。延納しない場合は、申告書の「⑰延納の申請」に「1」と記載します。

労働保険料の申告・納付

労働保険料の支払い方には次の方法があります。

● 1. 申告書の提出と保険料の納付を同時に行う場合

①金融機関（銀行/郵便局）の窓口に申告書と「領収済通知書」を持ち込み、保険料を支払った後、申告書（事業主控）と「領収控」を返却してもらいます。ただし、申告書に受理印をもらうことはできません。

②電子申請により申告書を提出し電子納付（Pay-easy）で保険料を支払う方法です。この方法を採用する場合、電子証明書の取得が必要ですが、一度設定をしてしまえば紙の申告書が作成不要となり、便利です。

6

● 2. 申告書の提出時には保険料の支払いを行わず後で保険料を納付する場合

①所轄の労働基準監督署又は都道府県労働局に申告書のみを提出し（返信用封筒を同封しての郵送可）後で金融機関にて「領収済通知書」で保険料を納付します。

この場合、監督署や労働局にて申告書と領収済通知書を切離してもらうか、郵送の場合は、切離して申告書のみ送ります。監督署から送られる申告書には「切り離さないでください」と書いてありますが、郵送で送る場合は切離して問題ありません。

②上記1.②の電子申請（事前準備と電子申請と審査状況の確認までは同じ手順）により申告書を提出し、電子納付の代わりにATMから保険料を支払います。

具体的には、申請データ送信後に、各金融機関のPay-easyに対応したATMを利用して、電子申請を行います。この場合は、申請データ送信後の申請データの受付番

号通知画面にある「収納機関番号」「納付番号」が必要です。「納付情報一覧」画面を
あらかじめ印刷しておきましょう。

労働保険料の口座振替による納付

　労働保険料等の口座振替納付には、申込み用紙「労働保険料等口座振替納付書送
付（変更）依頼書兼口座振替依頼書」に必要事項を記入のうえ、会社の取引金融機関
窓口に提出します。手数料は無料です。

　申込用紙は[厚生労働省 労働保険 口座振替]で検索するか、以下のリンクからダ
ウンロードできます。

https://www.mhlw.go.jp/bunya/roudoukijun/hokenryou/kouza_moushikomi.html

　申込期日は以下のとおりです。

▼口座振替の申込期日

納期	第1期	第2期	第3期	第4期
申込み締切日 （金融機関の窓口あて）	2月25日	8月14日	10月11日	1月7日

▼口座振替納付日

納期	第1期	第2期 （延納の場合）	第3期 （延納の場合）
口座振替納付日	9月6日	11月14日	2月14日
（口座振替を利用しない場合の納期限）	7月10日	10月31日	1月31日

16 36協定の更新・契約の更新管理とは?

人事

一度作った契約書や協定書はそのままでいいの?

36協定、期間の定めのある雇用契約、賃貸借契約書や業務委託契約書など、有効期間・終了時期が定められているものについては、更新の必要がないのかチェックする必要があります

36協定の出し直し

36協定は、有効期間を1年以内に定めることが望ましいとされ、通常1年で定めます。36協定の自動更新は認められませんので、毎年、36協定を締結し直し、労働基準監督署に提出し直す必要があります。

なお、就業規則には、有効期間がありませんので、内容を変更した場合にのみ作成をし直し、労働基準監督署に提出する必要がある場合には提出する必要があります。

6

期間の定めのある雇用契約

従業員との雇用契約に期間の定めがある場合には、雇用を期間満了で打切りとするのか (雇い止め)、更新するか否かを決める必要があります。

建物賃貸借契約

建物賃貸借契約には、定期借家契約と普通借家契約があります。定期借家契約か普通借家契約かは、賃貸借契約書の内容を確認すればわかります。

定期借家契約の場合には、期間満了により賃貸借契約が終了しますので、再度、賃貸人との間に賃貸借契約が成立しなければ、立ち退く必要があります。なお、再度賃貸借契約を締結するとしても、この契約は全く新たな契約なので、従来の賃料が必ず維持されるわけではなく、改めて賃料や条件等を決め直すことになります。

普通借家契約の場合は、通常、契約期間の定め及び自動更新の定めがあり、契約書に定められた一定の期間の前に更新しないとの通知をしないと、契約が更新され、更新料等が発生することがありますので、注意する必要があります。

業務委託契約

業務委託契約も、有効期間の定めがある場合があります。自動更新の規定がある場合には、契約書で定められた一定期間の前に更新しない旨の通知をしないと、契約が更新されることになりますので、契約を終了させることを考えているときには、いつまでに更新の拒絶の通知をしなければならないのか注意する必要があります。自動更新の規定がない場合には、有効期間の満了で契約が終了するので、その後も契約を存続させたい場合には、再度、契約を締結し直す必要があります。

コメント

各種契約については、どのような場合に契約を終了するのか意識する必要があり、有効期間の定めがある場合には、いつ契約が終了するのか、更新の規定があるのか等に注意する必要があります。

17 取締役会って何？

取締役会って何？

3名以上の取締役で構成される機関です。機関は、会社を構成する組織とか立場のことをいい、一定の役割を負います。取締役会を設置するかしないかは、会社の自由です。業務執行の決定、取締役の職務の執行の監務、代表取締役の選定及び解職を行います

機関設計に関する会社法の考え方

会社法の基本的な考え方は、「当事者自治の重視」です。

そもそも会社とは経済活動の便宜のために作られた仕組みですので、使い勝手が良いよう、会社自身による自治が広く認められています。どのような株式会社であっても必ず「株主総会」と「取締役」は存在しますが（6-18節参照）、これらの最も基本的な機関以外は、一定の場合を除いて、会社が設置・不設置を自由に決められるのが原則です（「機関設計自由の原則」）。

取締役会とは

「株主総会」と「取締役」しか存在しない場合、株主総会は、会社に関する一切の事項について決議をすることができます。他方で、株主総会ですべての事項を決定していると、迅速な意思決定ができない可能性があります。また、株主が取締役の職務執行状況を直接監視・監督することにも限界があります。

そこで、より迅速に意思決定し、取締役の職務執行を監督する機関を設けるという考え方から導入されるのが、取締役会です。取締役会は、3名以上の取締役で構成される機関です（取締役会を設置する場合、取締役が3人以上必要になります）。

6

取締役会の権限、決議事項

取締役会は、以下の職務を行います。

なお、会社法上、様々な機関設計のパターンが用意されています。どれを採用するかにより各機関の権限等も変わり得ますが、以下では、取締役会・監査役会設置会社を念頭に説明しています。

①代表取締役の選定及び解職

取締役のうち1名を、実質的なトップ「代表取締役」に選びます。

②取締役の職務の執行の監督

取締役がお互いに、職務の執行状況を報告等し、監督しあいます。

③業務執行の決定

会社の業務に関する重要事項について、会社の意思決定を行います（後述）。

取締役会を設置した場合、①「重要な業務執行」と、②会社法で個別に定められた事項については、取締役会の決議が必要になります。

なお、取締役会を設置した場合、取締役会を設置する意味（取締役会での迅速な意思決定）を失わないよう、反対に、株主総会は万能ではなくなり、法令又は定款で規定された事項しか決議できなくなります（その他の事項については、株主総会で決議しても無効となります）。

▼取締役会・監査役会設置会社の場合の機関の関係図

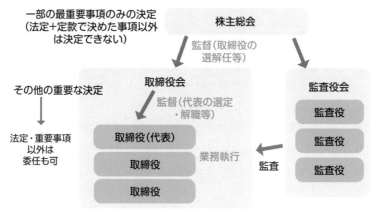

▼取締役会決議が必須の事項の例（公開会社・取締役会設置会社）

要件・決議事項	条項（会社法）
以下を含む「重要な業務執行」	362条4項
重要な財産の処分・譲受	
多額の借財	
重要な使用人の選解任	※「重要」に当たるか否かは、諸事情を総合的に考慮して判断される。実務的には会社が考える重要性の基準（金額基準等）を社内規則で明示することが多い。
重要な組織の設置・廃止	
社債募集に関する重要事項	
内部統制システム	
定款に基づく役員責任免除	
法令で取締役会の権限と明記された事項	
要綱を定款で定めた種類株式の内容の決定	108条3項
譲渡制限株式・新株予約権の譲渡承認等	139条1項、140条5項・265条1項
自己株式の取得価格等の決定、一定の自己株式取得（市場、子会社からの取得等）・消却	157条2項、163条、165条2項、178条2項
取得条件付き株式の取得	168条1項
特別支配株主の株式等売渡請求の承認等	179条の3第3項、179条の6第2項
株式の分割・株式無償割当	183条2項、186条3項
所在不明株主の株式の競売等	197条4項
（公開会社）募集株式・新株予約権の募集事項の決定等	201条1項、240条1項
株式を振替制度の取扱い対象とすることへの同意	社債株式振替128条2項
株主総会の招集決定	298条4項、325条
代表取締役の選定	362条2項3号、3項
会社と取締役の間の訴えにおける会社の代表者の選定（株主総会の定めがない場合）	364条
取締役の競業取引・利益相反取引の承認	365条1項
計算書類・事業報告・付属明細書の承認	436条3項
株式の発行と同時に行う資本金・準備金の額の減少	447条3項、448条3項
中間配当	454条5項
（会計監査人設置会社等の要件を満たす会社が定款で定めた場合）剰余金の配当　　等	459条1項

6

取締役会の決議要件

　取締役会の決議は、議決に加わることができる取締役の過半数が出席し、出席した取締役の過半数の賛成で行います（なお、「過半数」とありますが、定款で、これを上回る割合を定めたときは、その割合以上になります）。

　なお、決議について特別な利害関係を有する取締役は、議決に加わることができませんので、決議の内容によっては注意が必要です。

　また、取締役会は、取締役が相互の協議・意見交換を通じて意思決定を行う場ですので、代理出席は認められません。

取締役会の招集

　取締役会は、各取締役が招集権を有します。但し、定款等で特定の取締役を招集権者と定めることも可能です。

　取締役会を招集するためには、原則として、会日から1週間前に各取締役と各監査役（場合により会計参与も）に対して招集通知を発しなければなりませんが、必ずしも書面による必要はなく、また、会議の目的事項を特定する必要もありません。

取締役会の議事録

　取締役会の議事については、議事録を作成し、出席した取締役及び監査役は、全員、署名・記名押印しなければなりません。取締役会議事録の書面又は電磁的記録は、取締役会の日から本店に10年間備え置く必要があります。

　取締役会議事録の記載事項は、以下のとおりです。

①開催日時及び場所（当該場所以外から出席した取締役などがいる場合は、その出席方法）
②特別取締役による取締役会の場合は、その旨
③取締役会が監査役、株主等一定の者の請求を受けて招集されたとき等は、その旨
④議事の経過の要領及び結果
⑤決議事項について特別の利害関係を有する取締役があるときは、その氏名
⑥取締役会において述べられた一定の意見又は発言の内容の概要
⑦出席した執行役、会計参与、会計監査人又は株主の氏名又は名称

⑧ 議長があるときは、その氏名

　取締役会の開催、議事録作成のリモート化については、8-13節を参照してください。

6

18 株主総会って何？

株主総会って何？

どのような株式会社であっても必ず設置しなければならない、会社の最高位の意思決定機関です。少なくとも1年に1回は開催する必要があります

株主総会とは

そもそも、株式会社とは、出資者（株主）個人が負う事業リスクを限定し、様々な人から資金を得られるようにするための会社法上の仕組みです。株式会社の所有者は株主（出資者）であり、経営の決定権限は、株主で構成される株主総会が持つのが大原則です。

したがって、株主総会は、一切の事項について決議することができるのが大原則です。もっとも、取締役会を設置した場合は、株主総会では、法令又は定款で規定された事項しか決議できなくなり、その他の事項については、株主総会で決議しても無効となります。

株主総会の決議事項と決議要件

株主総会が決議する事項を株主総会の**決議事項**といいますが、前述のとおり、取締役会設置会社では、株主総会は、①法令又は②定款で規定された事項しか決議できません。①会社法で定められた株主総会決議事項のうち、よく決議される事項としては、たとえば、役員の選解任、役員の報酬、計算書類の承認、剰余金の配当等があります（以下の表参照）。

この他に、②定款で株主総会の決議事項を追加することは可能です。

▼株主総会決議が必須の事項（①法定事項）の例（公開会社・取締役会設置会社の場合）

種類	要件・決議事項	条項
普通	定足数：議決権行使できる株主の議決権の過半数を有する株主の出席 決議要件：出席株主の議決権の過半数の賛成	309条1項
	自己株式の取得（特別決議の場合を除く） （一部定款で定めることにより取締役会決議のみで行える場合あり）	156条1項 （165条2項）
	役員の選解任（特別決議の場合を除く） 決議要件について特則あり（341条、342条）	329条1項
	役員の報酬	361条、1項387条1項
	会社と取締役の間の訴えにおける会社の代表者の選定	353条
	計算書類の承認	438条2項、441条4項
	定時株主総会における資本金の額の減少（減少する資本金の額が欠損の額を超えない場合のみ）	447条1項
	準備金の額の減少	448条1項
	資本金又は準備金の額の増加	450条2項、451条2項
	剰余金の処分	452条
	剰余金の配当（特別決議の場合を除く） （会計監査人設置等の要件を満たす会社は、定款の定めにより取締役会決議事項とすることも可）	454条1項 （459条1項）
	総会関連（検査役の選任、会計監査人の出席要求の決議、その他議事運営に関する事項）	316条、317条、398条2項
特別	定足数：議決権行使できる株主の議決権の過半数を有する株主の出席 決議要件：出席株主の議決権の3分の2以上の賛成	309条2項
	譲渡制限株式の買取り	140条2項
	特定株主からの自己株式の取得	156条1項・160条1項
	全部取得条項付種類株式の取得	171条1項
	譲渡制限株主の相続人に対する売渡請求	175条1項
	株式の併合	180条2項
	募集株式や募集新株予約権の有利発行における募集事項の決定	199条2項、238条2項
	累積投票取締役（監査等委員である取締役を除く）や、監査等委員である取締役、監査役の解任	339条1項
	役員等の責任の一部免除	425条1項
	資本金の額の減少（普通決議の場合を除く）	447条1項
	剰余金の配当を現物配当で行い、且つ、金銭分配請求権を与えない場合	454条4項
	定款の変更	6章
	事業譲渡の承認	7章
	解散の決議、解散した株式会社の継続	8章
	組織再編 吸収合併契約や吸収分割契約、株式交換契約の承認、新設合併契約、新設分割計画、株式移転計画の承認（特殊決議の場合を除く）	5編

6

特殊	定足数・決議要件：議決権行使できる株主の頭数の半数以上、かつ、議決権行使できる株主の議決権の3分の2以上の賛成	
	発行する株式の全部に譲渡制限を付すための定款の変更	309条3項
	公開会社が、その株主に対して譲渡制限株式等を交付する組織再編を行う場合の承認	
総株主の同意	発起人、役員等、業務執行者等の責任の免除	103条、424条等
	発行済株式全てについて取得条件を付す等の定款変更	110条
	自己株式取得において売り主追加請求権を排除する旨の定款変更	164条2項
	株主総会の招集手続の省略	300条

株主総会の招集

　株式会社は、会社の規模にかかわらず、必ず、毎事業年度の終了後一定の時期に株主総会を招集しなければなりません。これを定時株主総会といいます。定時株主総会では、通常、少なくとも計算書類の承認が決議事項、事業報告が報告事項となります。

また、定時株主総会の他に、必要がある場合には、いつでも招集することができます。これを臨時株主総会といいます。

　株主総会は、原則として、取締役会（取締役会非設置会社では取締役）が日時や議題等を決定して、取締役が招集します。招集通知は、一部の例外を除いて、株主に対して、株主総会の日の2週間前までに発しなければなりません。この通知は、書面（一定の要件を満たす場合のみ、電磁的方法も可）で行う必要があります。

▼**定時株主総会のスケジュール例**（取締役会・監査役設置）

株主総会の議事録

取締役会の議事については、法令 (会社法施行規則72条) に従い議事録を作成しなければなりません。株主総会議事録の書面又は電磁的記録は、株主総会の日から本店に10年間、支店に5年間備え置く必要があります。

株主総会議事録の記載事項は、以下のとおりです。なお、議事録作成者の押印は、会社法上は必須ではありません (但し、登記申請の添付書類として用いる場合には必要になることがあります) が、改竄等を防止する観点から、実務的には常に押印する会社が多いといえます。

① 開催日時及び場所 (当該場所以外から出席した取締役などがいる場合は、その出席方法)
② 議事の経過の要領及び結果
③ 株主総会において述べられた一定の意見又は発言の概要
④ 出席した取締役、執行役、会計参与、監査役又は会計監査人の氏名又は名称
⑤ 議長があるときは、その氏名
⑥ 議事録の作成に係る職務を行った取締役の氏名

6

19 監査役会って何？

監査役会って何？

3名以上の監査役（そのうち半数以上は社外監査役）で構成される機関です。設置するか否かは、基本的に会社の自由です。各監査役による監査組織的・効率的監査を可能にするために設置されます

監査役、監査役会とは

監査役とは、取締役の職務執行を監視する職務・権限を負う機関です。

設置するか否かは、基本的に会社の自由ですが、取締役会設置会社では、監査役を置かなければなりません。取締役会を設置する場合、業務執行の決定を取締役会が行うことになり、株主総会の権限が制約されますので、株主に代わる取締役の監視機関が必要になるためです。

そして、この監査役で構成される機関が、監査役会です。監査役会も、設置するか否かは、基本的に会社の自由です。

監査役は、複数人いる場合でも、監査人間の多数決で何かを決定する必要はなく、各自が単独で権限を行使することができます。もっとも、会社の規模が大きくなると、各監査役がばらばらに監査業務を行うのでは効率が悪くなります。そこで、この監査役同士での役割分担と情報共有を可能にし、組織的・効率的監査を可能にするために設置されるのが監査役会です。

監査役の権限

監査役は、原則として、会計監査（取締役が適正な財務情報を作成・開示しているか）と業務監査（取締役の業務執行に違法性（法令や定款違反）がないか）を行います。株式譲渡制限会社では、定款に定めることで、会計監査のみに限定することも可能です。

監査役には、主に以下の権限があります。

①調査権限（報告徴収や、財産調査等ができます）
②取締役による違法行為の阻止（取締役会で意見を述べたり、裁判所へ差止を申し立てたりできます）
③報告権限（毎事業年度、監査報告を作成し、監査結果を株主等に報告します）

監査役会の活動

監査役会を設置する場合、監査役は３人以上必要になります。また、半数以上は社外監査役でなければなりません。

監査役会は、以下の活動を行います。

①各監査役の職務執行に関する事項の決定
監査方針、会社業務・財産等の調査方法等を決めることができます。
しかし、監査役は各自が独立して監査権限を行使することができますので、こうした監査役会の決定により各監査役の権限の行使を妨げることはできません。

②監査報告の作成
監査役会設置会社では、監査報告は監査役会により行われます。監査役会の意見は多数決で形成されますが、監査役は、自己の意見が異なる場合には、自己の監査結果を付記することができます。

③監査役の選任についての同意

監査役会の招集

監査役会は、各監査役が招集できます。監査役は、原則として、監査役会の日の１週間前までに、各監査役に対してその通知を発しなければなりません。

6

監査役会の議事録

　監査役会の議事については、法令（会社法施行規則109条）に従い議事録を作成し、出席した監査役は、全員、署名・記名押印しなければなりません。監査役会議事録の書面又は電磁的記録は、監査役会の日から本店に10年間備え置く必要があります。

　監査役会議事録の記載事項は、以下のとおりです。

①開催日時及び場所（当該場所以外から出席した監査役などがいる場合は、その出席方法）
②議事の経過の要領及び結果
③監査役会において述べられた一定の意見又は発言の概要
④出席した取締役、会計参与又は会計監査人の氏名又は名称
⑤議長があるときは、その氏名

20 固定資産とは？

固定資産ってどんな資産？

固定資産は棚卸資産のように売却を目的とせず、使用すること
を目的として長期間保有する資産です

固定資産とは

　固定資産は長期に保有する資産の総称であり、有形固定資産、無形固定資産、投資その他の資産の3つに区分されます。ここで長期か否かは、**1年基準（ワンイヤールール）** によって判断し、期末日の翌日から1年以内に売却や処分を予定していない場合、その資産は長期に保有する資産となります。

●具体的な固定資産

　生産・販売活動を行う目的で保有され「有形」のもの（物的な形がある）を有形固定資産と呼び、「無形」のもの（物的な形がない法律等によって保証される権利）を無形固定資産と呼びます。そして、投資その他の資産は、余剰資金の運用や他社との政策的な関係強化などを目的に保有される資産です。

　具体的には、以下のような資産があります。

▼主な固定資産の例

資産区分	具体的な資産
有形固定資産	建物、構築物、機械装置、車両運搬具、工具器具備品及び土地など
無形固定資産	営業権、特許権、商標権及びソフトウェアなど
投資その他の資産	投資有価証券、子会社株式、長期貸付金、差入保証金及び長期前払費用など

6

また、有形固定資産及び無形固定資産のうち、後述する減価償却を行う資産を**減価償却資産**とも呼びます。

固定資産の特徴と管理のための２つの側面

固定資産は、通常、投資額が多額であり、かつ、使用するため保有し、その保有（投資）期間が長期にわたるため、その間、資金が固定されるという特徴を持っています。そこで、以下のようにそれらの特徴を反映して、現物面と会計面の２つの面から情報を把握して管理する必要があります。

▼固定資産の管理のポイント

特徴	管理のポイント	管理の側面
投資が多額	いったん投資してしまうと簡単に取り換えが効かないため慎重な投資判断が必要になる	現物面・会計面
	換金性があるものについては盗難の可能性がある	現物面
使用を目的に保有	使える状態で保有している必要があるため、どこに、どんな保全状態で保有しているかを把握しておく必要がある	現物面
	取得した後も、ランニングコストとしてメンテナンス費用や保険料などが必要となる	現物面・会計面
	使用に見合った形で、投資額を費用として各会計期間に配分することが必要となる	会計面

通常は、現物面はその固定資産を直接使用している部門で管理し、会計面は総務部門又は経理部門で管理することになります。そのため、現物面・会計面で管理の主体が異なり、管理のための情報に不一致が生じやすいため、これらを一致させる方法が必要となります。

固定資産管理の流れ

　固定資産管理の内容を、そのライフサイクルにそって示すと以下のようになります。

▼ライフサイクル別管理内容

サイクル	主な管理内容
計画立案・検討	建物のような投資額が大きくなるものは、長期的な事業計画の一環として設備投資計画を策定します。パソコンのような投資額が比較的小さいものは、設備更新計画として計画する場合もあります。いずれにしても、計画はその投資の重要性に見当たった責任者（取締役会・社長・部長等）が決裁して決定します。なお、計画時に資金調達手段や税制における減税措置の有無なども含めて十分に検討することが必要です。
発注	決定された計画にそって、具体的にどのような仕様の資産を、どの業者から、いくらで購入するか、納期はどうか、具体的な資金手当てはどうするか（自己資金（一括払／分割払）・借入・リース）について、複数の業者から相見積書を入手して検討し、発注業者を決定して発注します。発注業者の決定は、通常、稟議制度によって複数の関係者・責任者の目を通して独断的な決定にならないように決定します。
取得	納品されたら、発注通りの仕様・数量かを発注書類と現物を照合するなど検査（検収）して受け入れます。機械装置などは、設置し試運転して稼働を確認することまで必要になります。 取得したら、固定資産管理カード等に必要な情報（取得日・事業共用日・設置場所・取得価額・耐用年数・減価償却方法など）の記録を行います。 このとき、情報を記録する前に、通常、法人税法のルールに基づくことが多いのですが、「取得に要した費用のうち、何を取得価額に含め、何を経費として処理するか」「複数ある減価償却方法のうちどの方法を採用するか」「耐用年数は何年になるか」を決定しておく必要があります。 なお、減価償却は納品になった日である取得日ではなく、使用を開始した日（法人税法では「事業共用日」と言います）から開始されますので、いつがその時点かを明確に現場担当者から把握しておくことが必要になります。

6

使用・保全	固定資産は使用しているうちに物質面又は機能面で使用に支障が出てくるのが通常です。そこで当初の機能が保全され、安全に使用できるように定期的に保守点検を行い、必要があれば修理を行います。とくに建物については防火上の観点からも点検し、機械装置については安全に作動するかという面についても点検を行います。 修繕を行う場合は、会計面では、修繕によって当初の固定資産の能力（耐用年数面・機能面）に向上があれば、修繕費として経費処理することが出来ず、資本的支出として別途固定資産に計上する必要があるため注意がいります。 また、火災・天災や不意の事故による固定資産の毀損・滅失に備え、保険を付しておくことも管理上必要な手続きです。 期末には、耐用年数が経過するまで、減価償却計算を行って減価償却費を計上します。 なお、毎年1月1日に保有している土地・家屋（建物）については固定資産税が課され、また、土地・家屋以外の有形固定資産（車両を除く減価償却資産）については償却資産税という固定資産税が課されますので、該当する資産を把握し、税金計算を行って納付期限までに税金を納付する必要があります。
移動・稼働休止	固定資産を移動する場合（同じ事業場の別の場所・別の事業場）は、移動元と移動先から移動に関する報告を入手し、後述する固定資産管理カード及び固定資産台帳に移動の事実を漏れなく記録します。先述の償却資産税は市町村によって課税されるため、移動によって所在する市町村が変わると申告先が変更になるので注意が必要です。 稼働を休止している固定資産を遊休固定資産と言いますが、遊休状態の固定資産でいつでも稼働できる状態に保全してない資産に関しては、法人税法では減価償却費の費用処理（損金計上）を認めていないため、稼働を休止している資産については、どのような状態にあるかを把握しておくことが必要です。
売却・廃棄	固定資産の処分には除却（廃棄）と売却があります。除却には、廃棄処分してその物自体がなくなってしまう除却以外に、廃棄せずそのままの状態で除却する有姿除却もあります。除却に関する損失を法人税法上問題なく計上するためには、廃棄した事実を写真や記録で残し、しっかりと証拠を保管しておくことが必要です。とくに有姿除却の場合は現物を廃棄していませんので、法人税法上損失計上が認められるためには、今後事業に使うことが出来ない状態にあるか、将来使用される可能性がほとんどないことを証明する必要がありますので慎重な判断が必要となります。

固定資産の現物管理って何?

総務

固定資産の現物管理ってどうしたらいいの?

固定資産の現物管理は、固定資産1つ1つについて記録を作って取得から廃棄まで管理していきます

1. 固定資産の現物管理の目的

　固定資産は通常、現物面と会計 (税務) 面の2つの面から情報を把握して管理します。現物面の管理は、固定資産の安定稼働を確保し、安全を保って適切に使用するために行われる管理でもあるため、会計や税法の処理に必要な情報とは異なる種類のコンディション情報も把握する必要があります。具体的には、現物の有無、コンディションやメンテナンス等に関する情報を把握して管理を行います。

6

●固定資産管理カードの作成

　ここでは、固定資産の中でも、中小企業でも保有することが多い有形固定資産について説明していきます (以下、固定資産は有形固定資産の意味で使用します)。

　通常、固定資産の現物管理は、総務などの間接部門ではなく、実際にその固定資産を使用する部門が行います。そこで、固定資産を取得したら、現物管理を目的として、固定資産の現物管理を行う部門の担当者が固定資産管理カードを作成します (名称は会社によってそれぞれです)。固定資産管理カードは原則1つの固定資産について1枚作成し、固定資産の取得から廃棄までの期間について、固定資産の現物管理に必要な情報を記録していきます。

　固定資産管理と聞くと固定資産台帳で行う管理を思い浮かべる人も多いと思われますが、固定資産台帳は会計面での管理に用いられる情報が記載されたものであり、それだけでは現物管理を行うために必要な十分な情報を把握することができません。

手間がかかるために固定資産管理カードまで作成していない会社もありますが、できるだけ固定資産管理カードを作成し、以下のような現物面での管理に用いられる情報をしっかり把握することが望まれます。また、固定資産管理カードを作らずとも、現物管理を適切に行うためには、取得・保全・廃棄・処分に関して申請書を必要とするような管理ルールを整備して関係部門で共有し、管理に必要な情報が漏れなく把握できる仕組みを整備しておくことが必要になります。

　固定資産管理カードには次のような、基本情報とコンディション情報が記録されます。具体的には、自社で固定資産の現物管理をするために必要な情報は何かを総務部門と現物管理を行う部門が事前に話し合って固定資産管理カードのフォームを決定する必要があります。

▼固定資産管理カードの記載項目と内容

	項目	内容
基本情報	取得日	固定資産が納入され検収が完了した日を記載します。通常は、納品書の納品日や検収完了報告書の検収日が記載されます。
	稼働開始日	取得日＝稼働開始日でないことがあります。稼働開始日は設置・試運転が終わり本格稼働した日となります。
	設置（配置）場所	固定資産がどの事業所のどこに設置されたか、必要があればロケーションマップや設置写真などの補足情報としてつけておくと更によいでしょう。移動するような固定資産の場合、移動申請を必要とし、移動のつど設置場所の記入を更新します。
	管理担当部門	固定資産を使用し現物管理を行う部門名を記載します。
	管理番号	同じ固定資産があっても特定できるように固定資産には固有の管理番号を付けておくことが肝要です。この管理番号はシールにして現物にも同じ番号を貼っておきます。
	名称	固定資産の一般名称（メーカーがつけた名称）を記載します。現場での呼称と一般名称が異なる場合、現物や固定資産台帳との照合の際などに混乱をきたすことがあるため、名称には一般名称を記載し、固定資産台帳の名称と同じにしておくことが適当です。

	型式等	製造メーカー名・型式番号・シリアル番号・製造年・購入業者名を記載します。これらの情報を把握しておくことで修繕等が必要な状況が起こった際に速やかに修理対処することが可能になります。
	付保の状況	付保の有無や付保している場合は、保険の種類や保険証書番号を記載しておきます。
	廃棄（除却）日	廃棄すると通常、現物はなくなりますが、有姿除却という廃棄しないまま除却する場合もありますので、廃棄した日か、有姿除却を決定した日を記載します。
コンディション情報	コンディション（傷み具合）	コンディションの評価基準を決め、定期的な現物確認の都度、A（修繕の必要なし）・B（部分的な修繕が必要）・C（大がかりな修繕が必要）と言った3段階程度で、コンディションをランク付けして記載し、確認の都度、更新していきます。
	メンテナンス状況	今までに行われたメンテナンスや定期的なメンテナンスの時期や周期を記載します。
	修繕予定	今後行われる予定の定期修繕や大規模修繕を記載します。

2. 固定資産の実査

　固定資産は使用するために長期間保有する資産であるために、使用しているうちに置場所が変わったり紛失していたり、換金性のあるものなら盗難にあう場合もありますし、現場が勝手に固定資産を購入して使用しているような場合もあります。また、稼働状況やコンディションを把握するためにも定期的に現物を確認しておくことが必要です。そこで**固定資産実査**と言って、固定資産の現物を確認し、固定資産管理カードや固定資産台帳上の記録と照合するとともに、稼働状況やコンディションを把握するための手続きを定期的に行うことが必要になります。なお、稼働状況やコンディションの把握は固定資産実査とは別に調査している場合もあります。

　固定資産実査を実施することで、固定資産管理の情報を実際に合わせて更新し正確な状態に保つことができるだけでなく、盗難といった内部の不正行為を防止することや固定資産が現在どのような状態で使用されているかを把握することができます。とくに固定資産の有無は固定資産台帳を通じて会計上の減価償却費や固定資産税の申告の正しさに影響を与えることを認識しておくことが大事です。

6

●固定資産実査の実施手順

固定資産実査は次のような手順で実施されます。

STEP1：固定資産取得時

固定資産管理カードの内容でも記載したように、個々の固定資産を特定するために固定資産管理番号を決めて、固定資産管理カードや固定資産台帳に記載するとともに、その管理番号を管理シールにして固定資産の現物に貼っておくことで固定資産が特定され固定資産実査が容易になります。固定資産の使用環境によっては汚れたり剥がれたりする場合もありますので、管理シールは汚れや擦れに強い素材で作っておくことが肝要です。

STEP2：固定資産実査のマニュアルと実施方法の共有

固定資産実査は全社的に実施しますので、実施者によってやり方にばらつきが生じる可能性があります。また、初めて固定資産実査をする場合は、どのように実施すればよいか実施者がわからないということも起こるでしょう。そこで、実施に先立って総務部門が中心になって固定資産実査を担当することになる現場の声も反映させながら固定資産実査に関するマニュアルを作成し、関係者で共有しておくことが有効です。必要があればマニュアルに関する説明会を実施するのもよいでしょう。

STEP3：固定資産実査リストの作成と配布

固定資産の現物管理を行っている部門単位や設置場所単位で、固定資産管理カードなどの情報から予め管理している固定資産をリストアップし、固定資産実査リストを事前に作成して配布します。固定資産管理カードを作成していれば詳しい設置場所情報が記載されていますので、リストアップもより詳細に行うことが可能になります（たとえば、○工場○棟の○階○側といったように）。

STEP4：固定資産実査の実施

固定資産実査当日はマニュアルにそって実施担当者が、部門単位又は設置場所単位に作成された固定資産実査リストと現物を照合していきます。実査では、ただ現物の有無をチェックするだけではなく、ちゃんと稼働しているか、壊れていないかといった稼働状況やコンディションのチェックも行います。照合する際には管理シールで確認すべき固定資産を特定します。実査が終了した固定資産には色シールなど

で目印をつけ二重カウントを防止します。もしリストにある固定資産がない場合は、しっかり探します。また逆にリストにない固定資産がある場合はリストの余白等に記録しておきます。設置場所レベルで実施担当者による実査が終了したら、管理責任者は設置場所全体を巡回し実査終了の目印に付けた色シールなどが付いていない固定資産がないか等確認します。

STEP5：実査差異の把握と原因分析

固定資産実査が終了したら、速やかに固定資産実査リストと現物の照合差異をリストアップし、現場で原因を分析します。一般的に差異原因になりやすいのは、固定資産の移動がリストに反映されていない、固定資産に該当するかが判然としない資産が存在している、現場で固定資産を勝手に廃棄してしまっていることなどです。

STEP6：実査結果の報告と記録の修正

現場で差異原因を分析した上で、実査結果が確定したら実査差異を総務部門に報告します。その報告を基に、固定資産管理カードや固定資産台帳に記載された情報を実査結果である現物の状況に合うように修正します。固定資産の計上漏れや廃棄処理漏れなど、修正内容によっては会計処理が必要になる場合がありますので、忘れずに会計処理も行います。

3. リース資産の管理

固定資産をリースによって保有している場合もあり、そのようなリースした固定資産を**リース資産**と呼びます。リース資産のうち、一定の要件を満たしたものは自社所有の固定資産と同じ管理が必要になります。つまり、リース資産について固定資産管理カードを作成し、管理番号を決めて管理シールを貼り、定期的に固定資産実査を実施します。なお、リース資産を自社所有の固定資産と区別するために、固定資産管理カードや管理シールの様式を自社所有の固定資産と区別している場合もあります。

22 固定資産台帳の整備・運用って何？

総務

固定資産台帳ってどんなもの？

固定資産台帳は、会計や法人税法の処理を正しく行うために必要な情報を把握し管理するために作る台帳です！

固定資産台帳とは

固定資産管理カードが固定資産の現物管理のために作成されるのに対して、固定資産台帳は会計や法人税法の処理に必要な情報を把握するために作成されます。

固定資産は長期間使用することを目的に保有され、その取得から廃棄まで数年から数十年を要するライフサイクルに、取得・費用化（償却）・固定資産関連税金の納付・修繕・廃棄（除却）及び売却といった様々な場面で会計処理を行わなければなりません。それらの会計処理を正しく行うためのすべての固定資産に関する情報を総務部門で一元的に管理するためには固定資産台帳の整備が不可欠となります。

固定資産台帳の項目

固定資産台帳には、正しい会計処理に欠くことができない項目に関して情報を記載しますが、特に法令等で定められた項目や様式はありませんので、自社にとって必要な項目について使いやすい様式で自由に作成することができます。なお、資産管理番号・資産名称・設置場所・管理部門・取得年月日・稼働開始日といった項目は、固定資産台帳の項目の一部ですが、固定資産管理カードと記載内容は同様であるため、以下では説明を省略します。

▼固定資産台帳の項目と内容

項目	内容
勘定科目名	建物・構築物・機械装置・工具器具備品・車両運搬具など、自社が会計上使用している勘定科目を記載します。
取得価額	固定資産の購入に要した金額を取得価額として記載します。取得価額は通常、購入本体代金に付随費用と呼ぶ使用できるまでにかかった費用を加えて計算します。
償却方法	一般的には、定額法か定率法か、その固定資産の減価償却計算方法を記載します。
耐用年数	固定資産が使用できる期間を耐用年数と呼びますが、一般的には法人税法が定める、法定耐用年数表にそって、当てはまる耐用年数を決定して記載します。
償却率	償却方法と耐用年数から算定された償却率であり、法人税法が定める償却率表にそって、耐用年数と採用する償却方法から当てはまる償却率を決定して記載します。
期首帳簿価額	取得価額から前期末時点までの減価償却累計額を控除した金額を、会計期間の期首時点における帳簿価額（期首帳簿価額）として記載します。
期中増加額・減少額	当期中の取得や除却・売却による増加額及び減少額を取得価額又は帳簿価額で記載します。
当期減価償却額	償却方法と償却率によって計算された当期の減価償却額を記載します。
減価償却累計額	当期末時点の減価償却額の累計額を記載します。
期末帳簿価額	取得価額から当期末時点の減価償却累計額を控除した金額を、会計期間の期末時点における帳簿価額（期末帳簿価額）として記載します。
備考	法人税法上の特例的な措置を適用したことなど所定の項目にない内容を補足して付記する際に使用します。

6

　固定資産台帳を整備したら、それぞれの固定資産の取得時・償却計算時・移動時・除却及び売却時に、必要な記載を固定資産台帳に行って固定資産の会計処理に必要な情報を継続的に把握します。

固定資産管理カードとの整合

　固定資産管理カードと固定資産台帳はその管理目的が異なるために記載項目及びその内容に相違があります。しかし、共通する項目については一致させておく必要があります。しかし、両者は管理している担当部門が異なるために記載内容に相違が生じる場合がありますので、両者の管理担当者がしっかり情報共有を行うとともに、互いの協力関係を作っておくことが肝要です。

固定資産関連勘定科目の総勘定元帳との整合性

　固定資産に関する記録には、固定資産管理カードと固定資産台帳以外に会計帳簿である総勘定元帳があります。とくに固定資産台帳は会計処理を正しく行うために整備された情報が記載された台帳ですから、当然そこに記載された情報は総勘定元帳に記載された情報と一致している必要があります。そこで、期末の決算手続きを行う際に、固定資産台帳の期首帳簿価額・当期減価償却額・減価償却累計額・期末帳簿価額については、勘定科目ごとの集計額と、対応する固定資産関係の総勘定元帳の記録を照合して一致を確認することが必要です。

第7章
不定期に発生する業務

1 借入・出資って何？

自己資金でやり繰りするのが苦しくなってきたので、親戚から
お金を借りようと思っているんだ。でも、株式を発行すれば返
済しなくてよいのだっけ？

親戚からお金を借りて返済できないと人間関係を壊すおそれが
あります。株式の発行は経営権に影響するからその点でも慎重
に考えないといけませんね

自己資金だけではいずれ苦しくなる

事業を始めるにも継続するにも資金が必要です。起業前にコツコツ貯めた貯金を
資本金にして事業を始めて、地道に稼いでいけば自己資金だけでどうにか資金繰り
はつくのではないかという淡い期待を持たれる方も多いと思います。

しかし、事業を行うと予期せぬ事が起こります。当初の見積より設備投資や経費
が高くつくこともありますし、期待していたほど売上があがらないこともあるでしょ
う。

黒字でもまだ油断できません。現金商売なら良いですが、掛け取引やクレジット
カード決済を利用していると売上のお金が会社の預金口座に振り込まれるまでに日
数がかかり、他方で先に経費が出ていくので預金残高はすごい勢いで減少していき
ます。**黒字倒産**という言葉があるように、損益が黒字でも資金繰りには注意しない
といけません。

資金繰りがいよいよ苦しくなってから、「このままでは倒産する！」と社長が慌て
て外部からの資金調達を考えても、さすがにその状態で融資や出資に応じてくれる
人を探すのは困難でしょう。

だからこそ、自己資金だけでやっていこうと決めつけずに、早めに**外部資金の調
達**を検討しておくべきです。

借入と出資の違いを理解しよう

借入も**出資**も外部からの資金調達という意味では共通です。それぞれ資金調達のためには相手との交渉が必要ですし、手続きにはそれなりに時間がかかります。

では、どちらでも良いのかというと、次の違いがあります。

▼借入と出資の特徴

	返済の要否	儲けの配分	経営への介入
借入	必要	利息（事前に条件確定）	なし（延滞しない限り）
出資	不要	配当（実際の利益に応じて）	あり（黒字でも赤字でも）

「返済の要否」という観点からは返済不要の出資が有利に見えます。次の「儲けの配分」という観点でも、借入の利息は決まった期日に支払う必要がありますが、出資の配当は事業が黒字で配当する余裕がある時だけ行えばよいわけですから、やはり出資の方が有利に見えます。

「よし、じゃあ出資で決定！」と思いたくなるかもしれませんが、最後の「経営への介入」についてもよく考える必要があります。

借入であれば、事前に締結した契約の条件を守って元本返済と利息の支払いを続けていれば基本的に貸主から経営に口出しされることはありません。もちろん、返済が滞るとなると厳しく督促を受けたり、財産の差し押さえをしてきたりすることもありますので、経営への介入が無いわけではありません。

他方、出資ですと配当しない限りは資金の流出は生じないのですが、出資した相手は貴社の株主になるわけですから、株主の権利行使として貴社の経営に口出ししてくることがあります。赤字なら文句を言ってくるでしょうし、黒字でも「もっとこうした方がよい」と言ってくることもあるでしょう。

借入と出資のどちらを選択すべきか

借入と出資の違いはわかりました。どちらも一長一短ありますので、貴社の状況に応じて判断することになります。

では、貴社の状況を把握するためにはどうすればよいのでしょうか？

過年度の決算書を見ればよいのでしょうか？　確かに貴社の過去の推移を見れば、将来の予想は「ある程度は」できるかもしれません。しかし、新規事業を行うための資金調達であればどうでしょうか。過去の決算書を見ていても何もわかりませ

7

んよね。また、既存事業の拡大のための資金調達だったとしても、既存事業を取り巻く経営環境は過去と必ずしも同じとは限りません。

となると、新規事業の立ち上げのためでも、既存事業の拡大のためでも、どうなるか完全には予想できない将来の見通しを立てて、その見通しに応じて資金調達の方法を具体的に決めていくことになります。

この「将来の見通し」のことを一般には**事業計画**と呼びます。事業計画を作成することで初めて貴社の最適な資金調達の方法が見えてくるのです。

「そんなもの作るより早く資金調達したい」と思った方もいるかもしれませんね。しかし、そういう時こそ、『急がば回れ』です。資金調達は一度実行したら後戻りできません。後悔しないためにも事業計画を作成して、将来の見通しをよく検討してから資金調達の行動に移りましょう。

2 事業計画の作成は？

事業計画は頭の中にはあるけど、口頭で説明するだけじゃだめ？

借入、出資ともに相手に納得してもらえないと前に進まないです。自分の頭の整理にもなりますので、面倒でも書面にまとめましょう

事業計画を作成する目的

●資金調達のため

金融機関から**借入**を受ける場合には、担当者に「この会社は貸したお金をきちんと決められた期日に返済してくれるだろう」と思ってもらう必要があります。また、その担当者も一人で融資実行を決められません。上司に説明するためにも貴社が作成した**事業計画**が重要な判断材料となります。

他方、**出資**を受ける場合にも、社長が以前に別の事業で大成功したという実績があれば話は別ですが、そういう実績が無ければ、これから行う事業がどれくらい儲かって株主にどれだけの利益をもたらすものかを説明する必要があります。

●社長の頭の整理のため

頭の中では絶対に成功すると思える事業でも、書面にまとめて改めて見直すと見落としていた課題や経営資源の不足等に気が付くものです。本当に外部からの資金調達をしてもよいものかを判断するためにも事業計画の作成は役立ちます。

●ビジョンの共有のため

社長が口頭で従業員や取引先に将来の夢や展望を熱く語っても、100％社長の**ビジョン**を伝えきることは難しいものがあります。数字や文章で社長のビジョンを見える化することで、事業への協力を得やすくなり、事業の成功確率が上がります。

7

事業計画の構成内容

●基本情報

　細かい事業内容の説明に入る前に、そもそも貴社はどんな会社なのかを説明する必要があります。**会社名**、**本店所在地**、**連絡先**、代表取締役の**プロフィール**、主な経営幹部の**プロフィール**、**創業年月日**、主な**事業内容**、**創業経緯・理由**、**存在意義**、**経営理念**などの基本情報を明らかにする必要があります。

●ビジネスモデル

　まずは、自社の**業務プロセス**として、具体的にどのようなモノやサービスを、どのように研究開発して、どこから仕入・外注・製造などを行って、どのように顧客に販売しているのかを明らかにします。

　次に、自社の**経営環境**として、ターゲットとなる市場規模や競合するライバル企業の顔ぶれを明らかにします。

　さらに、自社の**経営基盤**として、自社が保有する経営資源やライバル企業と比べた強みや経営課題を明らかにします。

●損益と資金繰りの予測

STEP1

　売上高の予測を行います。社長が単純に「来期の売上は1億円だ！」と数字ありきで決めるのは社内向けの目標という意味ではアリですが、資金調達のための事業計画という意味ではナシです。なぜなら、具体的な根拠が確認できないと、資金提供を検討している金融機関や投資家の信用を得ることはできないからです。

　そのため、「販売単価×販売数量」という掛け算にて売上高の予測を行うのが一般的です。これであれば、金融機関や投資家にとっても、売上高に関する計画の妥当性が検証しやすくなります。

STEP2

　売上原価の予測を行います。STEP1の売上高の予測のように「製造単価×販売数量」という掛け算にて予測するのが理論的ですが、簡便的に「売上高×原価率」という掛け算を用いることもあります。金融機関や投資家は同業他社の原価率を把握していることがあるため、原価率の妥当性にも配慮すべきです。

STEP3

　経費の予測を行います。人件費、賃料、水道光熱費、交際費、支払利息といった項目別にSTEP1の売上高の成長度合いとのバランスを踏まえつつ、予測を行います。この時、精緻なものを作ろうとしないことや、過少計上よりは過大計上を良しとすることをお勧めします。

STEP4

　損益予測をもとに、**資金繰りの予測**を行います。

7

3 銀行借入・返済って？

新規事業がうまく行くかわからないので、とりあえず多めに資金を借りて安心したいと思っているんだ

企業向けの融資では将来の返済の確実性が審査されます。「わからない」では済まされないので、融資の相談に行く前にしっかり準備しましょう

銀行融資を受けるまでの手順

● 資料を集める

　銀行融資の審査では、資料が一つでも不足していると審査が止まってしまいます。早期に融資を実行してもらうためにも、事前にきちんと資料を集めておくべきです。

　次の資料はすぐに出せるように準備しておきましょう。

　　①直近3期の決算書
　　②直近の月次試算表
　　③事業計画書
　　④会社の謄本（履歴事項全部証明書）
　　⑤印鑑証明書（法人＆代表者個人）
　　⑥法人の納税証明書

● 融資の希望条件を考える

　「借りられるだけ借りたいです」と銀行に伝えても、銀行から提案されることはありませんし、そんな無計画な相手にはそもそも融資をしてくれません。

　自社の決算書や試算表で現状の財政状態を確認したうえで、**事業計画**をもとに「どれくらいの資金があれば足りるのか」「どれくらいの金額なら毎月元本返済と利息の

支払いができるのか」を明らかにする必要があります。その上で、次の融資の希望条件を明確にしましょう。

①金額
②返済期間（元金据置期間）
③保証人の有無
④金利

●融資を申し込む

　自社の本店から最も近い銀行の支店に申込みます。近所の支店が複数ある場合には、事前に電話にて自社の本店所在地を伝えてどちらの支店に申し込めばよいのか確認しましょう。

●融資の面談を受ける

　まずは、事前に提出した資料の内容をきちんと自分の言葉で社長が説明できるように予習しておくべきです。「数字のことは部下に任せている」という言い逃れは銀行にマイナスの印象を与えることになります。

　また、その場を取り繕うための安易な嘘は絶対に避けるべきです。銀行融資は1回限りで終わるものではなく、継続して、信用を積み重ねていくものです。安易な嘘が後で発覚することで積み上げてきた信用を失うことは大きな損失です。

　最後に、会社の状況のみならず、社長個人の人柄も面談の中でチェックされます。社長個人の経歴や信用情報もチェックされることを意識すべきです。

銀行融資を受けた後の留意事項

●返済用口座を開設する

　銀行借入は毎月、期日までに返済額を指定口座に入金しておく必要があります。他の決済用口座と同じ口座で銀行借入も返済するとなると、直前になって口座残高の不足に気付くという事態も想定されます。そのため、銀行借入の**返済用口座**は通常の決済口座とは別に確保すべきです。

●融資の資金使途を意識する

融資の申込を行う際に、設備投資目的と銀行には説明したにも関わらず、運転資金に使っていたとなると、銀行に嘘をついたことになり信用を失いますし、契約違反であるとして一括返済を求められる可能性もあります。

●決算の都度、銀行担当者に説明を行う

融資決定後の決算書の提出は義務ではありませんが、銀行とのコネクションを維持・強化するためには社長自ら支店を訪問して**決算説明**を担当者に行うべきです。

また、銀行に説明を行うことを習慣付けることで、社長は自社の決算内容への理解を深めることができます。

さらに、銀行という社外の利害関係者の目を意識することで、過度な節税を自粛して、自己資本比率や利益率の向上を目指すようになります。これにより自ずと自社の財務基盤が強化されることになります。

4 出資の受入って?

経理

増資で払い込まれたお金って返済しなくてよいから気楽だね。
知り合いに声をかけてどんどん増資していきたいな

増資をすると既存株主の持株比率が減少します。創業者である
社長が100%株主であった時と比べると、経営の自由裁量の幅
が狭くなるので、増資のメリットとデメリットを理解してから
動きましょう

増資の募集方法

● 公募増資

広く一般投資家から応募者を募る方法。これは、株式公開企業が株式市場から大規模に資金調達を行う方法であり、中小企業では基本的には採用されません。もっとも最近では**株式投資型クラウドファンディング**という手法を採用する中小企業も見受けられます。

● 株主割当増資

既存株主の全員に持分割合に応じて増資による新株を割り当てる方法。それゆえ、各株主の持株比率に変化は生じません。

● 第三者割当増資

現在の株主であるか否かを問わず、特定の第三者に新株を引受ける権利を付与して、新株を引受けさせる方法。公募増資と違って、新しく株主になる人を会社側でコントロールできることから中小企業の資金調達手段としては多く採用されております。

7

増資のメリット・デメリット

増資のメリットとデメリットをまとめると次のようになります。

【増資のメリット】
①返済不要の資金調達であること。
②自己資本比率が高まること。
③信用力の向上につながること。

【増資のデメリット】
①経営者の持株比率の低下によって、経営の機動性が低下すること。
②稼得した利益を内部留保ではなく、配当するように要求されること。
③登記や登録免許税といったコストが発生すること。
④資本金1億円超になると中小企業向けの税制優遇措置の対象外になること。

増資における留意事項

●発行可能株式総数

会社を設立した際、将来的に発行が可能な株式の総数を決定して定款に記載するとともに**登記**しています。もし、既存の株式数と増資によって新規発行される株式数との合計株式数が、この発行可能株式総数を超えてしまう場合、発行可能株式総数そのものを引上げる手続きが必要となります。増資の登記を依頼している**司法書士**に事前によく相談すべきです。

●新株の発行価額

新株の発行価額については、適正な株価を事前に算定しておくことが必要です。税務上、適正な株価より低い価格で発行した場合、新株主として増資を引受ける個人・法人について課税問題が生じる可能性があります。そのため、増資を行う会社は新株主の課税問題にも配慮しつつ、具体的な新株の発行価額を決めるべきです。

●株主総会の議決権

第三者割当増資の場合、既存株主の持株比率を大きく変化させる可能性があるため、事前の検討が必要です。特に、経営者の持株比率が減少するケースでは、株主総会の決議を行うにあたり、従来は経営者の一存で決められていた議案について、事前に他の株主への協力を求める必要が生じることも想定されます。

●新株主の属性

第三者割当増資の場合、知人経由の紹介等により、これまでまったく会社と接点のなかった個人・法人が株主となることもあります。この時、新株主が反社会的勢力の関係者であることが後に判明した場合には、会社が実際には何も問題となる行為に関与していなかったとしても、株主に反社会的勢力の関係者がいることをもって、会社そのものも反社会的勢力の関係者として取引先等に扱われる可能性があります。そのため、知人経由であっても、増資の引受先のレピュテーションについては事前に確認すべきです。

7

5 税務調査対応って どうすればいい？

税務署から税務調査の連絡があった。どうしよう！？

落ち着いて対応すれば大丈夫ですよ。税務調査の流れを確認しましょう

税務調査には2種類ある

税務調査とは、税務署や国税局の職員が、会社が正しい税務申告・納税を行っているか調べることです。税務調査には、**強制捜査**と**任意調査**の2種類があります。

●強制調査

強制捜査とは、脱税が疑われる場合などに犯罪調査に準じた方法で行われる税務調査です。裁判所の許可を得て、捜索や差押えを行うことがあります。いわゆる「マルサ」の調査がこれにあたります。

●任意調査

任意調査とは、会社が正しい税務申告・納税を行っているか確認するために行う税務調査です。任意調査は強制捜査に比べると税務調査官に与えられている権限は弱いですが、調査官の質問への回答を拒否したり、検査拒否をしたりすると罰則が適用される可能性があるので注意が必要です。

誠実に税務申告をしていても数年に一度はやってくる

税務調査というと、「マルサ」のイメージが強く、脱税をしているような会社が狙われるように考えている読者の方も多いかもしれません。しかしながら、誠実に誤りなく税務申告をしていたとしても、税務調査はやってくるのです。

税務調査の頻度については、およそ3年に一度やってくるものと考えておきま

しょう。10年以上調査がきていない会社もあるようですが、一方、前回の調査で**指摘事項が複数**あったり、**決算が大きく変動**していたりする会社には、短期間で調査が来る可能性が高いようです。

書面添付制度の活用を検討してみよう

　税務調査の対象となる確率を減らすためには、税務申告の際、顧問税理士に**書面添付制度**を利用して申告してもらうようにしましょう。書面添付制度とは、税務申告の際に申告書に会社の会計処理や税務相談内容等を記載してもらい、会社がどのように会計処理をし、税務申告をしているかを説明してもらう制度です。これを利用することにより、税務調査の対象になったとしても、税理士への意見聴取だけで済む可能性があります。

　書面添付制度は税理士が関与していないと使えないので注意が必要です。税務調査が心配であれば、税理士と相談してみましょう。

調査前には事前連絡がある

　税務調査の際には、事前に税務署から税務調査の通知が行われます。通知が届いたら、税務署と調査の日時を調整します。調査日までに税務申告の際の領収書等の証憑類や各種会計帳簿を準備しておきましょう。普段、会計ソフトを使っていたとしても、紙に印刷して提出するように言われる可能性がありますので、事前に準備しておくとよいでしょう。

7

▼税務調査のスケジュール

調査前	実地調査	調査後
調査の2週間ほど前に事前通知があります。	調査官から社長に事業内容や業績推移について質問が実施されます。	調査官が税務署に持ち帰って検討する場合、結果の報告があります。
証憑類や会計帳簿の準備をしておきましょう。	請求書や領収書、契約書等の商標類の調査が実施されます。	修正が必要な場合には、税理士と相談の上、会計帳簿の修正と修正申告を実施しましょう。
	会計帳簿のチェックが実施されます。	
	調査官から調査結果が報告されます。その場で報告される場合もあれば、一度税務署に持ち帰ってから結論が出る場合もあります。	

6 人の採用
雇用と業務委託の違いって？

人事

一人では会社の業務をまわせなくなったので、一部をAさんに
お願いしたいのだけど、どのような方法があるのかな？

Aさんと、雇用契約か、業務委託契約や請負契約を締結するこ
とになります。雇用契約より、業務委託契約や請負契約の方が
一般に使用者には有利だと言われていいますが、雇用契約か、
業務委託契約や請負契約か否かは、業務の実態で決まり、簡単
には、業務委託契約や請負契約にはなりません

雇用契約とは〜雇用契約の特徴〜

雇用契約とは、労働者が労働に従事し、使用者がこれに対して賃金を支払うこと
を内容とする労働者と使用者の間の契約をいいます。

個人との契約が、雇用契約であり、労働基準法上の「労働者」にあたるのであれば、
使用者は、以下のような労働者に対する保護を与えねばなりません。

①雇用条件の不利益変更の禁止（使用者の一方的な都合で雇用条件を労働者
の不利益に変更させることは原則としてできないこと）
②解雇権濫用法理（使用者の一方的な都合で雇用契約を簡単に終了させること
はできないこと）
③有給休暇
④残業代規制
⑤社会保険（厚生年金、健康保険。但し、一定の就労条件を満たす場合）、労働
保険（雇用保険、労働災害保険）への加入義務

したがって、雇用契約であるか否かは実務上重要な意味を持ちます。

労働者性〜脱法的業務委託・請負は同意や書面があっても認められない〜

上記のような労働者保護のための規制を免れるため、名目上、業務委託契約、請負契約等の契約が締結されることがあります。

しかしながら、契約の名目にかかわらず、また、仮に、受注者が雇用契約でないことについて納得し業務委託契約書や請負契約書が締結されたとしても、**労働者性**の有無は、あくまで、実質的に判断されます。「労働者」として評価されると、会社が上記保護を与えねば違法となるのです。

雇用契約であり、労働基準法上の「労働者」にあたるのであれば、上記労働者保護の諸制度を適用しなければなりません。

労働者性判断の要素

「労働者性」については、一般的に、①使用者の指揮監督下の労働といえるか（受注者に裁量がないといえるか）、②報酬が労務の対価として設定されているか否か（報酬が賃金と似ていないか）、③事業者性がない（自らの計算と危険負担にて事業経営を行っていない）といえるかについて、判断されることとなります。

コメント

業務の具体的内容及びやり方に関する指示をしたい、業務の進捗状況等をきちんと管理し報告を受けたい、勤務時間や勤務場所を決めたいといった場合には、雇用契約を締結する必要がありますので、注意してください。

7

7 労働条件の決め方は どうする？

Aさんを従業員として採用したいのだけど、雇用契約を締結するにあたって、何を決めなければいけないのかな？

雇用契約の種類、労働時間・労働日、給与、業務内容、業務場所や、退職に関する事項等の雇用条件を従業員に明示する必要があります

雇用契約の種類 I 〜期間の定めの有無〜

まず、雇用契約の種類を決める必要があります。①期間の定めを設けて**有期雇用契約**を締結するか、②期間の定めを設けず**無期雇用契約**を締結するか、を決めるのです。両者の違いは、雇用の終了の局面で、以下のように異なります。

▼雇用契約の種類

契約の種類	期間の定め	原則	従業員からの辞職の申入れ（自己都合退職）	会社からの解雇
無期雇用契約	なし	期間がないので、原則として、定年まで雇用契約が継続する	従業員が辞職を申し入れたら、2週間後に雇用が終了	解雇事由があり、解雇権濫用といえないことが必要
有期雇用契約	あり	期間がきたら、更新されない限り、雇用契約が終了 ＊但し、雇い止めの無効、無期転換あり	雇用契約にて自己都合退職が認められていない限り、期間中、やむを得ない限り、雇用は終了しない	期間中、やむを得ない限り、雇用は終了しない

コメント

　長期間雇用する自信がないときは、期間の定めを設けて有期雇用契約にした方が、リスクが少ないといえます。なお、はじめから期間の定めのない無期雇用契約にするとしても、リスクを低減するには、試用期間を設けた方がよいでしょう。

雇用契約の種類II〜フルタイムと短時間労働

　また、雇用契約には、労働時間（日数）について、**フルタイム（常勤）**と**短時間労働（アルバイト、パート）**の二つがあります。短時間労働とは、1週間の所定労働時間（日数）が同一の事業所に雇用される通常の労働者より短い場合をいいます。週の所定労働時間がどのくらいかによって、社会保険、雇用保険の扱いが変わってきます。

コメント

　一般に、正社員、契約社員、嘱託社員などの言葉が使われることがありますが、法律上の言葉ではありません。法律的には、あくまで、①期間の定めの有無、②短時間労働者か否かの区別が重要となります。退職金・賞与、転勤や残業の有無は、制度設計の問題であり、期間の定めの有無や、短時間労働者か否かに直ちに連動しません。期間のない定めのない正社員であっても、退職金や賞与を支給しないこともできますし、反対に、期間の定めのある契約社員であっても、退職金や賞与を支給することもできます。

7

労働日・労働時間

　労働日・労働時間（始業時刻、終業時刻、休憩時間）を定める必要があります。法律に違反しない範囲で定める必要があります。

給与・手当等

　給与・手当等を定める必要があります。給与は、時給・日給・月給・年俸制などがあります。毎月1回以上支払わなければなりません。年俸制であっても、残業代は発生しますので、注意してください。なお、出来高払いは認められますが、労働時間に応じ、一定額の賃金の保証をしなければなりません。
　退職金・賞与の有無は自由に決めることができます。昇給の有無や時期も定めておいた方がよいでしょう。

業務の内容、就業場所、退職に関する事項（解雇事由等）

その他、業務の内容、就業場所、退職に関する事項（定年、解雇事由）等を定めます。

労働条件通知書、雇用契約書

以上の雇用条件については、労働条件通知書や雇用契約書の形で、雇用契約締結の際に、従業員に明示する必要があります。

厚生労働省で雛形を用意しています。

https://www.mhlw.go.jp/seisakunitsuite/bunya/koyou_roudou/roudoukijun/keiyaku/kaisei/dl/youshiki_01a.pdf

8 従業員採用時の手続きの概要って？

従業員を採用した時の手続きには何があるの？

①雇用契約の手続き、②社会保険の手続き、③雇用保険の手続き、④所得税・住民税の手続きがあります

採用時の手続き

従業員を採用した場合に必要な手続きの流れは以下のとおりです。

①雇用契約を締結し労働名簿を作成し必要な書類を預かる
②社会保険の手続き　　　　採用日から5日以内　　　年金事務所
③雇用保険の手続き　　　　採用の翌月10日まで　　ハローワーク
④所得税・住民税の手続き

7

雇用契約の締結と労働名簿の作成と必要書類の預かり

従業員の雇用条件を決め、雇用契約を締結したら（雇用条件の決め方は7-7節参照）、諸手続きに必要な以下の書類を預かり、労働者名簿を作成します。労働者名簿の雛形は、以下にあります。

https://www.mhlw.go.jp/bunya/roudoukijun/roudoujouken01/pdf/b.pdf

雇用条件通知書
誓約書（情報管理等）、身元保証書　＊必要があれば
健康診断書

住民票

マイナンバー

年金手帳

雇用保険被保険者証（前職がある場合）

源泉徴収票（前職がある場合）

給与所得者異動届出書（前職がある場合）

社会保険（健康保険・厚生年金）の手続き

　採用する従業員が、1週間の所定労働時間および1か月の所定労働日数が、同じ事業所で同じ業務を行っている正規従業員の4分の3以上であり、契約期間が2か月以上ある場合には、社会保険（健康保険・厚生年金）の加入義務があります。

　社会保険（健康保険・厚生年金）の手続きは、採用日から5日以内に年金事務所で行います。

雇用保険の手続き

　採用する従業員が、1週間の所定労働時間が20時間以上かつ、31日以上引き続き雇用される見込みがある場合には、雇用保険の加入義務があります。

　雇用保険の手続きは、採用の翌月10日までにハローワークで行います。

所得税と住民税の手続き

　必要な所得税と住民税の手続きを行います。

9 社会保険への加入はどうする？

人事

社会保険には正社員だけが加入するのでしょう？

正社員だけではありません。会社などに常時使用される従業員は基本的にはすべて社会保険の加入が義務付けられています

社会保険に加入すべき従業員

社会保険の適用事業所で働く「常時使用される」従業員とは労務の対象として賃金を受け会社と使用関係にある人をいい、国籍、年齢、給料の多寡、年金受給の有無や本人の意思に関係なく、原則として入社日から社会保険の被保険者になります。よって「被保険者資格取得届」を提出し社会保険への加入手続きが必要です。

入社から一定期間を試用期間としている場合も、最初に雇用された日から被保険者となります。また、労働保険と異なり、法人の代表者や役員も社会保険の被保険者になります。

なお70歳以上であらたに適用事業所に勤務する方（代表者や役員も含む）は、厚生年金の被保険者にはなりませんが、健康保険のみ適用を受け、「70歳以上被用者」という特別枠で適用を受けることになります。因みに健康保険の被保険者資格は75歳の誕生日に喪失し、その後は後期高齢者医療制度に加入します。

●短時間労働者の取扱い

アルバイトやパートタイマーでも、1週間の労働時間および1か月の所定労働日数が、同一の事業所に勤務する通常の従業員の所定労働時間および所定労働日数の3/4以上である従業員は、被保険者になります。

ただし、従業員数が501人以上の会社（特定適用事業所）では、以下の条件を満たす短時間労働者は、社会保険の被保険者となります。また、従業員数が501人以下の会社でも、労使合意に基づき申出をすれば以下の条件を満たす短時間労働者も被保

7

険者となることができます。

① 週の所定労働時間が20時間以上あること
② 給与の月額が8.8万円（年収106万円）以上であること
③ 勤務期間が1年以上見込まれること
④ 学生は適用除外。
　ただし、卒業見込証明書を有し、卒業前に就職して卒業後も引き続き同じ事業所に勤務する予定の方や、休学中の方、大学の夜間学部および高等学校の夜間等の定時制の課程の方等は被保険者となります。

社会保険の被保険者とならない従業員

　以下の従業員は「常時使用される」従業員とはみなされないため社会保険の被保険者にはなりません。

① 日々雇用される人
　ただし、1か月を超えて引き続き使用されるに至ったときは、その日から被保険者になる。
② 2か月以内の期間を定めて使用される人
　ただし、所定の期間を超えて引き続き使用されるに至ったときは、その日から被保険者となる。
③ 4か月以内の季節的事業に使用される人
　ただし、4か月を超えて引き続き使用される見込みがある場合は、雇用開始日から被保険者になる。
④ 6か月以内の臨時的事業の事業所に使用される人
　ただし、6か月を超えて引き続き使用される見込みがある場合は、雇用開始日から被保険者になる。
⑤ 所在地が一定しない事業所に使用される人

●入社日から自宅待機となった場合

　新たに雇用された人が、入社日から自宅待機とされた場合は、雇用契約が成立し

ていて、かつ休業手当等が支払われていれば、休業手当の支払い対象となった日から被保険者となります。

●任意適用事業所の従業員

社会保険への加入が法律で義務付けられている事業所以外の事業所であっても、従業員の半数以上が厚生年金保険等の適用事業所となることに同意し、事業主が申請して厚生労働大臣の認可を受けた場合は、社会保険に加入することができます。この場合は、強制適用事業所と同じ扱いになります。強制適用事業所が適用事業所の要件を満たさなくなった場合は、自動的に任意適用の認可があったものとみなし、被保険者資格を継続できるように規定されています。

なお、任意適用申請の事業所の場合、健康保険のみ・厚生年金保険のみのどちらか一つの制度のみ加入することも可能です。医院長が医師保に加入する常時5人未満の従業員を使用する個人事業のクリニックなどがこれに該当します。

●外国人の社会保険加入

基本的には日本人と同様、外国人も社会保険の被保険者となりますが、社会保障協定が締結されている国であって、派遣元国の保険者窓口で、その派遣元国の公的保険制度に加入していることの「適用証明書」を持っている外国人従業員は日本での社会保険の加入が免除されます。この「適用証明書」は会社でコピーを保管し、年金事務所の調査などで求められる際に提示すればよいのですが、その外国人従業員が日本の居住者となることで国民年金から加入の催促を受ける場合があります。その際は、「適用証明書」を提示し、個々に国民年金からの脱退の手続きをする必要があります。

扶養家族の社会保険加入

入社する社員に被扶養者がいる場合は、「被扶養者異動届」を提出します。これにより、健康保険からは被扶養者の病気・けが・死亡・出産についても保険給付が行われます。また、被扶養者が配偶者の場合は、国民年金の第3号被保険者に該当しますので、「国民年金第3号被保険者関係届」も同時に提出します。

●被扶養者の範囲

被保険者の直系尊属、配偶者（事実上婚姻関係と同様の人を含む）、子、孫、兄弟姉妹で、主として被保険者に生計を維持されている人が社会保険に被扶養者となりま

す。全国健康保険協会（協会けんぽ）HPに詳しく説明されていますので、そちらをご参照ください。

全国健康保険協会（協会けんぽ）HP
https://www.kyoukaikenpo.or.jp/g3/cat320/sb3160/sbb3163/1959-230/

被扶養者の収入要件

●対象家族が同一世帯にいる場合

　対象となる家族の年間収入が130万円未満（認定対象者が60歳以上又は障害厚生年金を受けられる程度の障害者の場合は180万円未満）であって、かつ、被保険者の年間収入の2分の1未満である場合は被扶養者となります。

　なお、対象となる家族の年間収入が130万円未満（認定対象者が60歳以上又は障害厚生年金を受けられる程度の障害者の場合は180万円未満）であって、かつ、被保険者の年間収入を上回らない場合には、その世帯の生計の状況を果たしていると認められるときは、被扶養者となる場合があります。

●対象家族が被保険者と同一世帯にいない場合

　対象家族の年間収入が130万円未満（対象家族が60歳以上又はおおむね障害厚生年金を受けられる程度の障害者の場合は180万円未満）であって、かつ、被保険者からの援助による収入額より少ない場合には、被扶養者となります。

　なお、収入要件については、自営業を営んでいる対象家族の場合は、収入から控除できる経費は事業所得の金額を計算する場合の必要経費と異なりますのでご注意ください。詳しくは管轄の年金事務所にご相談ください。

コラム

特定適用事業所

　特定適用事業所とは、平成28年10月の健康保険・厚生年金保険の適用拡大に伴って定義されたもので、同じ法人番号を有する法人（グループ）の厚生年金保険の被保険者数（短時間労働者を除き、共済組合員を含む）の合計が、1年で6か月以上500人を超えることが見込まれる場合は、特定適用事業所として短時間労働者拡大の対象となります。

10 雇用保険への加入は社会保険と同じなの？

人事

雇用保険に加入すべき従業員の範囲は社会保険と同じなの？

社会保険とは異なります。1週間あたり20時間以上働き、雇用開始日から31日間以上の雇用見込みがあれば、雇用保険に加入しなければなりません

雇用保険の概要

　基本的に、雇用開始日から最低31日間以上の雇用見込みがあり、1週間あたり20時間以上働く予定で、学生ではない（例外あり）場合は雇用保険の一般被保険者になりますので、管轄のハローワーク（公共職業安定所）に「被保険者資格取得届」を提出しなければなりません。

　雇用保険の被保険者には他にも種類があり、1週間あたり20時間以上働く場合であっても、季節的に雇用され（4か月以上）又は短期の雇用につくことを常態とする場合は短期特例被保険者となり、日々雇用される、又は30日以内の期間を定めて雇用される人で一定の要件に該当する場合は日雇労働被保険者となります。

　学生の場合、卒業見込証明書を有する者であって卒業前に就職し、卒業後も引き続き同一の事業主に勤務することが予定され、一般労働者と同様に勤務し得ると認められる場合は、雇用保険の加入対象者となります。また、通信教育、夜間、定時制の学生も最低31日間以上の雇用見込みと1週間あたり20時間以上働く条件であれば雇用保険加入の対象者となります。

　外国人の場合は、必ず就労可能かどうかを在留カードで確認し、「雇用保険被保険者資格取得届」に在留カード番号を記入しなければなりません。不法就労を見逃してしまうと会社も3年以下の懲役又は300万円以下の罰金対象となるため注意しましょう。また、雇用開始日から31日間以上の雇用見込みがなく、1週間の労働時間が20時間未満であるため雇用保険に加入しない外国人従業員の場合は、「外国人雇用

7

状況届出書」をハローワーク（公共職業安定所）に提出しなければなりません。なお、令和2年3月1日以降に雇入れた外国人についての外国人雇用状況の届出において、在留カード番号の記載が必要となります。

外国人留学生の場合は、必ず資格外活動の許可の有無を確認し、その範囲（原則、1週間当たり28時間以下）で労働時間を設定しなければなりません。なお、夏休みなど「学則による長期休業期間」は1日8時間まで拡大されます。

高齢被保険者

従来、65歳以上の従業員は雇用保険の対象外でしたが、平成29年1月1日以降は、65歳以上の従業員についても、31日以上の雇用見込みがあり、1週間の所定労働時間が20時間以上であれば高年齢被保険者として雇用保険が適用されるようになりました。ただし、保険料の徴収については令和2年3月31日までは65歳以上の被保険者の保険料は免除されていたのですが、令和2年4月1日からこの免除規定が廃止され、65歳以上の被保険者についても雇用保険料を納めなければならなくなりました。

11 入社に伴う所得税/住民税 関係の手続きって必要?

従業員が入社した際は、所得税や住民税についても手続きが必要なの?

新たに入社した従業員については、所得税や住民税についても取り寄せるべき資料や必要な手続きがあります

所得税関係の手続き

①入社した従業員が前職を退職した際に受けた源泉徴収票

　同じ年内に、前職で給与収入があった場合に必要です。複数の事業所からの収入があった場合は、すべて必要になります。この書類は、前職を退職した直後ですぐに発行されていない場合は年末調整準備まで待つことが可能です。

②扶養控除申告書

　給与計算を行うためには必須の書類ですので入社時に必ず記載してもらいます。**扶養控除申告書**は所得税の課税区分を決める重要な書類で、これを提出することで各種の税控除が受けられます。扶養控除申告書の提出がなければ、所得税額の計算の際、源泉徴収税額票の額面が高い「乙欄」で計算することになり控除が受けられません。従業員にはこの理由をしっかり理解してもらい、たとえ扶養している家族がいない場合であっても書類は必ず提出するよう促しましょう。

　なお、入社後も従業員が結婚や出産で配偶者が扶養に入ったり、逆に1年の途中から配偶者が就職などで扶養から外れたりした場合は、所得税の再計算が必要になるため、年末調整時に返却し、訂正の上再提出してもらいます。

7

▼【新】令和3年分　扶養控除申告書

令和3年分　給与所得者の扶養控除等（異動）申告書

出典：国税庁「令和3年分　給与所得者の扶養控除等（異動）申告書」（https://www.nta.go.jp/taxes/tetsuzuki/shinsei/annai/gensen/pdf/r3bun_01.pdf）より

住民税関係の手続き

●①入社した従業員が前職を退職した際に受けた給与所得者異動届出書

前職での給与から控除されていた住民税をスムースに継続するためには入社後直ちに市区町村に提出し手続きしなければなりません。手続きが遅れると、市区町村に相談のうえ各月の控除額が変更することになります。

●②普通徴収から特別徴収への切替申請書

入社前は普通徴収で課税されていた従業員について、入社後に特別徴収へ切替えをする場合は、その従業員が住んでいる市区町村にこの申請書を提出します。市区町村ごとに様式が異なりますのでインターネットでダウンロードするなどして手続きしてください。ただし、納期限を過ぎた普通徴収分や過年度分の税額を切替えることはできません。

▼特別徴収切替届出（依頼）書

<table>
<tr><td colspan="3">特別徴収切替届出（依頼）書</td><td>区使用欄</td><td></td></tr>
</table>

____年___月___日 提出 千代田区長 宛	特別徴収義務者（給与支払者）	所在地 （住所）	〒	※特別徴収義務者 指定番号			※市区町村ごと に異なります 新規の場合、納入書（ 要 ・ 不要 ）
		フリガナ			係		
		名 称 （氏名）	㊞	担当者 連絡先	氏名		
		代表者 職氏名			電話		ー ー
		法人番号					

【給与所得者】

	フリガナ			旧 姓		普通徴収 切替期別	期別を〇で囲んでください。 〔 1 ・ 2 ・ 3 ・ 4 ・ 〕期 以降を切替希望 ※ 普通徴収の納期限を過ぎたものは、特別徴収への 切替ができません。
	氏 名						
	生年月日	大正・昭和・平成　　　年　　　月　　　日				特別徴収 開始予定月	月分（　　　月　　　日納期分）から 特別徴収を開始します。
	1月1日現在 の 住 所	〒 千代田区				届出理由	1. 入社　　2. その他（　　　　　　　）
	現在の住所	〒 ※1月1日現在の住所と違う場合に記入してください。				月割額 の連絡	必要な場合のみ記入してください。 　　　月　　　日 までに連絡が必要
	普通徴収 通知書番号						

【添付書類】
1. 普通徴収の納付書（二重納付防止のため、残りの納付書（納期未到来分に限る）を添付してください。納税通知書は添付不要です。）
　　※ すでに納付済みの分や口座振替の場合は不要です。

【注意事項】
1. 普通徴収の納期限を過ぎたものは、特別徴収への切替ができません。本人が納めるように必ずお伝えください。
　　※ 普通徴収の納期限は年4回あるため、特別徴収への切替は、2か月程度の余裕を持って行ってください（市区町村ごとに通知の発送期日が異なるため）。
2. 65歳以上の方については、年金所得に係る税額を給与からの特別徴収に追加することはできません。
3. 用紙が足りない場合には、コピーしてお使いください。
4. 口座振替のご登録がある場合、納期限前でも切り替えられない場合がございます。ご了承ください。
5. 過年度の普通徴収分については、特別徴収への切替ができません。本人が納めるようお伝えください。

【提出先】〒102－8688　東京都千代田区九段南一丁目二番一号　千代田区役所 税務課 課税係

出典：千代田区ホームページ「普通徴収から特別徴収への切替申請書」（https://www.city.chiyoda.
lg.jp/documents/15170/2901tokuchokirikae.pdf）より

7

12 雇用契約はどのようなときに終わるの？

人事

従業員Aから、従業員から退職の申入れがあったけど、辞めて貰いたくないのだけど。一方で、従業員Bに辞めてもらいたいのだけど。どうしたらいい？

雇用契約がどのようなときに終了するか、類型別に正確に理解しないとトラブルになるので、注意しましょう

退職の類型（雇用契約の終了の原因）

　雇用契約終了の原因には、大きく分けて、①当事者の意思にかかるものと、②意思にかからないものとの2つがあります。

　また、期間の定めの有無、すなわち、有期雇用契約か、無期雇用契約かで、変わってきますので、雇用契約の種類の確認が必要です。

①当事者の意思にかかるもの
・合意退職（使用者・労働者による双方の合意）
・解雇（使用者による一方的意思表示）
・辞職・自己都合退職（労働者による一方的意思表示）

②当事者の意思にかからないもの
・期間の定め（有期雇用契約）
・定年
・休職期間満了による当然退職、行方不明退職

以下、代表的なものと留意点について説明します。

合意退職

　使用者・労働者が双方合意すれば、いつでも、雇用契約を終了させることができます。たとえば、使用者が退職勧奨をし、労働者がこれに応じた場合も、合意退職です。あとで合意があったことが争いにならないように、書面をとっておくとよいでしょう。

解雇

　使用者が一方的に雇用契約を終了させる場合が**解雇**です。解雇は、労働者保護の見地から、よほどの例外的事情がないとできないとされており、解雇の理由（解雇事由）に、①客観的合理性があり、②社会通念上相当であり、解雇権濫用にあたらないことが必要であり、解雇権濫用にあたる場合には、解雇は無効となります。就業規則がある場合には、解雇事由に該当するかどうかも確認する必要があります。なお、期間の定めのある契約（有期雇用契約）の場合は、「やむを得ない事由」が必要なので、期間の定めのない契約（無期雇用契約）より、解雇は困難です。

　手続き的には、労働基準監督署の除外認定を経ない限り、30日前の解雇予告か、30日分の解雇予告手当の支払が必要となります。また、従業員から求めたら解雇理由証明書を交付する必要があります。

コメント

　就業規則の解雇事由に形式的に該当するだけでは、解雇することはできません。一般に、横領等の重い不正行為でない限り、すぐに解雇することは難しいとされています。解雇の有効・無効は、問題行為の態様・程度・回数、これにより発生する業務上の支障の程度、問題点の指摘と改善の機会を付与の有無、配転可能性の有無などが問われますので、解雇したい場合には、解雇権濫用にあたらないか、慎重に検討する必要があります。

　なお、懲戒解雇の場合は、就業規則の懲戒解雇事由に該当した上で、普通解雇より更に重い解雇理由が必要となります。懲戒手続きをきちんと踏むこと、また、対象者に言い分を聞く弁明の機会を付与することも必要とされます。

　一般に想像されている以上に、解雇の法的ハードルは高いので、弁護士に相談することをお勧めします。

7

辞職・自己都合退職

　労働者が一方的に辞める場合が、辞職・自己都合退職です。辞職・自己都合退職の可否は、期間の定めの有無で異なってきます。

　期間の定めのない無期雇用契約の場合は、労働者が「会社を辞める」との意思を表示し、2週間が経過すれば、当然に雇用契約は終了します。退職の意思表示がなされれば、辞表が受理されなくとも、退職の効力は発生します。

　一方で、期間の定めのある有期雇用契約の場合は、自己都合退職が雇用契約や就業規則で認められていない限り、「やむを得ない事由」がない限り、労働者の都合で会社を辞めることはできません。

期間の定め（雇い止め、無期転換）

　期間の定めのある有期雇用契約の場合には、更新されない限り、期間が来れば雇用は終了するのが原則です。

　ただし、無期雇用契約と同視できたり、雇用更新の期待について合理的な理由が認められる場合には、違法な雇い止めとして、雇用が継続することがあるので、注意が必要です。

　また、雇用開始より、5年が経過して、労働者からの申込みがある場合には、有期雇用契約は、無期雇用契約に転換します（無期転換）。

　したがって、雇用の長期化を防ぐためには、更新の判断を慎重に行う必要があります。

定年（60歳以上の定年と65歳までの継続雇用義務）

　60歳以上の労働者には定年を設けることができます。定年を設けるか設けないかは自由です。また、定年を設けるとしても、定年を60歳から65歳の間に設けるときは、会社には65歳までの継続雇用の義務があります。実務上は、継続雇用をする際には、65歳までの1年ごとの有期雇用契約が締結されることが多いです。

13 従業員の退職時の手続きは どうしたらいい？

人事

従業員が退職したらどのような手続きをしたらいいの

①退職届等を預かり、②貸与品等の回収を行い、③私物を持ち帰って貰います。また、④最後の給与・退職金の支払いを行い、⑤社会保険、⑥雇用保険の手続きを行い、⑦源泉徴収票を作成し住民税の手続きを行い、⑧退職金に関する税金の手続きを行う必要があります

雇用契約の終了を確認する書類の作成・預かり

雇用契約の終了の原因 (7-12節参照) が、合意退職や、辞職・自己都合退職であった場合には、あとで雇用契約の終了の有無や時期が争われないように、合意退職書や退職届等を預かっておくべきでしょう。

また、入社時に退職後の秘密保持義務の誓約書を作成していない場合には、退職後も秘密保持義務を負う旨の誓約書を作成するとよいでしょう。

鍵・社員証等の貸与品の回収、メールアドレスの管理等

退職者から、鍵や、社員証、名刺、社用のパソコン・携帯電話等の貸与品を回収し、退職者のメールアドレスに退職者がアクセスできないようにアカウントを管理します。

私物の持ち帰り

退職者にロッカーや机の上の私物を持ち帰ってもらいます。

7

給与・退職金の支払い

　最後の給与は、従業員の請求がある場合には、通常の支払日ではなく、退職日から7日以内に支払う必要があります。退職金は予め定められた支払日で構いません。

社会保険（厚生年金・健康保険）の手続き

　退職者の健康保険被保険者証を回収し、退職日から5日以内に、社会保険（厚生年金・健康保険）の喪失手続きを行います。

雇用保険の手続き

　雇用保険被保険者資格喪失届を作成し、雇用保険被保険者離職証明書に本人の記入と押印を貰い、退職日から10日以内に、ハローワークに、雇用保険被保険者資格喪失届と雇用保険被保険者離職証明書を提出します。

源泉徴収票の作成と住民税の手続き

　退職者の所得税の処理のため、源泉徴収票を作成し、1か月以内に本人に送付し、住民税の手続きを行います。

退職金に関する税金の手続き

　退職者に、退職所得の受給に関する申告書を提出してもらい、支給後に、退職所得の源泉徴収票・特別徴収票を作成します。

14 社会保険・雇用保険の 喪失手続きはいつまでに すればいい?

人事

従業員が退職した場合の手続きはいつまでにすればいい?

社会保険は退職日から5日以内に管轄の年金事務所に、雇用保険は退職日から10日以内に管轄のハローワークにそれぞれ指定の届出を行います

「最終出社日」「退職日」「資格喪失日」の区別

従業員が退職すれば当然に社会保険や雇用保険の被保険者資格も喪失しますが、会社によっては、「最終出社日」と「退職日」「資格喪失日」を混同されているケースが散見されますので、改めて確認をお願い致します。

①最終出社日

文字通り会社に出勤する最終日ですが、残った年次有給休暇を消化して退職する場合などは、この日が退職日とは限りません。年次有給休暇の消化などがない場合は、この日が退職日となります。

②退職日

会社と雇用関係が正式に終了する日です。通常は退職届などに記載されていますが、退職日については、会社と従業員で確認すべきです。有期雇用契約の場合は契約更新や特段の変更などがなければ、契約満了日が退職日となります。なお、退職日の後に残った年次有給休暇を消化すると勘違いされている会社もあるようで、転職先で雇用保険資格取得ができない、などのトラブルの基ですので、ご注意ください。

③資格喪失日

社会保険では、退職日の翌日が資格喪失日になります。雇用保険では「離職日」といい、こちらは退職日のことをいいます。

7

社会保険の被保険者資格喪失手続き

退職日から5日以内に「被保険者資格喪失届」を管轄の年金事務所（事務センター）および健康保険組合（健康保険組合に加入している場合）に提出します。その際には健康保険被保険者証（本人およびすべての被扶養者分）を回収し届出に添えて返却します。回収できない場合は、「被保険者証回収不能届」を提出します。

厚生年金の場合

70歳になると厚生年金被保険者資格のみ喪失しますので、従来は70歳到達の届出を行っていましたが、平成31年4月1日から70歳到達日以前から同じ適用事業所に勤務し、70歳到達日以降も継続勤務する場合であって、70歳到達日時点の標準報酬月額にあたる給与額が70歳到達前と同額である被保場合は、この届出は不要になりました。ただし、70歳到達日時点の標準報酬月額に当たる給与額が、（降給などにより）70歳到達日前における標準報酬月額と異なる被保険者については、引き続き70歳到達届の提出が必要です。この場合は、従業員が70歳に到達した日（誕生日の前日）から5日以内に、管轄の年金事務所（事務センター）へ、70歳到達届を提出してください。

健康保険の場合

健康保険の被保険者資格は75歳の誕生日に喪失し、その後は後期高齢者医療制度に加入しますので、誕生日から5日以内に「被保険者資格喪失届」の「75歳到達」を選択し管轄の年金事務所（事務センター）に提出します。この場合、喪失日は誕生日（当日）になります。

雇用保険の被保険者資格喪失手続き

退職日から10日以内に、管轄のハローワーク（公共職業安定所）に「雇用保険被保険者資格喪失届」を提出します。退職する従業員が失業等給付の受給を希望する場合には、「離職票」も提出します。「離職票」は3枚複写になっていて、離職証明書の会社控、離職証明書（ハローワークに保管される）、離職票-2（ハローワーク提出後に会社を通して退職者に渡す）すべて同じ内容で記載し、「雇用保険被保険者資格喪失届」と共にハローワークに提出します。「離職票」には、添付書類として、退職者の労働者名簿、出勤簿（タイムカード等）、賃金台帳、退職届のコピー、離職理由が確認できる書類（雇用契約書のコピー等）が必要になります。

● **外国人の場合**

　雇用保険の被保険者であれば外国人の場合も日本人の手続きと同じですが、令和2年3月1日以降に離職をした雇用保険に加入していない外国人の場合、外国人雇用状況の届出において在留カード番号の記載が必要となりますのでご注意ください。

退職後の医療保険

　退職して健康保険の被保険者資格を喪失した人には、次の3つの選択肢があります。すべて退職者自身で手続きしますが、従業員から質問があったときにご活用ください。

① 任意継続被保険者
　退職後20日以内に各都道府県の協会けんぽ（退職した会社が健康保険組合に加入していた場合はその健康保険組合窓口）にて任意継続被保険者資格取得届を提出します。提出期日は、土日祝日も含めて20日以内ですで、20日を過ぎると手続きできませんのでご注意ください。

② 国民健康保険への加入
　会社から交付される「社会保険資格喪失証明書」を住んでいる市区町村の国民健康保険担当課に提出し手続きします。その際、国民年金の切替えも同時に行います。
　※倒産・解雇などで非自発的に退職した方は、雇用保険の離職票を提示し（雇用保険の特定受給資格者又は特定理由離職者の場合）国民健康保険料（税）が軽減される場合があります。

③ 家族の被扶養者になる
　健康保険に加入している家族の勤務する会社を通じて手続きします。

7

15 退職に伴う所得税／住民税 関係の手続きって必要？

従業員が退職した際も、所得税や住民税について手続きが必要なの？

所得税については「給与所得の源泉徴収票」を、住民税については「給与所得者異動届出書」を作成して、退職する従業員に渡さなければなりません

所得税関係の手続き

●退職時の「給与所得の源泉徴収票」

その年の初めから退職までの期間の収入額と、給与から控除した税額、社会保険料額等を記載した「給与所得の源泉徴収票」を会社が発行します。受給者交付用を退職者に渡します。この書類は退職者が年内に転職する場合、転職先の会社に提出の必要があるため、遅くとも退職日の1か月後までに発行しましょう。なお、退職者に交付するこの書類には、マイナンバーは記載しません。ただし、税務署には年末調整後の法定調書合計表と一緒に提出しますが、この際にはマイナンバーの記載が必要となります。注意しましょう。

●退職金を支払った場合、「退職所得の源泉徴収票」

この書類は、退職金が支払われた際に発行し、支払った退職金の額と所得税額が記載されます。退職所得の源泉徴収票を給与所得と別に発行するのは、退職金と給与とでは所得税の計算方法が違うからです。

●「退職所得の受給に関する申告書」

退職金を支払う際に退職者から記名・押印したこの書類を提出してもらう必要があります。通常は会社が予め作成し退職者にて確認してもらいます。

この書類が退職者から提出されれば、退職所得控除を適用し軽減された源泉所得税を控除しますが、提出されない場合は20.42%の源泉税が退職金に課せられます。

この場合は、退職者が自分で確定申告を行い、差額の還付を受けなければなりません。

▼退職所得の受給に関する申告書

住民税関係の手続き

●「給与所得者異動届出書」

　従業員が退職後に転職し、新勤務先で特別徴収を継続する場合は、この書類を作成して退職者に速やかに渡します。

退職金に関する所得税・住民税

　退職金から控除するのは退職所得にかかる所得税と住民税です。社会保険料や雇用保険料は控除しません。

退職金にかかる所得税

　従業員から「退職所得の受給に関する申告書」を受領する場合には、**20.42%**の源泉税ではなく、次の手順で計算します。

　①退職所得控除額を以下の式で計算する

勤続年数	退職所得控除額
20年以下	40万円×勤続年数（この額が80万円未満の場合は80万円）
20年超	800万円＋70万円×（勤続年数－20年）

注）退職者が在職中に障害者に該当することになって退職した場合は、勤続年数に関係なく100万円を加算した額が控除されます。

　　勤続年数が1年未満の場合は1年として計算します。

　②退職所得額(A)＝(退職金の額－退職所得控除額)× 0.5

　　(退職所得額は1,000円未満の端数は切捨て)

　③所得税額＝{②(A)退職所得額×(B)所得税率－(C)退職所得控除額}×1.021

退職所得の源泉徴収税額の速算表

(A) 課税退職所得金額	(B) 所得税率	(C) 控除額	所得税額＝((A)×(B)-(C)) 102.1%
195万円以下	5%	0円	((A)×5%)×102.1%
195万円超330万円以下	10%	97,500円	((A)×10%－97,500円)×102.1%
330万円超695万円以下	20%	427,500円	((A)×20%－427,500円)×102.1%
695万円超900万円以下	23%	636,000円	((A)×23%－636,000円)×102.1%
900万円超1,800万円以下	33%	1,536,000円	((A)×33%－1,536,000円)×102.1%
1,800万円超4,000万円以下	40%	2,796,000円	((A)×40%－2,796,000円)×102.1%
4,000万円超	45%	4,796,000円	((A)×45%－4,796,000円)×102.1%

退職金にかかる住民税

所得税で計算した退職所得額に次の税率を乗じて計算します（100円未満の端数は切捨て）。

市民税 ＝ 退職所得額 × 0.06
県民税 ＝ 退職所得額 × 0.04

退職時の手当で税務上は退職所得扱いとなるもの

●解雇予告手当

労働基準法第20条により、会社が従業員を解雇するときは、少なくとも解雇の日の30日前に予告するか、平均賃金30日分の解雇予告手当を支払わなければなりません（又は1日につき平均賃金1日分の解雇予告手当を支払うことで、その日数分の期間を短縮することができます）。この解雇予告手当は、所得税法においては退職所得として扱われますので、退職金同様に所得税とは別に税額計算を行わなければなりません。解雇予告手当のほかに退職金が支払われれば、この額を合算して退職所得にかかる所得税を計算しなければなりません。

●有給の買取り

海外では退職時の有休買取は一般的なようですが、日本では、法律で定められた日数分の年次有給休暇は原則として、退職時以外は禁止されています（法律を上回る有休については禁止されていません）。退職時についても、会社には有休を買い取る義務はありませんが、退職する従業員から請求された場合など多くの会社では認めているケースが多いです。退職時に一時金として買い取るため、これも退職所得として税額を計算します。ただし、退職日前に残った有休を消化する場合は、退職所得にはあたりませんので、通常の有休と同様に給与として処理します。

7

16 退職金の支払いはしないといけない？

退職金って必ず払わなければならないの？

退職金の支払いは法的義務ではありません。しかしいったん会社が支払うと約束し、支払条件を定めた場合は法的義務が発生しますのでご注意ください

退職金支払いが法的義務となる場合、ならない場合

　会社にとって退職金の支払いは法的義務ではありません。従業員が退職金を請求する権利は、会社がその支給条件を明確にして支払いを約束した場合に、初めて法的権利が発生します。ですので、そのような具体的な合意がない場合には、いかに長期間勤務したとしても、退職金を請求することはできません。

　しかし、退職金に関する規程等がない場合でも、労使の慣行として、退職金の慣行が長期間にわたって反復継続されており、会社と従業員の双方ともそれについて異議を唱えたこともなく、明文化されてはいないものの会社の定める退職金の基準が一定のルールとして認識されているような場合であって、合理的な理由もない場合には、退職者によっては退職金を支給しないということは許されないケースもあります。ただし、労使慣行が一貫しておらず、退職金が支払われない退職者も存在し、支給基準についてもあいまいで経営者の裁量に任されている場合は、具体的な退職金の支払いについての労使慣行があったとは言えないと考えられます。

●退職金制度導入の必要性

　起業したばかりの会社にとっては、退職金制度の導入はずっと先の目標かもしれませんが、退職給付（一時金・年金）制度がある企業数割合は企業全体では80.5%、100人未満の企業でも77.6%（厚生労働省平成30年就労条件総合調査結果）で何らかの退職給付（一時金・年金）制度があることを考慮すると、優秀な従業員の定着のためには考えていく必要があるのではないでしょうか。

● 退職金を導入する際の必要条件

いずれにせよ、会社として退職金支給の有無については、従業員を雇用する際に明確にしなければなりません。支給すると決めた場合は、就業規則、退職金規程、給与規程や雇用契約書などに退職金の決定、計算及び支払い方法、支払い時期など支給条件について明記する必要があります。ただし、いったん規程等に明記されると、退職金は、労働基準法第11条に定める「賃金」と同様な解釈がされ、「後払い賃金」ということで支払いに関する法的規制がかかります。むやみに支給基準を下げると法違反にも該当しかねませんので、無理のないよう長期にわたって運用できる条件を定めることをお勧めします。

退職金制度の仕組み

退職金には、退職時に1回限りで金銭等を支給する「一時金」と、定期的に一定の金額を給付する「年金」の2種類があり、それぞれ「退職一時金制度」「企業年金制度」と呼ばれています。また、定年退職時に支給されるもの、自己都合や会社都合で退職する際に支給されるもの、高齢期に支給されるもの、死亡の際に支給されるものなど支給時期も様々です。

退職金は会社が原資を準備しますが、支払期間は会社に限らず、退職金共済、生命保険会社、企業年金基金等の外部機関から支給される場合も多いです。外部機関から支給される場合には、会社は外部機関に対し毎月積立を行います。

退職金制度の種類と積立方法

退職金制度についての詳細は、様々な書籍で紹介されていますので、ここでは、中小企業向けで主な退職金制度の種類と特徴を挙げるにとどめます。

● 退職一時金制度

退職一時金は、退職金規程で定められた金額を、退職時に会社が一括で支払う制度で、基本的に会社の内部留保により原資を積立てます。

会社で一時的に資金が必要になったときにこの退職金積立額を使用することが可能ですが、いざ退職金を支払う際に内部留保の積立不足が起きても、退職金の支払義務を免れることはできないというリスクがあります。

会社が生命保険会社と契約し（法人保険）外部に積立てる方法もあります。内部留保の積立金と運転資金との区別が付かなくなってしまうリスクを回避できます。た

だし、平成31年の国税庁による生命保険の税務上の取扱い見直しにより、節税効果が低くなりました。

●中小企業退職金共済制度（中退共）

中退共は、法律に基づいて設立され、独立行政法人勤労者退職金共済機構・中小企業退職金共済事業本部（機構・中退共）が運営している国の制度です。会社が機構・中退共と契約し、毎月の掛金（全額非課税）を金融機関に納付します。従業員が退職したときに機構・中退共から直接従業員の口座に退職金が支払われる、という仕組みです。手続きが簡単で会社には資産運用リスクがなく、中小企業にとっては退職金制度を導入しやすい制度とされていますが、一度加入すると、経営状態が苦しくても途中での解約や減額は難しく、毎月の固定費が増額します。2年以上勤務して掛金相当額の退職金となるため、従業員の定着率向上のための効果として速効性はありません。また、懲戒解雇による退職金給付額の減額は可能ではあっても手続きが難しく、減額できてもその分が会社に返金されることがない、というデメリットがあります。

なお、退職金共済制度として中退共が最も有名ですが、小規模事業や個人事業主向けの小規模企業共済制度や、業種別の退職金共済や商工会議所等が運営する特定退職金共済という制度があります。

●企業型確定拠出年金制度（企業型DC）

会社が毎月掛金を積立て、従業員が自ら年金資金を運用する制度です。企業型DCは、企業が運用するのではないため、掛金や運用方法は従業員個人任せとなり、企業がすべての支払い責任を負わなくてもよいというメリットがあります。最終的には積立てた資産（退職金の支給額）が減少しても企業には補填する義務がありませんので、企業にとっては導入しやすい制度です。

●確定給付企業年金

確定給付企業年金法に基づいて実施される企業年金制度であり、「規約型」と「基金型」の2種類があります。原則として終身又は5年以上の有期年金となっています。毎年、積立金が責任準備金額（継続基準）、最低積立基準額（非継続基準）を上回るかを計算し、不足がある場合は法令に従い掛金を見直す必要があるため、中小企業が導入するには敷居が高い制度です。

「規約型」は、会社が従業員の同意を得て、制度内容を定めた年金規約に基づき、

掛金を信託銀行など外部に拠出することにより、その年金資産を管理・運用し、年金給付を行うものをいいます。「基金型」とは、厚生年金基金のことをいい、事業主が従業員の同意を得て、別法人として設立された企業年金基金が、年金規約に基づき年金資産を管理運用するものをいいます。

　「基金型」は設立に必要な加入者数が原則として300人以上となっていますので、中小企業の場合は、ほとんどの場合、同業種団体などグループで設立します。掛金は、原則として事業主が負担しますが、本人同意の上、1/2以内で従業員負担とさせることも可能です。

退職一時金の給付額の算定方法

　中小企業が独自に退職金の給付額を設計する場合、代表的な算定方法としては次の2つがあります。

① 給与比例制

　　退職時の給与（又はその一部）に勤続年数に応じた支給率を乗じて給付額を算定する方法。退職事由に応じて2種類の支給率を設定する場合が多い。

② ポイント制

　　勤続年数、資格等級などに応じたポイントを毎期累計し、退職時の累計ポイントにポイント単価を乗じて給付額を算定する方式。

　　年功序列的賃金体系を成果配分的な性格を取り入れる際、同時に年功的な給与比例制退職金制度も見直す流れからポイント制を採用する企業が多くなっています。

7

17 休職と休業、何が違う？

休職と休業って何が違うの？

休職は主に私傷病などで会社を休む場合をいい、休業は産休など法律で認められた事由により会社が該当する従業員を休ませる場合をいいます

休職と休業の定義

休職とは、業務外での負傷や疾病（私傷病）等によって、一定期間療養のため仕事を休む必要があるときに、会社が労働義務を免除することをいいます。休職期間は従業員の都合で労務が提供できませんので、休職期間中の給与の支給は会社に義務付けられてはいません。その代わりに、私傷病の場合は、健康保険から傷病手当金が支給されます。

これに対して休業とは、産前産後休業や育児・介護休業など法律で認められた事由により仕事を休むことや、会社の都合で従業員を休業させることをいい、政府の方針に協力するためとはいえ新型コロナウイルス感染症等の影響に対応するための休業などは会社都合の休業に含まれます。

産前産後や育児・介護休業については、健康保険法や雇用保険法に基づく給付金があり、その間会社が給与を支払わなくても通常給与の概ね66〜67％程度の支給があります（ただし、支給額には上限があることと、育児休業の場合は最初の6か月間が67％でそれ以後は50％の支給率となるなど一定程度の制限があります）。

会社都合の休業については、労働基準法第26条により会社の責任で発生した休業に対して平均賃金の60％以上の休業手当の支払いを義務付けています。

休職規程と休職届

休職は就業規則を作成する場合の絶対記載事項ではありませんが、ほとんどの会社で就業規則に記載されています。それは、休職者対応する人事・労務担当者も迷うことが非常に多いため、いざ休職者が発生したときに慌てないよう、事前に取るべき対策やルールを定めておくことが大切だからです。もし、会社の規程に休職ルールが定まっていなくても、休職に入る前に従業員と次の事項を取決め、休職届を提出してもらい決められたルールを書面（電子媒体でも可）で残すことをお勧めします。

①休職期間と延長の有無、休職期間が満了となった場合の取扱い
②休職中の給与支給の有無
③傷病手当金が支給される場合はその手順
④休職中の社会保険料や住民税の支払方法
⑤復職の際の手続き
⑥休職中の連絡先

●休業の前に整えるべきこと

休業期間に会社が支給すべき休業手当については、本来は100％支給されるはずの給与が60％に減ってしまい従業員の生活に支障が生じることが多いため、就業規則や雇用契約書に記載することをお勧めします。また、現状の規程等に記載がない場合は、休業に入る前に休業協定書を作成し、労使で休業期間の条件について話し合って合意を得ておくことをお勧めします。

●休業手当

休業期間中に従業員への最低保障として支払義務のある労基法第26条で定める「平均賃金の60％以上の休業手当」について、平均賃金は簡単に説明すると、「算定すべき事由が発生した日以前3か月間」に支払われた「賃金の総額」をその「3か月間の歴日数」で除した額（日額）となります。

「算定すべき事由が発生した日以前3か月間」とは、月給者については直近の賃金締め日から遡って3か月間です。「賃金の総額」は基本給のみならず、通勤手当や残業手当などすべての手当を含む総額です。ただし、3か月を超える期間ごとに支払わ

7

れる賃金（賞与）や私傷病手当など臨時に支払われる賃金や通貨以外のもので支払われる賃金は除きます。総日数は歴日数なので土日休日を含みます。

　ただし、上記はあくまで最低保障としての休業手当ですので、会社が60%を超えて90%、100%を支払っても法律的には全く問題がありません。また、計算方法について、歴日数を使った平均賃金を使わず、通常の給与計算のような日割計算として、所定労働日数を使えば、休業手当の額が増加する場合が多いです（下記の計算例を参照のこと）。新型コロナウイルス感染症等への対策として雇用調整助成金を申請した会社では、平均賃金の代わりに日割り計算で休業手当を計算したところも多く、実際、突然の休業で困窮する従業員に少しでも生活保障が手厚くなるよう考慮した会社も多かったと思われます。

休業手当計算（1日の額）で、日割計算又は平均賃金をも使った場合の比較

休業開始日：令和2年5月1日

給与計算期間：毎月1日〜末日

基本給：300,000

通勤手当：15,000円

家族手当：3,000円

平均賃金を使った場合（令和2年2月1日から4月30日の歴日数を使用）

(300,000円＋15,000円＋3,000円)×3÷(29日＋31日＋30日)＝10,600円

日割計算を使った場合（2/1〜4/30で週日すべてを所定労働日として計算）

(300,000円＋15,000円＋3,000円)×3÷(18日＋21日＋21日)＝15,900円

18 契約の基礎

総務

契約を締結するとき、どんなことに気を付けなければいけないの?

自分がどのような立場で、どのような取引をしたいのかを反映することが重要です

契約に関する民法・商法等の基本ルール

●契約締結・相手方の自由

契約は、当事者間で、「この内容で契約を成立させたい」という申込みの意思表示と、「その内容で良い」という承諾の意思表示の合致により成立します。

契約を締結するか否か、誰と締結するかは、当事者の自由に委ねられています。契約が成立すると、その内容に応じて、以下のような法的な効果が得られます。

各当事者に義務や権利が生じる

　具体的な義務を契約通りに履行しない等、要件を満たした場合には、債務不履行責任等の責任を問うことができる(=最終的には裁判所に救済してもらえる)

●契約方式の自由

原則として、契約は、意思表示の合致さえあれば成立します。書面を作成しなくても、口頭合意でも契約は成立します(契約の方式の自由。なお、後記「契約「書」を作成することの意義・重要性」参照)。

但し、例外的に、法令に特別の定めがある場合には、契約を成立させるために書面の作成等が必要となることがあります。

7

　たとえば、①保証契約（特に、事業の債務について個人保証する場合は、公正証書である必要があります）や、②一定の定期借地契約、定期建物賃貸借契約等は、書面作成が契約成立の要件とされています。

●契約内容の自由

　契約の中身としてどのような内容を盛り込むかは、原則として、当事者の自由です。契約は、当事者間の合意した内容で成立するのが原則です。

　但し、例外的な場合ですが、公序良俗（公の秩序、善良の風俗。社会の道徳）や、強行規定（合意でも変えられない絶対的なルールとして定められた法令の条項）に反する場合は、合意内容が無効となることもあります。

　強行規定には、たとえば、定型約款の規定、借地借家法・下請法・消費者契約法等の弱者を守る法、独占禁止法（経済市場の公正・自由な競争を守る法）等があります。

▼適用の優先順位のまとめ

①公序良俗・強行規定
（合意でも変えられない法令上のルール）
→
②契約内容
（当事者の合意）
→
（合意がない部分の補充として）
③任意規定（合意で変えられる法令上のルール）

※一般論として、民法・商法の契約法に関する規定は任意規定であることが少なくなく、異なる内容を契約で定めること（特約）により排除することが可能です。そして、契約に定めのない事項については、任意規定があればその内容に従うことになります。

契約内容のチェックポイント

　契約作成においては、自分の意思・意図していることを漏れなく反映するため、以下の視点から検討することが重要になります。

　①取引の開始から終了まで、トラブルを含め様々な場面を想像し、意図する条件を確定する（後記表参照）

②その内容を契約として定める必要があるかどうか確認する

　この条項を書かない場合どうなるのか（任意規定はどのような内容か）、書いた方が自分に有利なのかどうか

③契約に定めたことが違法・無効な内容でないか確認する

「契約チェック」は、上記③違法・無効な内容になっていないかだけを確認すれば良いわけではなく、上記①のような想像力が必要になります。特に上記①の点は、弁護士等の専門家に相談する場合も、積極的に情報共有すると、より自分のニーズに合った契約書を作りやすくなります。

▼契約で定めることが多い事項のパターン

1	取引の内容、取引方法の詳細

どういう取引をしたいのか
相手方にやってほしいこと、禁止したいこと
自分がやらなければならないこと、やりたいこと
取引を実行する際の手順、期日、確認方法等

2	取引の成果・負担の配分

成果（共同開発における知財等）の取扱い、収益の分配、費用負担等

3	取引関係維持の前提、終了の条件

前提条件、表明保証（反社条項も一例）、契約期間、解約、解除事由
（なぜその取引を行うのか、どのような場合には目的を達成できなくなるので終了させるか等）

4	トラブルの処理方法、リスクヘッジ

生じやすいトラブルについて、誰がどう対応するか
どういう場合に、どちらがどういう責任を負担するのか

7

取引条件をチェックする視点（立場による相違）

取引契約は、通常、

①商品・役務を提供する義務を負い・お金を受け取る権利を有する側

②お金を払う義務を負い・商品・役務の提供を受ける権利を有する側

のように、立場が分かれます。

　このように、前記「契約内容のチェックポイント」の①取引条件を検討する際、自分がどちらの立場に立つのかによって、見るべきポイントが大きく変わります。

▼取引条件検討時の視点の違いの例

商品・役務提供等の義務を履行する側・ 金銭を受ける側の視点	金銭を払う側・商品・役務提供等を 受ける側の視点

1 取引の内容、取引方法の詳細

相手方にやってもらいたいこと

対価が明確か **最低購入量等**は不要か	**商品・役務の特定**が十分か **品質・仕様の指定**が十分か

独占権を与える場合：**条件**・違反時の独占権終了

相手方に禁止したいこと

仕様等の一方的変更の禁止 **他社との取引の制約**・専念義務	**再委託等の禁止**・制限

自分のやらなければならないこと・やってはならないこと

納期、仕様・品質を守れるか	**検収、最低購入量等**を守れるか

相手方に**(広範な)独占権**を与えていないか

自分ができるようにしておきたいこと

再委託等 信用不安時の**納品停止** 代金支払までの**所有権留保**	納期に遅れた場合の**受領拒絶** 相手方への**調査等**

資力担保のための手当て（**取引保証金、担保設定**、期限の利益喪失・**相殺予約**）

2 取引の成果・負担の配分

成果を積極的に利用したいのか、相手方の利用を制限したいのか

≪利益分配を受ける場合≫ **金額は具体的・一義的**か	≪利益分配をする場合≫ **自社側が赤字にならない分配額**か
≪費用を負担してもらう場合≫ **費用全て**カバーされているか 条件・金額上限なし	≪相手方の費用を負担する場合≫ **合理的な範囲**に限る、**上限額** **裏付け資料**

3 取引関係維持の前提、終了の条件

資力保証	**生産設備、能力、品質等**の保証

取引を終わらせられると困るのか、終わらせられないと困るのか（契約期間の短長、一方的解約の可否・条件、解約事由の多少等）

4 トラブルの処理方法、リスクヘッジ

≪相手が対応者となる場合≫ 対応方針について要同意とする、対応者 による**拡大損害**は負担しない等	≪自分が対応者となる場合≫ **相手方の協力義務** **広範囲の費用・損失等**の請求権

クレーム対応や回収判断基準等・費用負担について、事前に合意

債務不履行等の責任の制限 (ex.故意・重過失のみ、損害範囲を限定、 金額・期間を制限)	**債務不履行等の責任の拡大**

契約「書」を作成することの意義・重要性

前記のとおり、原則は、契約方式は自由であり、口頭でも契約は成立するのですが、「法務実務」としては、一般的に「契約書を作るべき」と考えられています。

これは、まず、書面に記載することで、契約の内容を明確にし、記録化することができるためです。また、後日訴訟となった場合、合意があったのか・どのような合意であったかが問題となる場合、契約書は極めて重要・有力な証拠として扱われます。

裁判所は、契約書等が存在する場合、特段の事情がない限り、契約書等に記載どおりの事実を認めます。また、反面、特に企業間の取引については、「企業間取引では、契約書を作成するのが通常である」という経験則もあるため、契約書が存在しない場合、そのこと自体が「契約は成立していなかった」と判断される一要素となり得ます。

コメント

訴訟になった場合、裁判所が、まず証拠等に基づいて、事実が何であったかを判断し（事実認定）、その事実を踏まえた上でどのような結論になるのかについて法的に評価（たとえば、原告が請求している金銭の支払いが法的に認められるべきか等を判断）します。

▼契約「書」作成の形式面でのポイント

タイトル（名称）	名称が何であるか（「契約書」か「覚書」か等）は、契約の効力には関係がありません。書類管理の観点から、わかりやすいタイトルを付ければ良いです。
当事者の特定	義務を負わせる相手を当事者にする必要があります。
契約締結日	実際に合意した日を記載します。契約の効力を生じる日（有効期間の開始日）は、締結日と別にすることも可能です。
当事者の署名又は記名押印	契約当事者本人の意思で書いていることを証拠づけるものです。法人の場合は法務局に届け出ている代表印、個人の場合は実印が最も確実です。
契印等	契約書が複数頁にわたる場合、頁を差し替える等の偽造を防止する観点から、製本して背表紙に押印したり、頁の間に押印する等します。

7

業務委託契約についての留意点

民法上は、「業務委託」という契約類型は定められていません。契約の内容に応じて、請負か委任かのいずれか（あるいはその両方の性質を併せ持つ）と解釈されることになります。

特に委託者側の場合、相手（受託者側）に求めることを具体的に特定することが、正確な契約を作成する第一歩となります。

コメント

契約作成時に、請負と委任のどちらを意識すべきかは、希望する取引内容や立場により変わります。

一般的には、請負の方が仕事完成の重い義務を負わせるため、特に成果物を求める場合には委託者に有利であるといわれています。もっとも、事案の内容に応じて、結果だけではなく、委託業務の遂行過程について責任を問いたい場合（受託者による積極的な助言を期待する場合等）には、請負と委任の両方の受託者の義務・責任を取り入れて契約書を作成することも考えられます。

▼請負と委任の違い

	請負	委任
契約の目的	委託された**仕事を完成する**こと	委託された**事務を処理する**こと
受託者の義務	**仕事を完成する義務**	**善管注意義務**
報酬請求	（原則）**仕事完成後**でなければ請求できない。 （部分請求可） 以下の場合で、可分な部分の給付により委託者が利益を受けるとき ・委託者の帰責によらない事由で完成できなくなった場合。 ・完成前に解除された場合	（原則）**委任事務履行後**でなければ請求できない。 （履行割合に応じて請求可） ・委任者の帰責によらない事由により事務を履行できなくなった場合。 ・委任が履行の中途で終了した場合
契約解除	（委託者） 原則仕事完成までの間はいつでも、損害賠償すれば可。 **（受託者）** **不可**。但し、委託者の破産時は、仕事完成前のみ可。	両者ともいつでも可。 但し、以下の場合は、やむを得ない事由があるときを除き、損害賠償義務を負う。 ・相手方が不利なときに解除した場合。 ・受任者の利益も目的とする委任の解除である場合
瑕疵担保	**責任あり**	**なし**
報告義務	なし	あり（委任者の請求時、終了時）
収入印紙	必要（2号、7号文書）	原則不要（7号の可能性はあり）

以下では、最もシンプルな例として、役務提供を委託する場合（調査業務の継続的なアウトソーシングを念頭に、報告書等の成果物を特段求めない事例）の契約書例を掲載します。

▼業務委託契約の例

業務委託契約書

　○○○○（以下「甲」という。【注：委託者】）と○○○○（以下「乙」という。【注：受託者】）は、次のとおり業務委託契約（以下「本契約」という。）を締結する。

第1条　（業務委託）
　　甲は、乙に対して、以下の業務（以下「本件業務」という。）を委託し、乙はこれを受託する。
　　①　○○○○
　　②　○○○○
　　③　これらに付随する業務であって甲及び乙が別途合意したもの

第2条　（対価等）
1　本件業務の対価（以下「委託料」という。）は、月額金○○円（消費税別）とする。
2　甲は、乙に対し、翌月末日までに当月分の委託料を下記振込口座に振り込む方法により支払う。なお、振込手数料は甲の負担とする。
　　　　○○銀行○○支店　　普通預金
　　　　口座番号　　○○○○○○
　　　　口座名義　　○○○○○○
3　本件業務の遂行に必要な交通費、宿泊費は甲が負担し、その他本件業務の遂行に通常発生する実費は乙が負担するものとする。

第3条　（本件業務の遂行）
　　乙は、善良なる管理者の注意をもって、本件業務を遂行する。

第4条　（途中終了時の委託料）
　　本契約が解除その他の事由により途中で終了したときは、甲は乙に対して、終了までになされた履行割合に応じた額の委託料を支払うものとする。

第5条　（報告）
　　乙は、甲からの請求があったときは、本件業務の履行の状況に関して、直ちに書面により報告しなければならない。

7

19 秘密保持契約って何？

総務

秘密保持契約って何？

「情報受領側が、開示側に対して、秘密保持義務を負うこと」を義務付ける契約です。情報の授受に先立って、最初に締結されることが多い契約です。受領側なのか、開示側のどちらにたつのか注意する必要があります

秘密保持契約の内容の骨子

秘密保持契約で骨子となる権利関係は、「受領側が、開示側に対して、秘密保持義務を負うこと」に尽きます。

より詳しく見ると、秘密保持義務の内容は、大きく分けて以下になります。

- ・情報の適正な管理
  （アクセス制限、コピーの制限、案件終了時の返却・廃棄等）
- ・第三者への開示の禁止・制限
  （開示して良い範囲の設定。開示した第三者にも義務を負わせ、第三者の違反についても責任を負う。）
- ・目的外利用の禁止・制限

　たとえば、企業間で業務提携や資本提携の検討を開始する場合には、まず、どのような提携があり得るのかを探るため、相互に情報を開示しあうことになります。この際、自社が開示した情報が、他の目的に利用されたり、公開されたりしないよう、情報交換を開始する前に秘密保持契約を締結することがあります。

　また、その他の取引契約等でも、取引に関して相互に開示する情報等について、契約書の中に守秘義務条項を含めるのが一般的です。

　その他にも、たとえば、役職員の入社や退社に当たり、役職員に対して、社内で知りえた情報について守秘義務を守る旨の誓約書の提出を求めることもあります。

コメント

　契約書とするか、誓約書（差入式）とするか、ご相談を受けることがあります。

　誓約書は、一方当事者が相手方に対して、「私はこういう義務を負う」と約束する書面です。差し入れる一方当事者の意思が記載されるだけであり、受取人の意思は記載されないため、受取人の義務は記載できません。

　相手方から誓約書を差し入れるよう求められた場合は、相手方に追わせたい義務がないか（秘密保持義務でいえば、相手方に秘密を守らせたい情報がないか）確認し、もしあれば、契約書書式にするよう求める必要があります。

契約内容のチェックの視点

7

　秘密保持契約も、自身がどのような立場に立つのかによって、チェックの視点が大きく異なります。

　秘密保持契約に記載される条項は定型的ではありますが、秘密保持契約書のサンプルや前例を用いる場合は安易に流用・使いまわすのではなく、当該サンプル等が、情報を開示する側だったのか、受領する側だったのか、どのような情報（どれほどセンシティブで秘密度の高い情報）をやりとりする場面を想定していたのか等に注意しましょう。

▼秘密保持契約の考え方

	情報受領側＝義務負担者	情報開示側＝権利者
基本的な立場	秘密保持義務は軽い方が有利	秘密保持義務は重い方が有利
秘密情報の定義	【狭くする】 ・開示方法等を限定する ・例外を多くする	【広くする】 ・開示方法等は限定しない ・例外を少なくする
情報管理義務	【軽くする】 開示する必要がある人に開示できるようになっているか	【重くする】 目的外利用の禁止が漏れていないか
秘密保持の期間	【短くする】	【長くする】
損害賠償	【限定する】	【拡張する】
その他	余計な義務が混ざっていないか要確認（情報開示義務、独占交渉義務等）	

　秘密保持契約については、経済産業省からサンプルが開示されています。経済産業省（https://www.meti.go.jp/policy/economy/chizai/chiteki/）のリンク「秘密情報の保護ハンドブック」をたどると、「秘密情報の保護ハンドブック～企業価値向上に向けて～」（平成28年2月）というPDFの163頁に秘密保持契約書の例が示されています。

第4　業務提携の検討における秘密保持契約書の例
（他社との業務提携の検討にあたり、当該企業同士が用いる契約書の例（＊1））

秘密保持契約書

＿＿＿＿＿＿＿株式会社（以下「甲」という。）と＿＿＿＿＿＿＿株式会社（以下「乙」という。）とは、＿＿＿＿＿＿＿について検討するにあたり（以下「本取引」という。）、甲又は乙が相手方に開示する秘密情報の取扱いについて、以下のとおりの秘密保持契約（以下「本契約」という。）を締結する。

第1条（秘密情報）（＊2）（＊3）（＊4）
　本契約における「秘密情報」とは、甲又は乙が相手方に開示し、かつ開示の際に秘密である旨を明示した技術上又は営業上の情報、本契約の存在及び内容その他一切の情報をいう。
　ただし、開示を受けた当事者が書面によってその根拠を立証できる場合に限り、以下の情報は秘密情報の対象外とするものとする。
　① 開示を受けたときに既に保有していた情報
　② 開示を受けた後、秘密保持義務を負うことなく第三者から正当に入手した情報
　③ 開示を受けた後、相手方から開示を受けた情報に関係なく独自に取得し、又は創出した情報
　④ 開示を受けたときに既に公知であった情報
　⑤ 開示を受けた後、自己の責めに帰し得ない事由により公知となった情報

第2条（秘密情報等の取扱い）
1. 甲又は乙は、相手方から開示を受けた秘密情報及び秘密情報を含む記録媒体若しくは物件（複写物及び複製物を含む。以下「秘密情報等」という。）の取扱いについて、次の各号に定める事項を遵守するものとする。
　① 情報取扱管理者を定め、相手方から開示された秘密情報等を、善良なる管理者としての注意義務をもって厳重に保管、管理する。
　② 秘密情報等は、本取引の目的以外には使用しないものとする。
　③ 秘密情報等を複製する場合には、本取引の目的の範囲内に限って行うものとし、その複製物は、原本と同等の保管、管理をする。（＊5）
　④ 漏えい、紛失、盗難、盗用等の事態が発生し、又はそのおそれがあることを知った場合は、直ちにその旨を相手方に書面をもって通知する。
　⑤ 秘密情報の管理について、取扱責任者を定め、書面をもって取扱責任者の氏名及び連絡先を相手方に通知する。（＊6）
2. 甲又は乙は、次項に定める場合を除き、秘密情報等を第三者に開示する場合には、書面により相手方の事前承諾を得なければならない。この場合、甲又は乙は、当該第三者との間で本契約書と同等の義務を負わせ、これを遵守させる義務を負うものとする。
3. 甲又は乙は、法令に基づき秘密情報の開示が義務づけられた場合には、事前に相手方に通知し、開示につき可能な限り相手方の指示に従うものとする。

第3条（返還義務等）
1. 本契約に基づき相手方から開示を受けた秘密情報を含む記録媒体、物件及びその複製物（以下「記録媒体等」という。）は、不要となった場合又は相手方の請求がある場合には、直ちに相手方に返還するものとする。
2. 前項に定める場合において、秘密情報が自己の記録媒体等に含まれているときは、当該秘密情報を消去するとともに、消去した旨（自己の記録媒体等に秘密情報が含まれていないときは、その旨）を相手方に書面にて報告するものとする。

第4条（損害賠償等）
　甲若しくは乙、甲若しくは乙の従業員若しくは元従業員又は第二条第二項の第三者が相手方の秘密情報等を開示するなど本契約の条項に違反した場合には、甲又は乙は、相手方が必要と認める措置を直ちに講ずるとともに、相手方に生じた損害を賠償しなければならない。

第5条（有効期限）

7

（次ページに続く）

本契約の有効期限は、本契約の締結日から起算し、満〇年間とする。期間満了後の〇ヵ月前までに甲又は乙のいずれからも相手方に対する書面の通知がなければ、本契約は同一条件でさらに〇年間継続するものとし、以後も同様とする。

第6条（協議事項）
本契約に定めのない事項について又は本契約に疑義が生じた場合は、協議の上解決する。

第7条（管轄）
本契約に関する紛争については〇〇地方（簡易）裁判所を第一審の専属管轄裁判所とする。

本契約締結の証として、本書を二通作成し、両者署名又は記名捺印の上、各自一通を保有する。

平成＿＿年＿＿月＿＿日

（甲）＿＿＿＿＿＿＿＿＿＿＿
（乙）＿＿＿＿＿＿＿＿＿＿＿

（＊1）秘密保持契約書を締結する場合のほか、業務提携に係る契約の中で上記の例のような秘密保持条項を盛り込む場合も考えられます。なお、本例のように、業務提携に係る契約とは別に秘密保持契約を締結する場合には、業務提携に係る契約書において、別途、秘密保持契約書を締結する旨を明示し、何に関連する秘密保持契約であるのか等、契約関係を明確にすることが有効です。

（＊2）この他、業務提携に向けた検討の事実それ自体が秘密情報に含まれると定めることもあります。その場合、業務提携の検討の事実については、第5条に定める有効期限は他の秘密情報と比べて相対的に短く、自動更新条項は置かずに6か月～2年程度となることが一般的です。また、業務提携を合意した時点での当該業務提携の事実についての公表は、事前に双方同意のもとで行う旨を併せて規定することも考えられます。

（＊3）秘密保持の対象とする情報の定義と呼称（例えば、「企業秘密」、「秘密情報」など。）については、当該開示の趣旨や取引慣行等に応じて様々なものが考えられます。なお、上記では「一切の情報」と書いていますが、秘密保持の対象となる情報の特定ができる場合には、できる限り具体的に行うことが重要です。

（＊4）秘密情報の対象をより明確化するためには、秘密保持の対象情報を別紙でリスト化し、随時更新することも考えられ、その場合には以下の規定を追加することも考えられます。

> 甲が乙に秘密である旨を指定して開示する情報は、別紙のとおりである。なお、別紙は甲と乙とが協力し、常に最新の状態を保つべく適切に更新するものとする。

また、口頭や映像等で情報が開示される場合に備え、以下の規定を追加することも考えられます。

> 甲又は乙が口頭により相手方から開示を受けた情報については、改めて相手方から当該事項について記載した書面の交付を受けた場合に限り、相手方に対し本規程に定める義務を負うものとする。

> 口頭、映像その他その性質上秘密である旨の表示が困難な形態又は媒体により開示、提供された情報については、開示が相手方に対し、秘密である旨を開示時に伝達し、かつ、当該開示後〇日以内に当該秘密情報を記載した書面を秘密である旨の表示をして交付することにより、秘密情報とみなされるものとする。

（＊5）複製を行うことについては、事前の書面による承諾を求めると、受領者において情報の円滑な活用が阻害される可能性が懸念されます。そこで、以下のような条項を設け、いつどのような複製物を作成したかをリスト化し、返還・消去の対象を明確化することも考えられます。

> 複製物を作成した場合には、複製の時期、複製された記録媒体又は物件の名称を別紙のとおり記録し、相手方の求めに応じて、当該記録を開示する。

（＊6）取扱責任者等、秘密情報の授受を行う窓口を決定し、当該窓口経由でのみ秘密情報の開示を行う場合も考えられます。

出典：経済産業省「秘密情報の保護ハンドブック～企業価値向上に向けて～」（平成28年2月）163～164頁より

コラム

秘密保持契約書の限界（情報管理の重要性）

　秘密保持契約については、「秘密保持契約を締結すればもう安心である、どんな機密情報も開示して良い」というような、誤った認識を持たれることが少なくありません。しかし、秘密保持契約に違反したことを理由として、相手方の行為を差止めたり、相手方に損害賠償を請求することは、現実には困難なことが多いです（特に、自社に生じた損害を立証することや、その損害が相手方の漏洩により生じたものであるという因果関係の立証が困難です）。

　自社の企業秘密の防衛として、本当に漏洩されて困るものについては、目的に照らして必要最小限の開示に留める（不用意に開示しない）、開示するとしてもその場で回収する・写しをとれない工夫をする等、契約書外での手当も行うことが重要になります。

7

313

20 定款変更・登記の変更ってどんな手続き？

総務

定款や登記事項の内容を変える場合、どのような手続きが必要
になるの？

定款の変更は、通常、株主総会の特別決議が必要になります。
また、登記は、変更が生じたときから2週間以内に、法務局に
変更登記の申請を行います

定款の変更とは

　定款とは、会社に関する基本的な事項を記載する、会社の最も根本的な規則です
（2-2節参照）。

　会社設立時に原始定款を作成しますが、その後、会社の根本的なあり方を変える
場合は、定款の内容を変更する（条項を変更したり、追加したり、削除したりする）必
要が生じます。

　定款の変更が必要となる場面としては、たとえば、以下のような場合が挙げられ
ます。

　・商号、目的、本店所在地等の変更
　・株式の内容や、発行可能株式総数の変更
　・種類株式の発行
　・機関設計の変更　等

　原始定款では、通常附則として、設立に際して出資される財産の価額、設立後最初の事業年度、設立時取締役、発起人の氏名等が記載されていますが、その後の定款変更時に、あわせて、これらの附則（設立時にしか関係しない内容）を削除することが実務上多いといえます。

　東京株式懇話会のホームページ（https://www.kabukon.tokyo/data/）で定款モデル（簡易版）が一般公開されています。

定款の変更の手続き

　基本的には、株主総会の特別決議が必要になります。なお、一部例外として、株主総会の特殊決議や全株主の同意が必要となることがあります。

　定款変更は、設立時における定款作成とは異なり、公証人の認証は不要です。したがって、定款変更決議により効力が発生します（ただし、例外的に、反対株主の保護手続きが必要になる場合もあります）。効力発生日は、定款変更の決議で定めることができます。

登記の変更

　株式会社は、法人登記について登記事項に変更が生じた場合、原則として変更が生じたときから2週間以内に、変更登記を申請しなければなりません。

7

　なお、定款の記載事項と登記内容は必ずしも一致しませんので、定款の変更以外の場合でも、たとえば、役員の選解任や、増資や減資による発行済み株式総数の変更が生じた場合等には、登記変更の申請が必要になります。

　登記申請については、申請内容によって添付すべき書類や押印すべき印鑑の種類等も異なる上、実務の運用も変更されることがありますので、事前に司法書士等の専門家に相談しておくと確実です。

21 個人情報やマイナンバーはどう管理すればいい?

個人情報やマイナンバーはどのように取り扱えばいいの?

個人情報は、個人情報保護法に従って適切に取り扱わなければいけません。また、マイナンバーは、マイナンバー法に従い、適切に取り扱う必要があります

個人情報管理

個人情報の保護と適切な利用を図るため、平成15年5月に「個人情報の保護に関する法律」(以下、「個人情報保護法」といいます) が成立し、平成17年4月に全面的に施行されました。当初は、一定規模を超えた民間事業者のみを対象としていましたが、平成27年の個人情報保護法の改正で、すべての民間事業者が個人情報保護法の適用対象となることになりました。

昨今では、重大な個人情報の漏洩事件が世間を騒がせたこともあります。また、個人情報保護法に違反してしまうと、場合によっては、罰則を科されることもあります。そのような事態を防ぐためにも、正しく個人情報保護法の規制を理解しましょう。

●個人情報とは…

「個人情報」とは、①**生存する個人に関する情報**であって、②その情報により**特定の個人を識別することができる**もの (**他の情報と容易に照合することができ, それにより特定の個人を識別することができることとなるものを含む**) をいうとされています (個人情報保護法第2条1項1号)。

つまり、従業員や顧客の氏名などは、この情報により特定の個人を識別できることから、個人情報に当たります。それだけでなく、たとえば、自社の顧客に付けたお客様番号は、それ自体では特定の個人を識別することはできませんが、データベースに保存されている他の情報と容易に照合することができ、それにより特定の個人

を識別することができるならば、それは個人情報に当たります。

　また、平成27年の改正法では、個人情報に、新しく、「個人識別符号」という概念が追加されました（同法第2条1項2号、同条2項）。これは、①**生存する個人に関する情報**であって、②**指紋認証のデータなど身体の一部の特徴を変換した符号等や、各個人に異なるように割り当てられる符号等**をいい、新たに「個人情報」に含まれるようにしたものです。たとえば、基礎年金番号や運転免許証番号などが挙げられます。

● 個人情報と会社との関わり

　上記のとおり、「個人情報」とは何かが理解できたら、次は、実際に会社における個人情報の取扱いを、個人情報保護法に従って、適切なものにしていく必要があります。そのためには、まず、自社がどのような個人情報を扱っているのか、その個人情報は自社のどこにあるのか（どの部署が管理しているのか）を、正確に把握する必要があります。

　たとえば、従業員の氏名、生年月日、住所、連絡先や、社会保険の手続きを行うための基礎年金番号や被保険者証番号といった個人情報を人事部の担当者が保有していると思います。また、顧客や取引先の氏名、連絡先といった個人情報を営業部の担当者が保有していると思います。

　自社のどこに、どのような個人情報があるのかを把握できて初めて、個人情報の管理を適切に行うことが可能となります。

● 個人情報の管理方法

7

　自社の保管する個人情報が把握できたら、次は、実際に個人情報保護法に則った個人情報の保管・管理方法を実践していく必要があります。

　個人情報保護法ガイドラインの内容に従うと、以下のような管理方法が推奨されています。なお、個人情報保護法ガイドラインにおいて、従業員の数が100人以下の個人情報取扱事業者は、原則として、緩和された管理方法をとることが許容されていますので、自社がこれに該当するかどうか、どのような方法を講ずれば足りるのか、確認しましょう。

▼個人情報保護法ガイドラインにおける個人情報の管理方法

措置の内容	具体的手法の例
①基本方針の策定	・「事業者の名称」、「関係法令等の遵守」、「安全管理措置に関する事項」、「質問及び苦情処理の窓口」等を基本方針に記載。
②個人データの取扱いに係る規律の整備	・取得、利用、保存、提供、削除、廃棄等の段階ごとに、取扱方法、責任者（担当者）及びその任務等について定める取扱規程の策定。
③組織的安全管理措置	・組織体制の整備 ・個人データの取扱いに係る規律に従った運用 ・個人データの取扱状況を確認する手段の整備 ・漏えい等の事案に対応する体制の整備 ・取扱状況の把握及び安全管理措置の見直し
④人的安全管理措置	・従業員の教育
⑤物理的安全管理措置	・個人データを取り扱う区域の管理 ・機器及び電子媒体等の盗難等の防止 ・電子媒体等を持ち運ぶ場合の漏えい等の防止 ・個人データの削除及び機器、電子媒体等の廃棄
⑥技術的安全管理措置	・アクセス制御 ・アクセス者の識別と認証 ・外部からの不正アクセス等の防止 ・情報システムの使用に伴う漏えい等の防止

　上記した対応がなされているかどうか、それが適切な対応かどうかは、個人情報保護委員会が公開している下記のチェックリストにて、確認することができます。ぜひ活用しましょう。

https://www.ppc.go.jp/files/pdf/Self_assessment_checklist.pdf

マイナンバー管理

　平成28年1月に、行政手続きにおける特定の個人を識別するための番号の利用等に関する法律、通称「マイナンバー法」が施行されました。マイナンバー制度は、わが国の住民票を持つ者に対して「個人番号」を付与し、主に社会保障と税金の分野で、「個人番号」という12桁の共通の番号を利用することにより、行政事務の効率化等を図ることを目的とする制度です。

　民間の会社は、平成28年1月以降、たとえば、社会保険関係の書類や源泉徴収票に従業員の個人番号を記載しなければならなくなるなど、他者の個人番号を取得することが必要不可欠となりました。そのため、民間の会社は、マイナンバー制度をしっかり理解して、法令に違反することがないよう、努めていく必要があります。

●マイナンバーと会社との関わり

まず、会社がマイナンバーと関わりを持つ場面は、いくつかあります。以下では、代表的な場面を、紹介していきます。

従業員からマイナンバーを取得する

会社が最もマイナンバーを取得する機会が多いのが、従業員からです。以下では、従業員からマイナンバーを取得して、個人番号を記載する必要がある代表的な例を挙げます。

▼従業員からマイナンバーを取得する代表的な例

分 野		代表的な例
社会保障	健康保険・厚生年金保険等	健康保険・厚生年金保険被保険者新規適用届 健康保険・厚生年金保険被保険者資格取得届・喪失届 健康保険被扶養者届
	労働保険等	雇用保険被保険者資格取得届 雇用保険被保険者資格喪失届
税金		源泉徴収票（給与所得、退職所得等） 給与所得者の保険料控除申告書 給与所得者の扶養控除等申告書

取引先からマイナンバーを取得する

取引先からマイナンバーを取得し、個人番号を取得する必要のある代表的な例としては、以下のとおりです。

▼取引先からマイナンバーを取得する代表的な例

代表的な例
報酬、料金、契約金及び賞金の支払調書 　ex.弁護士報酬、講演料、原稿料など
不動産の使用料等の支払調書 　ex.不動産を賃借して賃借料を支払っている場合
不動産等の譲受けの対価の支払調書、不動産等の売買又は貸付けのあっせん手数料の支払調書

株主からマイナンバーを取得する

株主からマイナンバーを取得し、個人番号を取得する必要のある代表的な例としては、剰余金の配当、利益の配当、剰余金の分配、基金利息の分配、配当等を支払う際の支払調書が挙げられます。

●マイナンバーの管理

　マイナンバーに関しても、マイナンバー法ガイドラインにおいて、個人情報と同様の管理方法をとることが推奨されています。

　もっとも、個人情報とマイナンバーとの大きな違いは、「マイナンバーは、法律で定められた目的以外で取得してはならないし、利用してはならない」という点です。たとえば、会社が、社内で、従業員の営業成績を管理する目的で個人番号を取得したり、利用したりしてはならないのです。マイナンバーを管理する前提として、理解しておきましょう。

●マイナンバーの廃棄

　マイナンバーは、法律で定められた目的以外で取得してはならないだけでなく、保管もしてはいけません。したがって、従業員が退職したなど、会社として当該個人番号を利用する必要がなくなったときには、できるだけ速やかに個人番号を廃棄もしくは削除する必要がありますので、注意が必要です。

22　印鑑にはどんな種類があるの？　どう管理すればいい？

会社にはどんな種類の印鑑があるの？

会社には、代表者印、役職者印、銀行印、社印などがあります

印鑑の種類

　日本はいわゆるハンコ文化であり、会社間の取引や官公庁に提出する書類など、会社では印鑑を使うシーンが多くあります。通常会社で使用される印鑑には以下のような種類があります。

▼主な印鑑の種類とその内容

印鑑の種類	具体的な印鑑の内容
①代表者印	代表者印として法務局に印鑑届をしている印鑑で、実印と呼ばれる。契約書に代表者印を押印し、印鑑証明書を添付すれば、会社の代表者が契約を行ったという重要な証拠となる。
②役職者印	「○○部長之印」といった役職者名の刻まれた印鑑で、役職上使用する会社の認め印。役職者は、その担当職務に関しては、会社を代表する権限があるので、役職者がその肩書きを付けて役職者印を押印し、契約を締結した場合、その効力は会社全体に及ぶことになる。
③銀行印	銀行と取引をするために使用する印鑑、代表者印とは別の印鑑を使用するのが一般的。銀行に届け出を行った銀行印の使用によってのみ預金の払い出し、手形・小切手の振り出しができる。
④社印	社名が刻まれた印鑑で、正方形で四角いものが多く角印とも呼ばれる。

7

捺印方法、押印の種類

捺印の仕方には自分の氏名を手書きして捺印を行う署名捺印と、自分の氏名については印刷やゴム印を押しておき捺印を行う記名捺印の2つの種類があります。

押印の種類には、契約書等が2枚以上になる場合に、その綴じ目にまたがって押印する契印、契約書等に誤字脱字等があった場合に、それを訂正するために押印する訂正印、契約書等について後日、契約書の字句を訂正することを許容するために押印する捨印、収入印紙と台紙にまたがり押印をする消印があります。

印鑑管理の必要性

日々の会社の業務において、様々な局面で何気なく使用される印鑑ですが、印鑑の紛失や盗難があった場合には、一刻も早く印鑑の効力を失効させなければ、悪意のある者によって会社に多大な損害が生じる可能性があり、印鑑管理は厳格に行う必要があります。たとえば代表者印の管理がずさんであり、未承認の契約書に承認なく押印がされてしまうようなトラブルや、銀行印の管理がルーズで、従業員が勝手に銀行印を持ち出して、小切手や支払手形に押印のうえ振出しを行ってしまうといったトラブルが想定されます。

印鑑の押印管理

印鑑の管理は、重要な印鑑は社長自身が保管し、押印していることが多いと思われます。上記のように印鑑の押印については重要なため、誰が、いつ、何の目的で、どの印鑑を押印したかを記録する下記のサンプルのような印鑑管理台帳を作成して管理しましょう。社長が管理をするのではなく、総務部のような管理部門で押印管理を実施しているような場合には、押印管理規程などの規程を整備し、押印の手続きをきちんと定めておくことが重要です。

▼印鑑の押印管理

印章管理台帳				
【印章の名称: 】				
<保管部署: >		<押印・保管責任者: >		
<交付日: 年 月 日>		<登録日: 年 月 日>		
使用年月日	押印者	書類名	押印箇所	備考
年 月 日				
年 月 日				

23 取引先の管理って どうすればいい?

総務

取引先の管理はどうやってすればいいの?

一般的には、表計算ソフトでの管理、SFA（Sales Force Automation：営業分析ツール）での管理、CRM（Customer Relationship Management：顧客関係管理ツール）での管理が考えられます。得意先については、与信の管理も行います

取引先の管理の必要性とは

　会社にとって、顧客情報を適切な方法で収集及び管理を行い、有効活用することは、ビジネスの方向性を決定するために必要であるといえます。顧客ニーズの多様化が進む中、取引先の管理を適切に行い、顧客のニーズに最適な製品・サービスを提案することはビジネスで必須となってきています。会社としての売上向上のために、顧客情報をリアルタイムに管理することが重要であるといえます。

　また、会社にとって取引先から確実にお金を回収することは非常に重要な課題です。そのためには、取引先の与信に関する情報を入手し、管理することが必要になるといえます。

取引先管理の方法

　取引先管理では、取引先名や住所、担当者名、取引・購入実績、行動や接触履歴当の情報を管理します。また、得意先に関しては、与信に関する情報を入手し、管理します。

7

表計算ソフトでの管理

　表計算ソフトを利用しての取引先の管理は、管理したい項目を決めてシートを作成し、あとは営業担当者や購買担当者などにデータを入力することで管理を行います。表計算ソフトを利用した取引の管理は簡単に始めることができるというメリットがある反面、リアルタイム性がない、入力作業が多く更新作業が煩雑、過去の進捗履歴が残らない、顧客情報の詳細レベルでの一元管理が困難などのデメリットがあります。

SFA (Sales Force Automation：営業分析ツール) での管理

　SFAは会社の営業部の情報や業務の自動化や分析をして、ボトルネックの発見や効率化を図るシステムであるといえます。営業活動に関する情報をデータ化し、蓄積や分析を行うことで営業活動の効率化や売上アップを見込むことができます。表計算ソフトと異なり、データがシステム内で自動で紐づく、入力作業が少ない、グラフ化や分析が簡単に実施できるというメリットがある反面、データの蓄積が必要となるため、導入までに時間がかかるというデメリットがあります。

CRM (Customer Relationship Management：顧客関係管理ツール) での管理

　SFAでは、営業担当者を管理することで顧客に対するアプローチの仕方を管理することになりますが、CRMでは顧客の購買行動に沿った行動、思考、勘定を明確にして、商品やサービスを購入するまでの管理を行います。具体的には、顧客の氏名や年齢、属性といった基本的な情報をはじめ、購買履歴や志向など、顧客に関わる情報を一元管理し、その蓄積した情報をもとに、マーケティングやサポート、マネジメントを行うことが可能です。そして、蓄積及び分析した情報を活用し顧客にあったサービスや商品を提供することで顧客との関係性を構築することができるシステムと言えます。

　CRMのデメリットとしては、顧客データの構築に労力がかかる、システムとしての導入コスト、運用コストがかかる、顧客満足度の向上や優良顧客の育成・維持のため、効果がすぐに現れにくいということがあげられます。

　このように取引先管理の方法は複数種類が存在しているため、会社の規模や自社の社員のITリテラシーの程度により、会社にとってもっとも適切な取引先管理の方法を検討することが必要といえます。

第8章
管理業務のリモート化

1 労働のリモート化方針総論

経理 人事 総務

外出自粛要請が出された場合に備えて、職場外から労働ができる体制を整えないと

どのように労働時間の管理・把握を行うかという観点から、会社に適した仕組みが何かを慎重に考え、必要な手続きをとることになります

テレワークとは

　情報通信技術を活用した、時間や場所にとらわれない柔軟な働き方を**テレワーク**（「tele＝離れた所」と「work＝働く」をあわせた造語）と言います。

　テレワークには、①労働者の自宅で業務を行う**在宅勤務**、②労働者の属するメインのオフィス以外に設けられたオフィスを利用する**サテライトオフィス勤務**、③ノートパソコンや携帯電話等を活用して臨機応変に選択した場所で業務を行う**モバイル勤務**の三分類があるとされていますが、その本質はいずれも職場以外の場所（事業場外）からの労働を認めることにあります。

　テレワークの導入には、柔軟な働き方によるワークライフバランスの実現や新型コロナウイルスその他の災害によるリスクの軽減・分散等、様々なメリットがありますが、他方で遠隔での労働を認めることにより、労務管理が複雑化し、情報漏洩のリスクが高まる等のデメリットも認められます。

　以下では、これらのデメリットを踏まえ、会社がテレワークを導入しようとする場合、主に法的な観点から、問題なく導入・運用するためには、どのような点に留意すればよいかという点について説明します。

テレワーク中の労働時間の管理

　テレワークは、職場以外の場所での労働を認めることにその本質がありますが、それ以外の点では通常の労働者と変わりありません。したがって、テレワークを行う場

合においても、対象労働者には、労働基準法をはじめとした労働基準関係法令が適用されます。

その際、特に問題となるのは、テレワークの対象労働者について、労働時間の管理・把握をどのように行うかという点です。

この点については、対象労働者に適用される労働時間制度によって、以下のとおり正反対の2つの方向がありえ、テレワークの導入にあたっては、対象労働者にどのような労働時間制度が適用されるかが密接に関係します。

●通常の労働時間制度が適用される場合

通常の労働時間制度が適用される場合には、職場に出て業務を行っている従業員と同様に、労働時間の管理を徹底することが必要になります。

したがって、テレワークの対象労働者の労働時間の管理・把握にあたっても、使用者としては、客観的な記録によることが原則であり、具体的には、電子メールでの報告、パソコンのログイン・ログオフ時間や、勤怠管理ツールの利用等が一般的です。労働者の自己申告による労働時間の把握は、「やむをえない」場合に限定されており、詳しくは出退勤管理（3-8節）及び**「労働時間の適正な把握のために使用者が講ずべき措置に関するガイドライン**・平29・1・20基発0120第3」を参照してください。

上述のとおり、テレワークを導入した場合も、通常の労働時間制度がベースとなっている場合には、始業・終業時刻は使用者が決定し、日々、固定されていることが通常ですが、仕事と家庭の両立といったテレワークのメリットをより活かすために、始業・終業時間を従業員の決定に委ねる、「フレックスタイム制」をあわせて導入することが考えられます。同制度の導入のためには、就業規則及び労使協定の締結が必要になります。

なお、フレックスタイム制を導入した場合にも、従業員の労働時間の管理・把握が不要になるわけではありませんので注意してください。

また、在宅勤務等のテレワークにおいては、中抜け時間（一定程度労働者が業務から離れる時間）が生じやすいと考えられています。この中抜け時間の取扱いについては、（フレックスタイム制を導入している場合には）中抜け時間については休憩時間として扱い、その分終業時刻を遅らせるという方法が考えられ、その他には時間単位の年次有給休暇として取り扱うこと等が考えられますが、いずれにせよ事前に、労使で合意を得ておくことが望ましいとされています（詳細については、**テレワークの適切な導入及び実施の推進のためのガイドライン**」(https://www.mhlw.go.jp/content/000759469.pdf)) (以下「テレワークガイドライン」といいます）参照）。

8

●みなし労働時間制度が適用される場合

　他方で、テレワークの対象労働者について**みなし労働時間制度**を採用することが考えられます。みなし労働時間制度とは、実際に働いた労働時間にかかわらず、あらかじめ定められた時間働いたものとみなす労働時間制度であり、実労働時間制度の例外になります。

　もっともみなし労働時間制が適用される場合でも、使用者は労働時間を全く管理しなくてよいことにはならず、従業員の健康確保の観点から一定の労働時間の把握義務を免れませんのでご注意ください。

　みなし労働時間制には、**事業場外みなし労働時間制度**、**専門業務型・企画業務型裁量労働制**、**特定高度専門業務・成果型労働制**（高度プロフェッショナル制度）がありえます。

　このうち、**事業場外みなし労働時間制度**は、労働者が労働時間の全部又は一部について事業場外で業務に従事した場合において、使用者の具体的な指揮監督が及ばず、労働時間を算定することが困難である場合に適用が可能ですが、テレワーク対象労働者について同制度を適用するためには、①情報通信機器が使用者の指示により常時通信可能な状態におくこととされていないこと、②随時使用者の具体的指示に基づいて業務を行っていないことの2つ要件を満たす必要があるとされています。これらの要件を満たさなかった場合には、同制度は適用されず、通常の労働時間制度が適用されることになり、予想外の残業代が発生する等のリスクがあることから、使用者としては十分な検討が必要です。また、その他にも従業員が在宅勤務と事業場内（職場）労働の両方に従事する場合の労働時間の取扱い等、同制度を利用する場合には、その運用方法について十分に確認をしてください。

　なお、みなし労働時間制には、その他に、専門業務型・企画業務型裁量労働制、特定高度専門業務・成果型労働制（高度プロフェッショナル制度）がありえますが、いずれの制度も対象となる業務が限定されており、厳しい要件が定められていますので、対象労働者が要件を満たすかという点について十分に注意をしてください。

導入にあたっての就業規則の規定

　テレワークは、職場以外の場所での労働を認める点にその特徴がありますが、就業場所については、就業規則の必要記載事項ではないため、労働時間制度やその他の労働条件が通常勤務と同じである場合には、必ずしも、就業規則においてテレワークに関する規程を設ける必要はありません。

もっとも、テレワークガイドラインによれば、テレワークを行うことによって生じる費用については、通常の勤務と異なり、テレワークを行う労働者がその負担を負うことがあり得るため、以下の事項については、あらかじめ労使で十分に話合い、就業規則等において定めておくことが望ましいとされています。また、通勤手当についても、労働者と争いになる可能性があるため、たとえば、テレワーク対象従業員については、出社日における往復の実費相当額を支給する等の規程をあらかじめ定めておくことが望ましいです。

▼テレワークに要する費用負担の取扱い

<テレワークを行うことによって生じる費用の例>
・テレワークに要する通信費
・情報通信機器等の費用負担
・サテライトオフィスの利用に要する費用
・専らテレワークを行い事業場への出勤を要しないとされている労働者が
　事業場へ出勤する際の交通費

　　　　　　　　　　　　　　　　　　　　　　　　　　　　など

<あらかじめ労使で十分に話し合い、就業規則等に定めておくことが望ましい事項>
・労使のどちらが負担するか
・使用者が負担する場合における限度額
・労働者が請求する場合の請求方法

　　　　　　　　　　　　　　　　　　　　　　　　　　　　など

出典：厚生労働省「テレワークを活用する企業・労働者の皆さまへ　テレワークにおける適切な労務管理のためのガイドライン」(https://www.mhlw.go.jp/content/11911500/000683359.pdf) 24頁の図をもとに作成

8

　また、上述のとおり、テレワークとあわせて、フレックスタイム制等、あらたな労働時間制度を導入する場合には、そのための規定が必要になります。
　したがって、テレワークを導入する際には、少なくとも、①テレワーク勤務を命じることに関する規程、②テレワーク勤務用の労働時間を設ける場合、その労働時間に関する規程、③通信費などの負担に関する規程を設けることが必要となります。
　厚生労働省から「テレワークモデル就業規則〜作成の手引き〜」が公表されており、本書末尾にモデル規定を掲載してありますので適宜参照してください。

テレワーク導入にあたっての留意点

● 健康管理上の留意点

在宅勤務等のテレワークにおいては、労働者が使用者と離れた場所で勤務をするため相対的に使用者の管理の程度が弱くなるおそれがあること等から、長時間労働を招くおそれがあることが指摘されています。テレワークガイドラインにおいては、以下のとおり、テレワークにおける長時間労働を防ぐ手法が紹介されていますので、これらを参考に長時間労働の抑止に取り組むことが重要です。

▼ 長時間労働対策

（ア）メール送付の抑制等

・役職者、上司、同僚、部下等から時間外等にメールを送付することの自粛を命ずること等が有効である。
・電話等での方法によるものも含め、時間外等における業務の指示や報告の在り方について、各事業場の実情に応じ、使用者がルールを設けることも考えられる。

（イ）システムへのアクセス制限

・外部のパソコン等から所定外深夜・休日は事前に許可を得ない限りアクセスできないよう使用者が設定することが有効である。

（ウ）時間外・休日・所定外深夜労働についての手続

・通常のオフィス勤務の場合と同様に、業務の効率化やワークライフバランスの実現の観点からテレワークを導入する場合にも、その趣旨を踏まえ、労使の合意により、時間外等の労働が可能な時間帯や時間数をあらかじめ使用者が設定することも有効である。
・労使双方において、テレワークの趣旨を十分に共有するとともに、時間外等の労働を行う場合の手続等を就業規則等に明記しておくことや、テレワークを行う労働者に対して、書面等により明示しておくことが有効である。

（エ）長時間労働等を行う労働者への注意喚起

・テレワークにより長時間労働が生じるおそれのある労働者や、休日・所定外深夜労働が生じた労働者に対して、使用者が注意喚起を行うことが有効である。
・具体的には、管理者が労働時間の記録を踏まえて行う方法や、労務管理システムを活用して対象者に自動で警告を表示するような方法が考えられる。

（オ）その他

・勤務間インターバル制度はテレワークにおいても長時間労働を抑制するための手段の一つとして考えられ、この制度を利用することも考えられる。

出典：厚生労働省「テレワークの適切な導入及び実施の推進のためのガイドライン（リーフレット版）」(https://www.mhlw.go.jp/content/000766329.pdf) 8 頁をもとに作成

また、テレワーク対象労働者についても、労働安全衛生法等の関係法令等に基づき、過重労働対策やメンタルヘルス対策を含む健康確保のための措置を講じる必要がありますが、テレワーク対象労働者は、その健康状況の把握が難しく、労働状況も不透明となりやすいため、定期的に上司がウェブ会議システム等を利用して、テレワーク対象労働者の状態の把握に努め、労働時間を客観的資料に基づいて把握し、労働安全衛生法上の要件に該当する長時間労働者については、確実に医師の面接指導を行うことが重要です。**テレワークガイドライン**においては、テレワーク対象労働者の作業環境についても留意すべきことが述べられていますので参照してください。

●セキュリティ上の留意点

　テレワークにあたっては、会社の情報を外部に持ち出し、また外部から会社のネットワークにアクセスすることが通常必要となるため、セキュリティ上の対策が必須になります。

　この点については、総務省から「**テレワークセキュリティガイドライン**（平成30年4月）」[※1]が公表されており、また、独立行政法人情報処理通信機構セキュリティセンターのウェブページには「テレワークを行う際のセキュリティ上の注意事項」が掲載されておりますので、参考の上、会社のセキュリティ体制を整えてください。

8

※1　https://telework.mhlw.go.jp/wp/wp-content/uploads/2019/12/Security.pdf

2 日常記帳のリモート化はどうする？

日常記帳をリモート化するためにはどうすればいいの？

小口現金の廃止、手書きや紙に頼った業務フローなどの出社しなければ業務が完結しないものを改善していく必要がありますよ！

リモートワークを阻むものはなにか？

　会社に出社しなければ完結できない業務が多ければ多いほど、リモート化を阻むことになります。

1. 小口現金の存在
2. 手書きの記帳業務
3. 紙に頼った記帳業務

日常記帳リモート化に向けた業務フロー改善案

●小口現金の廃止

　日常記帳のリモート化を進めるにあたっては、**小口現金**を廃止することを検討しましょう。小口現金があることにより、保管業務、入出金の把握、日次での現金実査が必要となるためです。

　小口現金を廃止することで以下のメリットを享受しつつ、現金管理のために出社することを防ぐことができます。

・小口現金の出し入れ、現金出納帳への記入のプロセスがなくなる
・小口現金の補充のために銀行に行く必要がなくなる

- 毎日の現金を数える作業 (現金実査) がなくなる
- 会計帳簿と実際残高の照合作業がなくなる
- 盗難や紛失、不正を防止することができる

　現金を数えること及び現金出納帳の記録と合わせる作業は、思いの外大変であるため現金管理に費やしていた時間を削減できることになります。

　小口現金を廃止したあと、ちょっとした現金の支払はどのように行うのでしょうか。以下、2つの方法が考えられます。

立替経費を利用する方法

　従業員にいったん立替えてもらい、**経費精算**を活用して後日従業員の口座に振り込みます。

　なお、この方法では従業員に一定期間負担してもらうことになるため、精算額が多額になるようなケースでは、仮払方式の併用も検討する必要があります。

　経費精算については、他の節で詳しく説明しますのでここでは割愛します。

コーポレートカードを利用する方法

　クレジットカードの支払が可能な場合には、法人名義のクレジットカードを従業員に保有させることにより、臨時の支払にも対応できます。この方法によれば、後日経費精算する必要もなくなり、何にお金を使ったかを一元管理できるようになるメリットもあります。

　ただし、コーポレートカードを利用する際は、不正防止の観点から、利用できる費目や金額などの社内ルールを制定し周知徹底する必要があることに注意が必要です。

8

●手書きの記帳からの脱却

　紙に記帳している場合には、記帳のために出社は免れずリモート化が実現できません。リモート化を推進するために、会計システムの導入を検討する必要があります。

　会計システムの導入により、手書き伝票を廃止し記帳業務をデジタル化することができます。また、記帳した内容を自動で集計してくれるため、集計ミス、転記ミスなどの手作業により発生するミスを防止することができるというメリットもあります。

　会計システムは、**クラウドサービス**が便利です。インターネット環境があれば場所を問わずに作業ができ、自社サーバーを準備する必要もありません。同時に複数人が作業をすることもできることから業務効率も向上します。

クラウドサービスのデメリットは、セキュリティ面です。オフィス外からでも財務情報にアクセスできてしまうため、情報漏えいにはより一層留意が必要です。対策として、**VPN**（Virtual Private Network：仮想プライベートネットワーク）を活用することでリスクを軽減することができます。

コメント

　主なクラウド会計システムを紹介します。下記以外にもたくさんありますので、自社にあったシステムを導入してください。導入の際には、経費精算システムや販売管理システムなど他のシステムと連携できるかも検討ポイントになります。

・freee
・マネーフォワード クラウド会計
・弥生会計オンライン
・勘定奉行クラウド

●紙資料からの脱却（ペーパレス）

日常業務のなかで最もリモート化を阻害するのが、紙資料の存在です。

リモート化のためには、必要な紙資料をスキャンすることで電子化しクラウドストレージ等に保存することで、いつでもどこからでも確認できる環境を整備する必要があります。

また、自社が作成、発行する書類もデジタルに切替える、取引先からの請求書等をなるべくPDF等の電子データにて受領することも、リモート化の促進に繋がります。

さらには、紙での承認ではなく、電子承認を可能とする**クラウドサービス**の導入も検討する必要があります。下記のようなものが挙げられます。

・ジョブカンワークフロー
・rakumo ワークフロー
・X-point Cloud
・Styleflow
・コラボフロー

これ以外にも複数のシステムがあり特徴がそれぞれ異なりますので、自社にあったサービスを導入しましょう。

一方で、法人税法上は、関係帳票を原則として紙で保存することを求めています。

そのため、**電子帳簿保存法**の適用をしていない場合には、最低でも月に1回程度は紙をファイリングする作業を行う必要があります。

このように紙資料をデジタル化し、ファイリングは月に1回の最低限に留めるなど、紙資料を扱うための出社を減らしていくことが日常業務のリモート化に繋がります。

なお、さらにリモート化を促進するために、電子帳簿保存法を申請・適用することも考えられます。

紙資料をスキャンして電子化し、当該電子データを税務上の帳票として保存したり、電子取引に該当する場合には紙での保存が不要となる制度です。

▼電子帳簿保存法の概要

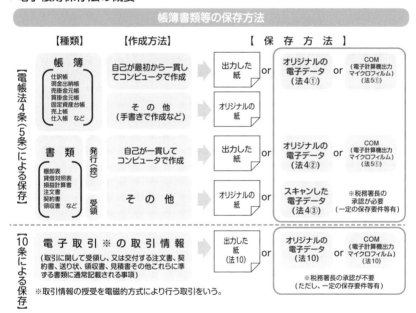

出典：国税庁「電子帳簿保存法一問一答【電子取引関係】」(https://www.nta.go.jp/law/joho-zeikaishaku/sonota/jirei/07denshi/01.htm#a001) をもとに作成

このように、一定の要件を満たすことで紙での保管も不要となることから、業務の効率化及びさらなるリモート化の促進ができます。

適用にあたっては、税理士へのご相談をお勧めします。

3 経費精算のリモート化はどうする？

経費精算をリモート化するためにはどうすればいいの？

クラウドサービスの利用によりリモート対応が可能になります。また、電子帳簿保存法を適用するとさらにリモート化が進みますよ！

基本的なフローとリモートワークの関係

●経費精算の基本的なフロー

　一般的に経費精算には、立替精算と仮払精算という方法があります（詳細は3-6節を参照）。それぞれのフローは以下のとおりです。

▼一般的な経費精算フロー

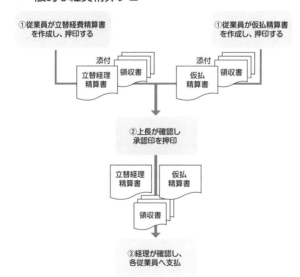

このように立替経費、仮払精算どちらの方法をとっても、以下の作業が発生しています。

①従業員が根拠書類を作成したうえで領収書を添付し、押印後、上長へ提出
②上長が根拠書類を確認し、承認印を押印し、経理に提出
③経理担当者が根拠書類を確認し、各従業員へ支払する

● リモートワークを阻害しているもの

一般的な経費精算によると、以下の理由からリモート化が進みません。

- （申請者）精算書や領収書が紙であることから、作成、提出の際に出社しなければならない
- （承認者）精算書や領収書が紙で提出され、承認印を押印することになっているため、出社しなければならない
- （経理担当者）支払を小口現金で手渡ししている場合、出社しないと対応できない
- （全員）ミスがあった場合など修正のために再度出社しなければならない

リモート化を推進するためには、紙からの脱却、承認フローの電子化、小口現金の廃止が必要となります。

経費精算リモート化の具体的なフロー

● 経費精算システムの導入

紙からの脱却と承認フローの電子化を進めるためには、経費精算システムの導入が不可欠です。経費精算システムの導入により紙ベースから脱却し、デジタル化を可能とします。

特に、クラウド型の経費精算システムであればインターネットが使える環境であればいつでも利用ができ、申請者、承認者、経理担当者の全員が出社の必要性から解放されます。領収書等の電子化、確認及び承認フローのデジタル化が可能となるため、押印のために出社しなければならないということもなくなります。

クラウド型経費精算には以下のようなシステムがあります。導入の際には、コスト

面、スマホアプリの使いやすさ、会計システムとの連携、自動入力の正確性などをもとに検討してみるとよいでしょう。

- ・マネーフォワード クラウド経費
- ・楽楽精算
- ・ジョブカン経費精算
- ・Dr.経費精算
- ・Concur Expense
- ・jinjer経費
- ・経費精算freee

▼クラウド型経費精算システム導入後のフロー（イメージ）

```
①従業員がスマホ撮影、スキャンなどの方法で領収書等を電子化
            ↓
②従業員がPCやスマホから申請
            ↓
③上長がPCやスマホで電子承認
            ↓
④経理がPCやスマホで電子承認
```

　ただし、注意点があります。領収書等及び承認フローを電子化したとしても、法人税法上各種証憑は紙原本を保管することを原則としているため、領収書等の原本は経理に提出する必要があります。

　また、経費の不正利用防止や二重申請の防止の観点からも、申請者には出社時や郵送により原本を提出してもらい、支払前には経理担当者が原本との照合をすることをお勧めします。

　このように、領収書等や承認フローの電子化が進んでも紙媒体での作業が残ってしまうことへの対処方法として、電子帳簿保存法の適用があります。詳細は後述します。

●振込による対応

　領収書や承認フローの電子化対応が完了し経理担当者による支払の場面では、小口現金を廃止し銀行振込による方法に変更する必要があります。

　小口現金を廃止することで、精算額を手渡しするために出社する必要がなくなります。

　銀行振込には、インターネットバンキングを利用しましょう。各銀行により使用方法は異なりますが、PCがあればどこでも振込作業ができるようになるためリモート化を推進することができます。

　以上、経費精算をリモート化する方法を述べてきましたが、紙原本の保存など完全にリモート化できない部分が残ります。これを少し改善できるのが電子帳簿保存法となります。

電子帳簿保存法

●概要

　電子帳簿保存法とは、正しくは「電子計算機を使用して作成する国税関係帳簿書類の保存方法等の特例に関する法律」といい、簡単に言うと、国税関係の帳簿書類におけるすべて、あるいは一部の情報を電子データで保存することを認めた法律です。

　書類の重要度や作成方法等によって以下のとおり保存方法の分類がされています。

▼電子帳簿保存法における書類の分類

分類				具体例	電子データ保存	スキャナ保存
電子帳簿保存法	国税関係帳簿			仕訳帳、総勘定元帳等	○	×
	国税関係書類	決算関係書類		B/S,P/L等	○	×
		その他の書類	重要書類	契約書、領収書等	○	○
			一般書類	見積書、注文書等	○	○
	電子取引の取引情報			メール等で受領したもの	○（税務署長への申請、承認不要）	−

出典：国税庁「電子帳簿保存法一問一答【電子取引関係】」(https://www.nta.go.jp/law/joho-zeikaishaku/sonota/jirei/07denshi/index.htm) をもとに著者作成

このうち、経費精算に該当するのは、国税関係書類のうち、その他の書類、重要書類のスキャナ保存になることがほとんどであるため重要書類かつスキャナ保存のケースに限定して説明します。

なお、電子データ保存とはPC等で作成した書類をPC等で保存する方法、スキャナ保存とは紙で受領したものをスキャンすることで電子データ化し保存する方法を指します。

電子帳簿保存法を適用することにより、紙原本での保管が不要となる（定期検査後、廃棄することになるため）ことから、ファイリング作業のために出社することを回避することができます。

●重要書類をスキャナ保存するための要件

重要書類のスキャナ保存を適用するためには、大きく2つの要件を充定したうえで、**税務署長**から承認を得る必要があります。

真実性の確保

真実性の確保するための要件としてさらに細かく以下のとおり規定されています。

- ・入力期間の制限
- ・一定水準以上の解像度及びカラー画像による読み取り
- ・タイムスタンプの付与
- ・読み取り情報の保存
- ・ヴァージョン管理
- ・入力者情報の確認
- ・適正事務処理要件

可視性の確保

可視性の確保についても、細かく以下のとおり規定されています。

- ・帳簿との相互関係性の確保
- ・見読可能装置の備付け等
- ・システム開発関係書類等の備付け
- ・検索機能の確保

上記の要件は、電子帳簿保存法に対応したシステムを導入することで半分はクリアできます。残りの項目については税理士と相談しながら進めるようにしてください。

●適用によるメリット

経費精算に電子帳簿保存法を適用することにより以下のようなメリットがあります。

原本の管理コスト削減

電子帳簿保存法を適用すれば、検査担当者による検査が完了したのち原本を廃棄することになるため、従来のようにファイリングしてキャビネットに保管するといった管理業務が不要となります。

検索性の向上

従来であれば台紙に貼付けて提出していた経費が、経費精算システム上で検索可能となるため検索性が向上します。

●適用によるデメリット

適用するための申請や要件がやや難しい

電子帳簿保存法は、適用を開始する**3か月前**までに申請をし**税務署長**より承認を得る必要があります（電子取引除く）。また、充足しなければならない要件が細かく定められており、理解が難しいことから税理士と相談しながら進めることをお勧めします。

●直近の改正

2020年10月1日に、電子帳簿保存法が改正されています。この改正により、電子データとして授受した場合のタイムスタンプ要件の緩和や、キャッシュレス決済などを利用した場合の明細データを領収書代わりとできるなど、さらに便利なものになっています。また、税務署長の事前承認制度が廃止されることが決まりました。

年を追って更新されて適用の利便性が向上してきているため、継続的に情報をキャッチアップすることをお勧めします（改正内容は、https://www.nta.go.jp/law/joho-zeikaishaku/sonota/jirei/pdf/0021005-038.pdf を参照してください）。

8

売上管理業務のリモート化はどうする？

経理

売上管理業務をリモート化するためにはどうすればいいの？

請求書の発行・郵送を電子化、外注を進めていくと良いですよ

売上管理業務とは

　売上管理業務とは、①得意先からの受注、②得意先への物品の納品又は役務の提供、③得意先への代金の請求、④得意先からの代金の回収からなる業務です。

　このうち、経理が担当することになる③及び④についてリモート化するための方法を解説します（入金管理については、3-4節参照）。

売上管理業務をリモート化するポイント

●請求書の発行・郵送

　請求書を紙で発行し、封入し郵送する業務はそれだけで出社を必要とします。

　リモート化を進めるにあたっては、これらの業務を削減していく必要があります。

請求書の発行を電子化し、メール等で送付する

　請求書を紙で発行すると、送付するために出社する必要が生じます。請求書をPDF形式等の電子請求書とすることを検討しましょう。

　請求書の電子化においてもすでに数多くのシステムが存在するため導入を検討してもいいでしょう。**請求書電子化システム**の利用により、リモート化だけでなく以下のメリットがあります。

　　・紙やインク、郵送にかかるコストが0になる

- 作成から発送までのタイムラグがなくなりタイムリーに先方に請求できる
- システムを利用することで請求書発行の漏れリスクを低減することができる
- 会計システムと連動できるシステムを利用している場合、会計システムへの転記作業が不要となる

　ただし、請求書の電子化については、取引先との関係や希望も勘案する必要があります。会社によっては、紙原本しか受け付けない会社もございますので、請求書電子化にあたっては営業担当者等を通じて取引先への通知や可否を怠らないように注意しましょう。もっとも、リモート化のニーズはどこの会社にもあるので、従来紙原本しか受け付けなかった会社も、依頼してみると意外に電子化に前向きなことがあります。諦めずに電子化を依頼してみましょう。

請求書の作成、郵送を外注する

　すべての請求書を電子化できる場合には、それだけでリモート化が可能となりますが、現実的にすべてを電子化できるとは限りません。

　紙原本で送付してほしいという取引先がある限り、請求書の発行・郵送業務からは免れません。

　リモート化を推進するのであれば、発行・郵送業務を外注してしまいましょう。**請求書電子化システム**の多くに、請求書郵送代行サービスも付随しています。コストは安価であり、請求書郵送にかかる膨大な時間を削減できることにもなるため、リモート化以外のメリットも大きいです。

　請求書電子化と同様、会計システムと連動していれば郵送と同時に記帳ができるものも多くあります。システム選定時にはコストや使いやすさのみならず、会計システムとの連動や自動入金消込機能の有無も検討するようにしましょう。

8

●売掛金管理

売掛金管理表

　売掛金管理表をエクセルや会計システム、販売管理システムで作成している場合には、そのままリモート化することができます。

　仮に紙で作成している場合には、これを機に電子化、システム化してしまいましょう。多くのメリットがあります。

入金消込

　売掛金管理表を、預金情報と連動した会計システムで行っている場合には、口座への入金により売掛金の消込を行うことができるため、リモート化にあたって阻害要因となることはありません。

　エクセルで行っている場合にも、入金額をインターネットバンキングで確認しエクセルに転記することができる状態であれば、リモート化にあたって阻害要因はありません。

　上記に該当しない業務フローがある場合には、リモート化のために切替えを検討する必要があります。

5 支払管理のリモート化はどうする？

支払管理をリモート化するためにはどうすればいいの？

まずは受け取る請求書を電子化してもらうように依頼しましょう！

支払管理リモート化のポイント

支払管理業務をリモート化するポイントは以下の3つが考えられます。

- ・先方から受け取る請求書を電子化するよう依頼する
- ・受け取った電子請求書又は紙で受け取った請求書を電子化して一元管理する
- ・支払をどこでも行える環境を整える

それぞれ説明していきます。

先方から受け取る請求書を電子化するよう依頼する

月初になると、発注先や仕入先、担当部署から大量の請求書が届きます。これらは現在の商慣行であれば紙で来ることがほとんどだと思います。

リモート化においてはペーパレスが不可欠であるため、この請求書を電子化する必要があります。

まずは、発注先や仕入先から、PDF形式等の電子データでの送付がお願いできないかお願いしてみましょう。PDF形式での送付を快諾してくれた場合には、宛先に経理担当者であるご自身も追加してもらうこともお願いすると社内での回付漏れ、支払漏れを防止することができます。

8

受け取った電子請求書又は紙で受け取った請求書を電子化して一元管理する

　電子請求書での受領が可能となった場合、支払漏を防止する観点からPDF等を一元管理する必要があります。

　SlackやChatworkなどのコミュニケーションチャットツールを使っている場合には、「請求書支払」のようなチャンネルを作り、そこに請求書を投稿してもらう方法が考えられます（支払が済んだものは、「済」スタンプを活用するなどしてステータスがわかるようにします）。

　また、クラウドストレージを利用している場合には、請求月や支払月ごとにフォルダを作成し、そこに格納してもらう方法も考えられます（「YYYY年MM月支払フォルダ」を作成し、支払済のものは当該フォルダに移動する等）。

　請求書を紙で受け取っている場合は、担当部署もしくは経理担当者がPDF化して上記の対応をとることで支払のタイミングで紙管理のために出社するということを避けることができます。

　支払管理のリモート化は、支払の漏れを防ぐことが最重要事項です。紙の束を見ながら支払処理をして支払済のハンコを押すというような物理的に確認できる状況でなくなることから、支払うべきもの、支払済のもの、未払のものといったステータスを整理する必要があります。

　そのため、上記のような方法により情報を一元化し、支払済のものはひと目でわかるようにすること、あわせて支払管理表も更新し、支払に漏れがないフローを構築することが不可欠です。

　なお、請求書の原本を電子データとするためには、電子帳簿保存法の適用が必要となり適用していない場合には紙原本での保管が必須となるため、上記のように電子化してもファイリング作業等が残ることに注意が必要です。

支払をどこでも行える環境を整える

　支払うべきものの整理、支払ったもの及び未払のものの整理ができたら、あとは支払を実行するのみです。

　インターネットバンキングを利用している場合には、ログインできるPCがあればどこからでも支払処理を行うことができます。

　会社にあるデスクトップPCに電子証明書を発行してしまっている場合、ノートPCからはログインできないなどログイン環境には注意する必要があります。

　また、承認にトークンを必要と設定している場合には、当該トークンも保持していないと承認できず支払処理が確定できないため留意が必要です。

6 決算業務のリモート化は どうする？

決算業務をリモート化するためにはどうすればいいの？

他のフローと同じくペーパレスが鍵を握っています！

決算業務のリモート化のポイント

日常記帳、経費精算、売上管理、支払管理のそれぞれでリモート化が進んでいない場合には、徹底的なペーパレス、クラウドシステムによる場所を問わない業務フローの確立を先に進めていく必要があります。

各フローにおいてリモート化できている場合、決算業務においてのみ発生し、リモート化を阻害する可能性のある業務は以下のとおりです。

- ・残高確認
- ・税理士とのやりとり
- ・監査法人とのやりとり

8

ここでは上記3つに絞ってリモート化のポイントを説明します。

残高確認

残高確認には銀行に行う残高確認と取引先に行う残高確認があります。

銀行からは残高証明書を入手しますが、インターネットでの請求に応じている銀行と応じていない銀行、また、PDF閲覧ができる銀行できない銀行それぞれあるため、インターネットにもPDFにも対応していない銀行の場合は、確認のために出社が必要となります。

取引先への残高確認については、他のフローと同様可能な限りメールでのやり取り等により出社しなくてもよいフローを整えましょう。

税理士とのやりとり

税務申告や決算整理仕訳を税理士に委託している会社も多いと思います。

当該業務のためには、会社の1年間の情報を税理士に共有・提出する必要があります。もし紙でしか保存されていない場合には出社してもらったり郵送したりと出社しないと業務が進みませんが、電子化してクラウドストレージに保管している場合にはその保管場所を共有することで、出社することなくリモートで対応することができます。

また、最近のクラウド会計システムでは、仕訳に根拠証憑を添付する機能があることも多いことから、閲覧権限をもったアカウントを税理士に付与することで、リモートでのよりスムーズな対応が可能となります。

監査法人とのやりとり

監査法人に監査をお願いしている会社においては、監査法人との監査業務のやりとりがあります。

監査をリモート化するには、根拠証憑が電子化されていることが不可欠です。

税理士と同様に、仕訳に根拠証憑を添付する機能がある場合には、閲覧権限をもったアカウントを監査法人に付与することで、リモートで監査が可能となり、完全リモートで監査を終了させたという事例も増えてきています。

7 税務申告のリモート化はどうする？

税務申告書を紙で作って提出するのは面倒だ…。何か良い方法はないかな？

電子申告を活用しましょう！

事前に準備すること

　電子申告をするためには、**電子証明書**を取得する必要があります。申告データ等を送信する際に、この電子証明書によって**電子署名**を行います。

　会社が利用可能な電子証明書には以下のものがあります。

- ・商業登記認証局が発行する電子証明書
- ・地方公共団体が運営する公的個人認証局が発行する法人代表者に係る電子証明書
- ・TDB 電子認証サービス Type A に係る認証局が作成する電子証明書
- ・TOiNX 電子入札対応認証サービスに係る認証局が作成する電子証明書
- ・AOSign サービス G2 に係る認証局が作成する電子証明書
- ・e-Probatio PS2 サービスに係る認証局が作成する電子証明書
- ・セコムパスポート for G-ID に係る認証局が作成する電子証明書
- ・DIACERT サービス /DIACERT-PLUS サービスに係る認証局が作成する電子証明書
- ・地方公共団体 (LGPKI) の認証局が作成する電子証明書
- ・政府共用認証局 (官職認証局) が作成する電子証明書

8

ICカードに電子証明書が格納される場合には、これを読み取るための**ICカードリーダライタ**が必要になります。

また、後で説明する国税用の申告ソフト**e-Taxソフト(WEB版)**と地方税用の申告ソフト**PCdesk(DL版)**をインストールしておきましょう（なお、OSはWindowsを想定しており、macOSは使用できませんのでご注意ください）。

国税の電子申告

法人税や消費税といった、国税の申告・納付の際にはe-Taxソフト(WEB版)を利用します。以下ではe-Taxソフト(WEB版)を利用する手順について概要を説明します。

●利用者識別番号の取得

まず、**開始届出書**を、納税地を所轄する税務署長に送信し、**利用者識別番号**を取得する必要があります。WEB上でe-Taxの開始届出書作成・提出コーナーにアクセスし、e-Taxの開始届出書を作成・送信すると、即時に利用者識別番号及び暗証番号が通知されます。利用者識別番号とは、e-Taxを利用するための16桁の番号です。

https://kaishi.e-tax.nta.go.jp/SU_APP/lnk/kaishiShinkiHojin

●申告データを作成・送信する

e-Taxソフト(WEB版)を使用して申告データを作成・送信します。e-Taxソフト(WEB版)では、青色申告決算書・収支内訳書・勘定科目内訳明細書などの作成にも対応しており、申告データとともに送信できます。この際に、申告データに電子署名及び電子証明書を添付します。

データ送信が完了した直後に、正常に受信されたかどうかの判定、受付番号、受付日時、受付ファイル名及び送信者の利用者識別番号が送信者のPC画面に通知されます。

●送信結果を確認する

通知後しばらくして、送信データの審査結果がメッセージボックスに格納されます。申告データの送信後、ある程度時間をおいて、e-Taxソフト(WEB版)にログインし、審査結果を確認しましょう。

●納税する

ここではインターネットを通じた納付方法について紹介します(その他に、クレジットカード納付の方法もあります)。

ダイレクト納付

ダイレクト納付では、事前に税務署へ届出をしておけば、届出をした預貯金口座からの口座振替により納付することができます。e-Taxソフト(WEB版)で申告データを送信したあとメッセージボックスに格納される**納付区分番号通知**を確認し口座振替の登録をしましょう。

ペイジーによる納付

都市銀行のインターネットバンキング機能やネット銀行では、**ペイジー**による納付を受け付けています。**利用者識別番号・納税用確認番号・納付区分番号**がわかれば簡単に納付をすることができます。

▼ e-Taxソフト(WEB版)のイメージ

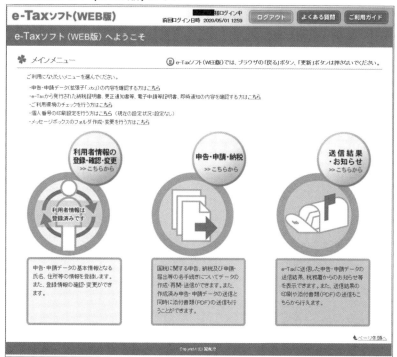

地方税の電子申告

　法人事業税・法人住民税といった、地方税の申告・納付の際にはPCdesk（DL版）を利用します。以下ではPCdesk（DL版）を利用する手順について概要を説明します。

　詳細な手続きは、下記に掲載されていますが、以下では概要を説明します。

ガイド編　PCdesk（DL版）ガイド【申告、納税等】
https://www.eltax.lta.go.jp/documents/00057/

●利用届出を行う

　PCdesk（WEB版）から利用届出を行い、利用者IDを取得します。利用届出には、**署名用のプラグイン**のインストール、**e-mailアドレス**の準備、**電子証明書**の準備が必要です。利用届出が完了すると、**送信結果一覧**が表示されるので、取得した**利用者ID**と設定した**暗証番号**を確認し、メモしておきましょう。

●PCdesk（DL版）を起動する

　PCdesk（DL版）を起動してログインします。また、PCdesk（DL版）の操作中にインターネット経由でポータルセンタに接続することがあります。その際には**利用者ID**と**暗証番号**を入力する必要がありますので注意しましょう。

●申告データを準備・作成

　利用届出の情報を基に提出先、申告税目などを入力し、申告データのひな型を準備します。準備した申告データのひな型を編集することにより、申告データを作成します。

●電子署名を付与する

　税理士の代理によらず、会社自身が申告データを送信するときには、会社の電子署名が必要となります。事前に準備した電子証明書が格納されたICカード及びICカードリーダライタを用意しましょう。

●申告データを送信する

　電子署名を付与した申告データを送信します。送信完了後、メッセージボックスに結果が届きます。

● メッセージを確認する

送信した申告データの受付結果がPCdesk（DL版）に届きます。送信された申告データをPCdesk（DL版）上で確認することができます。

● 納税する

国税の場合と同じく、**ダイレクト納付**や**ペイジー**による納付を行うことが可能です（地方自治体によってはクレジットカード納付ができる場合もあります）。

> 電子申告に対応している税理士であれば、会社に代わって電子申告をしてくれます。税理士は税務申告ソフトを保有しているケースが多く、手続きを代行してくれるでしょう。この場合、会社が電子証明書を取得する必要はありません。
> e-Taxソフト（WEB版）もPCdesk（DL版）も、使い勝手が良いとはとても言えない状況です。税務申告ソフトを自前で用意するか、税務申告だけでも税理士に依頼することを推奨します。

8

8 勤怠管理のリモート化はどうする？

勤怠管理の必要性はわかったよ！　だけど、これをリモートで運用するにはどうすればいいかな。タイムカードは押さないといけないよね？

最近は会社に行かないと押せないタイムカードに限らず、Webサービスやアプリで勤怠管理ができるようになっています。これを使ってリモート化していきましょう

勤怠管理方法

　勤怠の記録については、厚生労働省のテレワークに関するガイドラインに以下のように定められています。これに沿った形式で、リモートワーク時の勤怠管理制度を組立ていきましょう。

【原則的な勤怠管理方法】
・使用者が、自ら現認することにより確認すること
・タイムカード、ICカード、パソコンの使用時間の記録等の客観的な記録を基礎として確認し、適正に記録すること

【やむを得ず自己申告制で労働時間を把握する方法】
① 自己申告を行う労働者や、労働時間を管理する者に対しても自己申告制の適正な運用等ガイドラインに基づく措置等について、十分な説明を行うこと
② 自己申告により把握した労働時間と、入退場記録やパソコンの使用時間等から把握した在社時間との間に著しい乖離がある場合には実態調査を実施し、所要の労働時間の補正をすること
③ 使用者は労働者が自己申告できる時間数の上限を設ける等適正な自己申告を阻害する措置を設けてはならないこと

さらに36協定の延長することができる時間数を超えて労働しているにもかかわらず、記録上これを守っているようにすることが、労働者等において慣習的に行われていないか確認すること

導入のメリットとデメリット

●導入のメリット

勤怠の打刻記録を物理的なタイムカードや日報方式ではなく、Webサービスやスマートフォンのアプリを使ってオンラインで記録することができます。

これにより、インターネット環境さえあれば、PCやスマートフォンを利用して、出社することなく、いつでもどこでも正確な打刻記録の実施が可能になります。

外出が多い営業部門の従業員や、リモートワークを導入した場合など、様々な環境で業務を実施する従業員にとって有効な勤怠管理手段となります。

●導入のデメリット

リモートワークの導入により、勤務場所が会社や事務所などの特定の場所ではなく、自宅やシェアオフィスなど様々な場所に変化します。それにより、従業員の勤怠状況が上司や労務担当者の目の届かないところに行ってしまい、労働状況管理が難しくなることが考えられます。

そこで、上司や労務管理担当者は、誰が、どこで、何の作業を実施しているかを含めて、メールやチャットツールを用いて適時にコミュニケーションをとり、定期的に把握しておくことが重要です。

タスク管理の方法をチームや部署で定めて、進捗を把握する方法を決定しておくことも有効です。また、適時の報告を実施させることで、架空の申告やサービス残業などを防止するルールも作るといいでしょう。

また、オンラインサービスであるが故に、サービスの利用者側で予期できないメンテナンスが入ることがあり、各種機能が利用できないことが発生します。

この場合には、別のコミュニケーションツールの履歴を基に、打刻記録・時刻の修正を事後的に実施しましょう。

8

9 給与計算のリモート化はどうする？

給与計算の流れはわかったよ。これらの業務ってリモート化できるの？

クラウドの給与計算システムを導入することで、計算、振込、給与明細の発行など、ある程度については可能です。ただし、給与の控除項目に関連する、各保険手続き、住民税の手続き完了後の書類は事業主の住所である会社に届いてしまうので、正しい内容の確認は出社して確認するようにしましょう

システム導入を踏まえた上で、給与計算のリモート化に必要な事項

給与計算については、クラウド上の給与計算システムの利用を前提に記載します。

・事前に登録しておくもの
・基本給や手当の額など、算定の基礎となる項目
・変動項目の算定式

なお、クラウド給与計算システムであれば、社会保険の保険料率など、必要な法改正については適時更新されます。

●給与計算の基礎となる勤怠情報の登録

後に記載する支給項目のうち、変動項目に関わってくる部分となります。

勤怠管理のリモート化で記録した結果を、給与計算システムにアップロード、API連携などの手段で登録しましょう。

勤怠記録によって、毎月変動が生じる部分となります。正確に登録しましょう。

また、勤怠管理システムと給与計算システムが自動連携していない場合、正確に取り込まれているか確認しましょう。

●給与のうち、支給項目に必要な基礎情報の入力

給与明細の支給項目には基本給や手当などの内訳が記載されますが、固定の金額と変動する金額に分けられます。

固定項目：主に基本給、役職手当、通勤手当等

上記の固定項目の支給額や支給基準については、一般的には会社の就業規則に記載された定めに従って支給されます。

就業規則や給与テーブルなど、会社で定めた情報を、個人別に正確に登録しておくことが必要です。また、人事異動や役職の変更、通勤手当については引越しによる通勤経路の変更などにより、各個別の従業員に支給すべき事象が発生した場合には、変更が発生する都度、システムに登録した内容を修正しましょう。

変動項目：時間外労働手当や深夜労働手当、休日労働手当等

これらの項目は、勤怠実績によって変動する項目となり、支給の都度ごとに計算する必要があります。この際、1時間あたりの労働単価が算出の基準となります。給与計算システム上、1時間あたりの労働単価が正確に登録されているか否かの確認も必要となります。

それぞれ固定額か変動額かと言う違いはありますが、正確な給与の算定にあたっては、給与の基礎情報を正確にシステムに登録することが必要です。

●給与のうち、控除項目に必要な基礎情報の入力

控除項目には、大きく①社会保険料と②税金に分かれます。

社会保険料：健康保険料、介護保険料、厚生年金保険料、雇用保険料

健康保険料、介護保険料、厚生年金保険料については、年金機構から届く標準報酬決定通知書を元に、従業員ごとに標準報酬月額を登録します。なお、標準報酬月額については、従業員ごとに改定自由などがあれば、その都度変更が必要です。給与支給額の大幅な増減による標準報酬改定通知書や、上限改定通知書を元に入力しましょう。

社会保険料については、毎年4月を目処に保険料率の改定が実施されます。

社会保険の標準報酬月額決定通知書については、事業者の住所（会社）に届いてしまうため、届いたデータを電子化した上で、共有ストレージに格納することが管理上、またリモート化を進める上でも好ましいでしょう。

8

雇用保険料については総支給額を元に、一定の負担率を乗じて算出されます。

税金：住民税、所得税

税金のうち、住民税については、従業員が住所を置く市区町村から、住民税の特別徴収決定通知書が届きます。

こちらを元に、毎月の控除額ないし納付額を個人別に入力していきます。

所得税については、各種基礎項目を入力すれば自動的に計算してくれるシステムが大半です。従業員の雇用形態や、給与の支給形態によっては、税額区分が甲欄か乙欄区分か異なります。従業員ごとに正しく入力するようにしましょう。

●振込業務のリモート化

多くのクラウド給与計算システムは、銀行のネットバンキングにアップロードするための給与振込データを出力することが可能になっています。

ただし、給与振込データの出力にあたっては、口座情報や、番号などのネットバンキングのデータを予め登録する必要があります。

この機能を利用する際には、財務部門担当者と相談の上、ネットバンキングの情報を参照にして、必要情報をクラウド給与システムに登録しておくようにしましょう。

●給与明細配布のリモート化

多くのクラウド給与計算システムは、給与計算を実施した結果として、各従業員に給与明細を発行することが可能になっています。

オンライン上で確認することができるので、インターネット環境さえあれば、いつでも、どこでも確認することが可能になります。

また、従来紙媒体で配布していた給与明細の発行も不要になるので、印刷・配布などの事務的な手間も省略できます。

●各種社会保険手続きの提出書類の作成への連携

毎月の給与計算結果は、後述する各種社会保険手続きの基礎情報ともなります。しっかり設定・準備の上、社会保険関連業務にも有効に活かせるように設定しておきましょう。

10 社会保険／労働保険手続きのリモート化はどうする？

社会保険の手続きがあることはわかったけど、この手続きもリモート化できるの？

現在、クラウド上の労務管理システムが普及しています。これを使えば書類の作成はオンライン上で実施することが可能です

社会保険（健康保険、厚生年金保険）のリモート手続き

2018年3月厚生労働省より発表された『行政手続きコスト削減のための基本計画』により、社会保険の電子申請義務化が2020年4月1日より適用されます（ただし、電子申告義務化の対象となるのは、資本金の額が1億円を超える会社等に限られています）。

社会保険の手続きに記載したように、従業員が入社した時や、昇給・降給などによる給与の変動があった場合、会社から支払う給与に見合った社会保険料とするための各種届出が必要です。

近年では労務管理システムも、オンライン上のWebサービス（以下、クラウド労務管理システム）が普及しており、管理部門を少人数で運営する場合には以下のようなサービスを用いて各種労務管理手続きを実施することが効果的です。

8

【クラウド労務管理システムの例】

・SmartHR
・ジョブカン労務管理
・人事労務 freee
・オフィスステーション

このようなシステムを導入すれば、各種の保険手続きに必要な書類（それぞれの場合で後述）を自動的に作成・出力してくれます。もちろん労務管理サービスの導入にあたっては、すでに自社で導入しているサービスと連携するものを選択することが管理上好ましいです。

また、API連携などでe-Govに接続し、そのまま申請が可能なサービスもあります。

●資格取得時（従業員が入社したとき）の社会保険加入手続き

従業員が入社した時に、従業員を社会保険に加入させる必要があります。社会保険の加入には、住所、氏名、生年月日、入社日（資格取得年月日）、基礎年金番号もしくはマイナンバーの情報が必要です。

クラウド労務管理システムに必要な情報を入力すれば、必要書類である健康保険・厚生年金保険被保険者資格取得届は自動的に作成・出力されます。

これらの情報は人事管理上も必要になりうるものです。クラウド労務管理システムを利用して、入社時に上記の情報も取得し、人事管理も合わせて効率化していきましょう。

クラウド労務管理システムを用いて入社手続きを実施すれば、入社予定の方はインターネット環境さえあれば場所にとらわれず入社に必要な人事情報を入社日を待たずにスムーズに入力・提出可能になります。また、会社の労務管理担当者も同じく、インターネット環境さえあれば、内容の確認、効率的な保険加入の事務手続きが可能になります。

コラム

マイナンバーについて

マイナンバーは従業員の個人情報に紐づく非常に重要な情報です。取扱については会社の個人情報管理方針に基づいて、厳重に管理しましょう。

●在職している従業員の社会保険のリモート手続き

毎年7月の定時決定

「被保険者報酬月額算定基礎届」の提出が必要です。

扶養家族の増減があったとき

すでに雇用している従業員の扶養家族に増減が発生する場合（雇用している従業員が結婚した場合、子どもが生まれた場合、子どもが就職により親の扶養を外れる場合、扶養家族が死別してしまった場合など）、その都度扶養家族の増減の情報もクラウド労務管理システムへの入力を依頼しましょう。健康保険被扶養者（異動）届を作成し、提出が必要です。

新しく雇用する従業員に扶養家族がいる場合には、入社時に本人の情報と合わせて入力を依頼し、資格取得届と合わせて提出しましょう。

従業員の給与に変更があった場合

昇給・降給が発生した場合には、随時改定に該当します。この場合には、「被保険者報酬月額変更届」を作成し提出する必要があります。

8

11 社会保険の電子申告手続きはどうする？

人事

社会保険の加入書類の作成や、給与計算については会社と従業員の間での手続きなのでリモート化できるのはわかりました。書類の提出もリモートでできるかな？

e-Govというサービスを使って電子申告することが可能です。また、2020年4月から、原則として電子申請を実施することになっています

社会保険の電子手続きの義務化について

　現在、政府全体で行政手続きコスト（行政手続きに要する事業者の作業時間）を削減するため、電子申請の利用促進を図っており、当該取組の一環として、特定の法人の事業所が社会保険・労働保険に関する一部の手続きを行う場合には、必ず電子申請で行うことになりました。

　これには、社会保険労務士や社会保険労務士法人が、対象となる特定の法人に代わって手続きを行う場合も含まれます。

　社会保険の電子申請義務化は、対象となる法人と対象とならない法人に分けられ、対象の法人は以下の4種類になります。

　　資本金の額又は出資金額が1億円を超える法人
　　相互会社
　　投資法人
　　特定目的会社にかかる適用事業所

　対象となる法人は、従業員数や被保険者数で決まるというわけではなく、上記に当てはまるか否かになりますので注意をしましょう。

対象手続きとなる手続き

【厚生年金保険】

・被保険者賞与支払届

・被保険者報酬月額算定基礎届

・厚生年金被保険者報酬月額変更届

【健康保険】

・被保険者賞与支払届

・被保険者報酬月額算定基礎届

・健康保険被保険者報酬月額変更届

【労働保険】

・年度更新に関する申告書

　（概算保険料申告書・確定保険料申告書・一般搬出金申告書）

・増加概算保険料申告書

【雇用保険】

・雇用保険被保険者資格取得届

・雇用保険被保険者資格喪失届

・雇用保険被保険者転勤届

・高年齢雇用継続給付支給申請書

・育児休業給付金支給申請書

8

　上記のとおり、電子申請義務化の対象となるのは、会社員のほとんどが加入する社会保険となります。

　小規模な会社の場合は、社会保険の加入・申告手続きを社会保険労務士に依頼する可能性も想定されます。必要に応じて、社会保険労務士と相談しましょう。

12 契約締結のリモート化はどうする？

契約締結に際して紙でやってたんだけど、これってオンラインで契約等できたりしないの？

電子契約システム等を利用することで契約締結が可能となります

電子契約とは

電子契約とは、従来は紙で取り交わしていた企業間の契約行為を電子文書（電子ファイル）に電子署名を行い、インターネット上で相互に取り交わし、電子文書を原本として保管しておく契約行為のことです。

●導入のメリット

まずレターパック等の郵送費、印紙代の削減、製本、捺印、PDFへの読み取り作業等の事務作業が不要となります。

また契約書作成から締結まで、そして契約締結後も複数の細かい作業をPCで完結させることができる、また権限者がオフィスにいるときにしか対応できなかったことが、外部でもできるようになり効率的・効果的に業務を行うことが可能となります。

そして紙の契約書の場合、それらを保管するスペースが必要でしたが、電子契約の場合、自社サーバー、もしくは電子契約サービス企業内のデータセンターに保管することができるため、保管スペースの省略化が可能となります。

最後にシステム上権限者しか署名することができない仕組みであったり、仮に第三者等による書類の内容改ざん等があったとしてもその記録が残るため、**コンプライアンス**の強化が実現できます。

● 導入のデメリット

　紙の契約書に盗難や文書改ざんのリスクがあるように、**電子契約**に対しても管理サーバーへのサイバー攻撃等によるセキュリティ上のリスクがあります。

　また定期借地契約、定期建物賃貸借契約等一部の書類は電子契約が認められておらず、手間がかかっても紙媒体での契約が必要となります。

　最後に先方が電子に同意しない場合もあるため、紙と電子両方で保存するパターンがあり、管理コストが増える場合があります。

導入の流れ

　まずは第6章、第7章の契約締結に関する箇所をご確認ください。

　導入のメリット・デメリットを勘案し、「いざ導入」となったら以下の流れに沿って導入を進めます。

● 電子契約を活用する範囲の決定

　コスト削減という観点でいうとサービス利用契約等が導入効果は高いです。一方活用イメージをわかせるためにも簡単な**秘密保持契約（NDA）**や備品購入契約等から始めるのがよいでしょう。また一人でバックオフィスをする規模感を前提とすると、相手への交渉力的な観点からも弱い場合もあるので、**雇用契約**や業務委託契約書など相手が個人のものもお勧めです。

● 電子契約サービスの選定

　会社にとって導入の目的や効果、対応するサービスの機能や範囲は異なるので、各社調べたうえで検討をお願いします。

● ルール作りと活用の支援

　新サービスであるため導入に際して一定業務や部署からのスモールスタートをお勧めします（総務部の備品購入や投資に関する**NDA**の契約等）。また法務部や総務部に対してサービスに関する質問が寄せられる可能性が高いので、社内説明会で理解を促すことをお勧めします。

● 導入効果の社内共有

　導入業務や部署を広げるため、導入の結果や具体的な成功例を数値で可視化し、部署を越えて全社員に共有します。そうすることにより、リモート環境でできること

で出社が必要なくなる等効率化を達成し業務品質が上がり、**ワークライフバランス**の向上、従業員のモチベーションアップ、対象部署業務の拡大に繋がります。

契約の流れ

まず送信者は、書類をPDFファイル化し書類をアップロードします。書類を送信する宛先情報等を入力し、書類の中に、サインに代わる署名欄を記載し、必要に応じてチェックボックスなどを記入し、送信ボタンをクリックして終了です。

またサービスにもよりますが、Wordファイルをアップロードしサービス内でテンプレートを作成することも可能です。

受信者は、メールで契約書確認依頼を受信します。契約書を確認し、内容に問題がなければ合意する旨のボタンをクリックし契約締結が終了です。こちらはメールの受信者がサインする際の権限付与者（たとえば代表や法務責任者等）であるか確認する必要があります。

なお、締結した書類は、送信者・受信者に自動でメールにて届けられます。

税務調査対応

電子契約では契約書に印紙を貼らないため、電子契約導入を検討されている企業の多くが、**税務調査**にきちんと対応できるのかといった不安をもっています。

税務調査に対しては、**電子帳簿保存法**に則った運用をしていれば、**電子契約**であっても問題ありません。

電子帳簿保存法では、一定の条件を満たすことにより電子データでの保存が可能と認められています。この一定の条件とは次のようになります。

●保存場所について（電子帳簿保存法施行規則8条1項）

電子ファイルの保存は、納税地、事業所在地に保存します。もしくはデータセンターがそれ以外の地域であっても、データの保存先はデータセンターの所在地で問題ありませんが、納税地および事業所在地に、PC・ディスプレイ・プリンターなどがありネットワーク経由のアクセスが可能であることが条件とされています。

●保存期間について（電子帳簿保存法施行規則8条1項）

電子ファイルは、税法に定められる期間に基づき保存されなければならない（たとえば法人税法では7年間の保存が必要である）とされています。

●真実性の確保（電子帳簿保存法施行規則8条1項1号、および3条5項2号）

　原則として、すべての書類に**認定タイムスタンプ**の付与が求められます。

　タイムスタンプとは、電子データがある時刻に確実に存在していたことを証明する電子的な時刻証明書です（"認定"というのは一般財団法人日本データ通信協会が認定する「認定タイムスタンプ」を付与するもの）。

　認定タイムスタンプの付与が難しい場合は認定タイムスタンプの代替として、訂正および削除の防止に関する事務処理の規定を定めることでも可とされていますので、こちらの方法を考えてみましょう。

●関係書類の備付（電子帳簿保存法施行規則第3条第1項第3号）

　電子契約書やシステム・サービスに関する操作説明書やシステム概要書があることが必要です。誰でも利用方法がわかるようにマニュアルを用意しておきましょう。

●見読可能性の確保（電子帳簿保存法施行規則第3条第1項第4号）

　納税地、又は事業所など税務調査を受ける場所にディスプレイやプリンターがあり、いつでもプリントアウトできる状態にしておく必要があります。

●検索性の確保（電子帳簿保存法施行規則第3条第1項第5号）

　電子契約書のシステムやサービスにおいて取引の履歴から政務調査対象年度等、特定の範囲にデータを絞り込んで検索できるようにすることが求められています。データの絞り込みは以下の3つの種類で検索できれば問題ないとされています。

　・取引年月日や取引金額等の主要項目が検索条件として設定できる
　・日付と金額については範囲指定して検索できる
　・2つ以上の項目を任意に組み合せて検索できる

8

　電子帳簿保存法は、ここ数年頻繁に改正されています。実際に電子契約を利用する場合には最新の法令に準拠しているかご確認ください。

13 各種議事録作成のリモート化はどうする？

取締役会の議事録作成や議事録の登記申請で効率化できることってあるの？

クラウドの議事録作成ツールを用い、登記においては議事録を回付しての署名捺印ではなくクラウドを使った電子署名が可能です

各種議事録作成の大きな流れ

　各種会議体の議事録作成についてまずは6-17節、6-18節の該当箇所を参照してください。

　そのうえで通常会社は議題について初稿を各自社内で関係者にメール等で内容をすり合わせ、会議体開催前に顧問弁護士に成果物のレビューを受けます。

　開催後、社内でWordファイル等議事録をとったものを合わせて顧問弁護士に再度レビューを受け、そのうえで電子化をします。

　取締役会や株主総会の決定事項は登記に出す関係もあり、出席取締役の捺印、そして株主総会は会社の捺印済の議事録提出が必須です。

　なお法定のものについては、必ず弁護士等専門家に確認してもらうようにします。

議事録作成の効率化

　現在、会議中にWEBブラウザ上で議事録を書き、音声を自動で文字起こしするAI音声認識機能付きかつ、簡単に共有できる便利なツールが数多くあります。

　参加者がリアルタイムで修正できるメリットもあり非常に便利なので、議事録作成作成ツールを紹介します。

●お勧め議事録作成ツールその①〜 Google ドキュメント〜

https://www.google.com/intl/ja_jp/docs/about/

Google ドキュメントは Google が提供する無料の文書作成ツールです。

Google Drive 等クラウド上で文書を管理するので、Google アカウントをもつことで誰でも簡単に議事録の閲覧や同時編集、共有を行えます。また、音声や音声ファイルから自動で文字起こしをする音声認識機能も利用可能です。Google ドキュメントは Windows PC、Mac、iPhone、Android スマホなど、様々な端末でアクセスできます。Google ドキュメントはクラウドを通しているため、共有したファイルを編集するとリアルタイムで反映される点もメリットです。

●お勧め議事録作成ツールその②～ Dropbox Paper ～

https://www.dropbox.com/ja/paper

インターネット上でファイルの保管や共有ができるオンラインストレージである Dropbox のユーザーは全世界で5億人以上と言われています。その Dropbox のユーザーであれば無料で使え、複数人で同時にドキュメント編集が可能です。作成したドキュメントを使用して、そのままプレゼンテーションを行うこともできます。

「プレゼンモード」をクリックすると新しいウィンドウが開き、会議室などの大画面を想定した大きな文字で表示されます。プレゼンモード中にドキュメントを編集することもできるので、チームで資料を見ながら会議を行いつつ編集を行えば、よりスピーディーな情報共有が可能です。タスク管理も行えますので、次回の会議までの課題の進捗なども確認できる点も特徴です。

登記申請用議事録のリモート化

8

登記申請用書類の作成において従来は議事録を書面で作成し、印鑑で押印という手法を取っていたかと思われますが、物理的な時間がかかってしまうほか、今回の感染症拡大などの場面では接触リスクなども懸念されるところでした。

また偽造も比較的容易にできてしまうことから、不正リスクも高かったものと考えられます。

取締役会後の決定事項登記までをスムーズに実施するために2020年6月から法務省が取締役会の議事録作成に必要な取締役と監査役の承認についてクラウドを使った電子署名を認めました。

これにより利用者は場所を選ばずログインして電子署名でき、本人確認もメール

アドレスや2段階認証を活用すれば短時間で済みます。

　取締役や監査役を複数兼任する人の制約が減り議事録承認も早くなります。

　現在商業登記のオンライン申請時に利用可能な主なサービスとして、DocuSign社の「DocuSign EU Advanced Signature」、弁護士ドットコム社の「クラウドサイン」、GMOグローバルサインHDの「GMO電子印鑑Agree」等がありますので、料金や対応する端末のOS、契約締結方法を勘案し、各サービスのお試し期間を利用し実際使用してみるのをお勧めします。

14 備品 / 消耗品購入のリモート化はどうする？

テレワークや在宅勤務が増えて備品や消耗品の管理が追いつかない！ 備品や消耗品の購入にあたって効率化したいな

部門ごとに法人クレジットカードを作成するのと法人向け事務用品ECサイトを利用するのが有効ですよ

テレワーク・在宅勤務機会の増加

コロナ禍、感染リスクや密を避けてテレワーク、在宅勤務の流れに伴って営業、マーケ、経理、人事、総務、ITがそれぞれコピー機、デスク、在宅勤務用のパソコンを会社負担で支給するケースがあります。

通信環境の整備だけでなく自宅に個人のパソコンがなく会社でデスクトップPCを使っていた人は新たに自宅作業用にパソコンを購入しなければならないでしょう。

備品 / 消耗品購入をリモート化する流れ

先方から請求書を受領した際は、通常システムや総務に依頼しAmazonビジネスやアスクル、モノタロウといった法人向け事務用品ECサイトで発注します。その上で財務・経理に回し、その期日中に経理・財務が支払うという流れになります。

会社のクレジットカードを使用する場合には、会社の支出を伴う場合であるため、経理に相談し、たとえば営業部の備品は経理・財務がクレジットカード情報を入力、会社の住所を指定しますが、リモートで運用する際はあくまで会社の物品であることに注意しながら、必要があれば個人の自宅に送ることもあります。

リモート化するにあたってのポイント

上記の会社のクレジットカードを使用する場合は、全社又は個人でカード利用す

8

るのではなく、各部門それぞれ作成し、会社ごとではなく部門ごとにアカウントを分けるのをお勧めします。

　また部門が一つであったり非常に小規模な組織であれば備品・消耗品費を全社費として記録しても問題ないですが、会社規模が拡大し部門が複数に分かれると部門ごとの配賦計算、部門利益の管理が必要になるので、会計システムに入力すると支払管理上非常に楽です。

法人向け事務用品 EC サイト

　では法人向け事務用品ECサイトの紹介をします。ただし各社サービスの仕様・条件等変わる可能性があるのでその点ご留意ください。

● Amazonビジネス

https://business.amazon.co.jp/

【特徴】

①品数が豊富…アスクルが約800万点、モノタロウが1,800万点に対して、Amazonビジネスは9億点。大学やIT企業、個人事業主まであらゆる規模・業種のニーズに対応した商品を取り揃えています。

②法人価格が安い…サービスを利用する企業への特別価格の設定、まとめ買い割引（数量割引）が多くの商品に適用されています。どんな職場でもコピー用紙、文房具やコーヒーなど、なくなりやすい消耗品はあるはずです。それらを低コストでまとめ買いすることで、購入コストの削減ができるサービスになっています。

③複数ユーザーで利用可能…1人ではなく、チームや組織（部署）単位のグループ管理ができるのも魅力。会社側が権限を与えた人しか注文できないようにしたり、権限責任者が「いつ・誰が・どれだけ」の備品や消耗品を購入したのかがわかるように、履歴の一括管理ができます。もちろん、部署ごとの管理もできるので、社内でどういった消耗品が1番使われているのかもわかりやすく、経費削減へのヒントにもなります。

④送料無料のプライム会員…通常のアマゾンでもお馴染みのプライム会員制度（ビジネス・プライム）が導入されており、年会費3,900円～で「お急ぎ便」や「日時指定便」が無料で使い放題になっています。

●アスクル

https://www.askul.co.jp/

【特徴】

①送料無料の幅が広い…Amazonは2,000円（税込）以上に対して、アスクルは法人であれば1,000円（税込）以上の注文ならば送料が無料です。

②最短で当日配送が可能…アスクルの配送システムなら、ご注文から最短20分で出荷。最短で当日にお届け。※配送料・お届けは条件にて異なります

●モノタロウ

https://www.monotaro.com/

モノタロウは、製造業、工事業、自動車整備業の現場で必要な工具、部品、消耗品、文具を取り扱う通販サイトです。

【特徴】

①製造業の現場で使用する間接資材や消耗材に強く、取扱い製品点数は2020年10月時点で1,800万点以上と国内の製造業系ECサイトでは最大規模の通販サイトです。

②当日出荷が可能な製品は59万点以上、送料は注文3,000円以上で無料となります。

8

第9章 リモート化を支えるシステムインフラ

PC環境の整備

経理　人事　総務

 リモートワークが流行っていますが、どのようなことを考えなきゃいけないのかな？

 大きくハード面とソフト面について考える必要があります。ハード面はPC環境、ネットワーク環境、スキャナー・プリンター、ソフト面はオンラインストレージ、コミュニケーション環境、業務連携、自動化などを考える必要があります。まずは、PC環境の整備から始めましょう！

リモートワークに適したPCの選択

　リモートワークを実施するためには、オフィスにあるデスクトップPCのほかに、リモート用のPCが必要になります。リモート用のPCを選択する際には、**携帯性**、**スペック**の2つの観点での検討が必要です。

●携帯性

　リモートワーク時の就業場所は、従業員の自宅のみならず、自宅マンションの共用スペース、WeWorkに代表される**シェアオフィス**、カフェ、場合によってはワーケーション先のホテルなど、多種多様となることが想定されます。そのため、PCの携帯性は重要な検討事項になります。

　この点、作業効率の観点から、12インチから15インチ程度のノートPCが最も多く利用されています。すなわち、12インチ未満のPCであれば軽く携帯性に優れるものの、ディスプレイが小さく作業効率が落ちる一方で、15インチを超えるPCはディスプレイの大きさは作業上は問題ないものの、2kgを超える重量があるものが多いため、携帯性に欠けてしまう場合が多いことになります。以上のことから、適切なサイズで、かつ1kg前後のPCを選択することが望ましいと考えられます。

　なお、最も携帯性に優れ、かつ安価に導入可能なデバイスとして、スマートフォンやタブレットをPCをリモートワーク用に活用しようという動きもあります。実際

に、営業部門などにおいて、タブレットを導入して生産性を高めながらリモートワークの導入に成功した企業も多数あります。しかしながら、大量のデータの取扱いや複数のアプリケーションを同時並行的に扱う管理部門においては、スマートフォンやタブレットは生産性を下げてしまうことが多いと考えられます。

●スペック

リモートワーク時においては、通常のオフィス内での業務と異なり、リモート上だけで作業を完結させることを前提にPCを選択する必要があります。そのため、複数のアプリケーションを同時に立ち上げたり、電子化された多くの資料をPC上で確認することになります。したがって、オフィス内よりも高いPCのスペックが必要になります。

一例として、最低限検討すべき項目とスペックの目安は以下のとおりです。

▼スペックの目安

CPU	テレビ会議などで高い処理能力が求められることがあるため、最低でも2コア、できれば4コア以上が望ましい。
メモリ	(特にSaaSソフトなどをブラウザで複数同時に立ち上げる場合) 8GB以上が望ましい。
ストレージ	後述のセキュリティの観点から、できるだけローカルへの保存を避けるべきのため、**オンラインストレージ**環境が構築できる場合は考慮不要。
ディスプレイサイズ	12インチ以上
重量	1kg前後
その他	オフィスライセンスが同梱されているものが望ましい。

私的デバイスの利用(BYOD(Bring Your Own Device))

ここまでは、会社が**リモートワーク**用のPCを支給する前提での考え方の整理をお伝えしてきましたが、従業員が個人で所有しているPCを利用するBYOD(Bring Your Own Device)という考え方があります。

BYODは、リモートワークが急速に進み、企業のリモートワーク用投資のスピードが追い付かない中で、設備投資なくリモートワークに対応すべく生み出された概念です。BYODのメリットとしては、設備投資が少なくてすむこと、従業員が自身の操作が慣れているPCで作業に取り組むことができることが挙げられます。一方で、個人の管理下にあるため、ウイルス感染や情報漏洩などのセキュリティリスクが大

きなデメリットに挙げられます。

　このデメリットを一定程度解決できる方法として、**リモートデスクトップ**や**バーチャルデスクトップ**といった方法があります。リモートデスクトップとは、オフィスに設置されたPC等のデスクトップ環境を、リモートPCから遠隔操作したり閲覧したりする方法です。おもな利点として、オフィスで利用しているのと同じ環境が利用できるので、オフィスで実施していた作業を自然な形でテレワーク環境でも継続して行えることが挙げられます。また、作業結果を保存する場合もオフィス側に保存され、リモートワークで利用する端末に電子データを残さないようにすることができます。また、バーチャルデスクトップとは、オフィスのサーバ上で提供される仮想デスクトップに、リモートPCから遠隔でログインして利用する方法です。リモートPCに電子データを残さない点ではリモートデスクトップと同様ですが、オフィスに個別に端末を用意しておく必要がありません。バーチャルデスクトップの環境はシステム管理者が一括して管理することができ、均質的なセキュリティ対策を実施することができます。

　BYODを検討する場合には、このようなセキュリティ対策とセットで検討する必要があります。

ネット環境の整備

経理　人事　総務

リモートワークを進めるにあたって、ネット環境はどうやって
整備したらいいかな？

高速インターネット回線を確保できるようにしたり、VPN環境
を整備するとよいですよ！

インターネット環境

　リモートワーク下においては、日常業務を、インターネットを活用して実施することになります。その中には、容量が大きいファイルのアップロード/ダウンロードや、Web会議システムによる会議などが含まれ、大量のデータをスムーズにやり取りすることが必要になります。そのためには、大容量通信に耐えられるインターネット環境の確保が必要です。

　インターネット環境の確保として、実態として最も多い方法は従業員が個人として契約しているインターネット回線を利用することではないでしょうか。インターネット回線の契約は定額制の場合がほとんどであり、従業員には追加的なコストがかからないために、会社側からインターネット回線について何ら手当てがない場合に、事実上従業員側がその状況を受入れて、自身の回線を使っているというところだと考えられます。従業員が高速インターネットに契約している場合はこのような方法も取りうることは可能ですが、従業員にそのような環境がない場合には、会社側が環境を手配する必要があります。

　具体的なやり方としては、①従業員が高速インターネット回線の契約を行い、実費精算を行う方法、②リモートワーク手当等の手当てを支給し、その一部（又は全部）を高速インターネット回線の契約に充ててもらう方法、③Wi-Fiルータ等を会社で契約し、貸与する方法、④社用携帯電話（スマートフォンに限る）を貸与した上で、テザリングを利用させる方法、などがあります。

9

③、④の方法は、場合によっては通信環境が不安定になることもあることから、可能であれば①か②が望ましいと考えられます。

VPN環境

リモートワークを進める上で、オンプレミス型の社内システムにリモート環境からアクセスさせることが必要な場合がありますが、その際にいかに通信の安全性を確保するかということが問題になります。その一つの解決方法が、VPN接続です。

VPNとは、Virtual Private Networkの略で、インターネット上に仮想的なプライベートネットワーク（専用線）を設けて、セキュリティ上の安全な経路を使ってデータをやり取りする技術のことをいいます。従来は、安全な経路を確保するためには、専用の回線を物理的に敷設することが一般的でしたが、多額のコストがかかることが難点でした。VPNを利用すれば、論理的に安全な回線が相対的に低コストで実現可能であり、多くの企業で活用がされています。ただし、VPNのセキュリティレベルは提供会社により差があるため、選定の際には十分な留意が必要です。

3 その他リモートワークで 生産性を上げる機器

経理 人事 総務

リモートワークで生産性をあげるにはどうしたらいいかな？

ディスプレイやカメラ・マイク、スキャナー・プリンターを整備すると効率的に仕事が進みますよ！

リモートワークで生産性を上げるための機器

リモートワークで生産性を上げるために、様々な機器が活用されています。ここでは、特に有用なものを取上げます。

●ディスプレイ

リモートワークにおいては、複数のアプリケーションや電子データを同時に閲覧することになります。そのような場合に、ノートPCのディスプレイに加えて、もう一つ別のディスプレイを用意することで、複数モニター体制を構築し生産性を飛躍的に上げることが可能です。

具体的には、一つのモニターで電子データ化された契約書をPDFで確認しながら、もう一つのモニターで契約管理DBへの入力を実施する、などといった使い方です。この本の執筆時点である2021年においては、20型以上のディスプレイが2万円を切る値段で販売されていますので、このような投資は費用対効果が極めて高いと考えられます。

●リモートワーク用カメラ・マイク

後述のとおり、**リモートワーク**下においては、コミュニケーションのクオリティをいかに高めるかが極めて重要になります。コミュニケーションのクオリティ向上に大きな役割を果たすのが、カメラとマイクです。

リモートワーク環境においては、頻繁にオンライン会議が開催されます。オンライ

9

ン会議においては、必ずしもビデオではなく、音声のみで実施することも可能ではあるものの、表情やジェスチャーといった視覚情報がある方がより円滑な会議運営が実施できます。また、音声についても、専用マイクの有無で雑音等の有無が大きく変わります。これらの観点から、カメラやビデオはリモートワークを円滑化するためのツールとして費用対効果が高いものと考えられます。

　なお、最近のノートPCには十分な性能を有するPC埋め込み型のマイクとカメラが付いていることもあるため、PC選定の際にこれらを考慮して購入することで別途カメラ及びマイクの購入を避けコスト削減することも一案です。

●スキャナ・プリンター

　リモートワーク時には、原則としてPC上で資料を確認することが想定されますが、そのためには書面を読み取りPDF等の電子データに変換するスキャナが必須になります。また、資料はセキュリティの観点からもPC上で閲覧することを原則とすべきですが、PC上での確認に適さない資料は、プリントアウトして確認したくなることもあり得ます。しかしながら、プリンターやスキャナはそれなりの値段がするため、従業員一人一人に貸与することは現実的ではありません。

　その一つの解決策は、コンビニなどに設置されているプリンターの活用です。すなわち、コンビニでスキャニングやプリントアウトなどを実施し、その費用を経費精算するといった方法です。このような方法であれば、リモートワーク下でも、スムーズな電子ファイルのスキャン・プリントが可能です。ただし、書類の置忘れなど、人的なセキュリティリスクには十分な留意が必要です。

費用負担

　リモートワークにかかるコストは、企業のために支出されたものである限りは、企業が負担することが合理的であると考えられます。そのための方法としては、①実費精算、②リモートワーク手当の支給の2つの方法が考えられます。

　実費精算については、実費として支払った金額を個別に精算するため、その関係性が明確であり、最も望ましいといえます。しかし、たとえば上述のインターネットの回線利用費用や、自宅で仕事をした場合の水道光熱費など、仕事に要した部分とプライベートに要した部分を明確に峻別することが難しい費用も多くあります。そのような費用への充当を目的に、②リモートワーク手当の支給がなされることがあります。ただし、一律に支給されるリモートワーク手当は給与課税の対象となると考えられるため、留意が必要です。

4. ストレージ管理

経理 人事 総務

一人で自社サーバーを構築・運用するのって無理がありませんか？

オンラインストレージサービスが便利ですよ！

オンラインストレージとは

オンラインストレージとは、インターネット上で利用できるデータ保管用の倉庫です。**クラウドストレージ**とも呼ばれています。具体的にはGoogle社のGoogleドライブ、マイクロソフト社のOneDrive、その他にもDropbox、BOX等があります。

オンラインストレージを利用すれば、パソコン内のドライブや社内サーバーの容量を消費せずにデータを保管でき、アクセス権があれば社内の誰でも閲覧できます。データを共有する際にメールで添付する必要はなく、USBメモリなどの物理的な手段でのデータの送受信も不要となります。

やり取りをする場所・時間・人数を問わず情報共有が実現でき、大人数での情報共有がスムーズなので一人で管理が可能となります。

オンラインストレージ導入が広まった背景

オンラインストレージが広まったのは、技術の進化に伴って業務で取り扱うデータの容量が大きくなったことがあります。Excel、PDFの資料共有だけでなく議事録の模様を録画した動画等、容量の大きなデータはEメールの添付容量制限を超えてしまい、共有に支障が出るようになりました。

オンラインストレージであれば**クラウド**上にデータをアップロードし、そのURLを共有するだけで大容量ファイルのやり取りが可能なので、この問題が解消できます。

9

また業務にSlackやChatwork等**チャットツール**を利用する企業が増えたこともオンラインストレージが求められるようになった背景の一つでしょう。たとえば社内でチャットツールを利用する際オンラインストレージのURLを送るだけでチームメンバーとのファイルの共有が可能になります。

オンラインストレージを導入するメリット

効率のよいデータ管理を実現する**オンラインストレージ**は、一人で管理部を掌握するうえでは非常に効果的な施策のようにみえます。導入するにあたって具体的にどのようなメリットがあるかを確認しましょう。

●自社サーバーの管理・運用が不要

これまでファイル管理は、サーバーを社内ネットワークに設置しなければなりませんでした。しかし、**オンラインストレージ**は管理・運用をサービス提供会社が行うため、自社の負担を軽減させることができます。

また基本的にサービス提供会社が運用・保守を行うため、バージョンアップやメンテナンスを自社で行う必要がなく、いつでも最新の状態でサービスを利用することができます。

●場所やデバイスを選ばずアクセスできる

オンラインストレージを導入することで、インターネット環境があればパソコンだけでなくスマートフォンやタブレットからもアクセスすることが可能となります。たとえば、営業先や出張先などで、手元にないファイルが急に必要になった時も時間をかけずに用意できます。

またオンライン上で利用するため、インターネット環境があればどこからでもアクセスすることができ、場所を問わないので、在宅勤務中特にVPN等使用することなくオンラインストレージにアクセスすることが可能となります。

●容量の拡張性が高い

無料で利用できる上限を超えた場合、追加料金を支払うことで容量を増やすことができます。社内ファイルサーバーの場合は、一定の容量を超えるとデータファイルの取捨選択や、サーバー担当に問い合せて増築が必要でした。しかし、簡単な手続きですぐにストレージを増やせるため、容量を気にすることなく利用することができます。

●バックアップの手間が不要

オンラインストレージでは、**バックアップ**を自動で行うことができます。これまで紛失や破損に備えて手動でバックアップを取っていた工数が削減されるだけでなく、急な故障などでの復旧作業もスムーズに行うことができ、安心です。

オンラインストレージ導入で注意すべき点

上記のように**オンラインストレージ**はメリットが多いものである一方、以下のようなことに注意して利用するとよいでしょう。

●カスタマイズ性に乏しい

システムや機能がある程度決まっているため、自社独自のカスタマイズが難しい点が挙げられます。その分、豊富な機能を備えたサービスもありますので、導入の際は自社が必要としている機能があるかを確認してみましょう。

●障害時に何もできない

運用・保守をサービス提供会社が行ってくれるのはメリットである一方、万が一障害が起こった際、自社では何も対応することができず、ただただサービス復旧を待つというデメリットがあります。

障害発生時の対応については、サービス提供会社に直接問い合せてみるとよいでしょう。

9

5 共有ドライブの活用

オンラインストレージが良いってのはわかったけど、どのサービスがあってどれを利用したらいいの？

各社特徴があるので目的や人数、会社の状況にあわせて利用するのがよいですよ！

オンラインストレージを選ぶ基準

オンラインストレージサービスを選ぶ際は以下のポイントに注意を払って自社に合ったサービスを選ぶとよいでしょう。

●データ容量

事業規模の拡大に応じて、自社で扱うデータを無理なく保存できる容量が求められます。できれば無制限の容量を選んでおくと安心ですが、コストとの兼ね合いもあるので、「自分の会社ではどれくらいの容量で足りるのか？」をあらかじめ意識して、容量選びをするとよいでしょう。

●コスト

データ容量が増える分コストがかかっていきます。同じ企業が提供する**オンラインストレージ**でも、金額は利用アカウント数やデータ容量などによって変わってきます。固定費として通信費を計上し続けることになるため、正確に見積もって予算と照らし合わせ、運用の継続が可能なものを選ぶことが重要です。

●セキュリティ・アクセス制限管理

社外のセキュリティだけでなく社内のアクセスにも気を配ることが大事です。情報漏えいなどのリスクが高いと安心して利用できませんので、データの暗号化や利用者の認証・アクセス範囲設定といった対策が、十分に備わっているか確認することが不可欠です。

●他ツールとの連携・共有

　Googleドライブや OneDrive の場合、他の Google・Office アプリを一緒に使うことができるので、チームメンバー間で Excel や Word、Google スプレッドシートや Google ドキュメントを共有して共同編集したりと、利便性がとても高いです。

主なオンラインストレージサービス

　筆者が実際使っている比較的メジャーなサービスを紹介します。ここに挙げた他にも非常によいサービスもありますのでこれをとっかかりにしていただけると嬉しいです。

● Google ドライブ

　Google 社が提供する企業向けソフトウェア「Google Workspace」に含まれる**オンラインストレージ**サービスです。1人当たり680円の Google Workspace アカウントで、30GBのストレージ容量が使えます（Google ドライブ単体で15Gまで無料）。

　Google Workspace を利用することで「Gmail」「Google カレンダー」「Googleドキュメント」「Google スプレッドシート」なども利用でき、それらとの連携もスムーズで、コストパフォーマンス・利便性ともに優れています。

　社外との連携はともに Google アカウントをもっていないとフォルダ共有ができないのでその点は注意が必要です。

　https://www.google.com/intl/ja_jp/drive/

● OneDrive

　マイクロソフト社が提供する**オンラインストレージ**サービスです。Word、Excel、PowerPoint など Office 製品との連携がスムーズなのが特徴です。

　また Windows OS との相性がよく、1人あたり540円で1TBと大容量なのもよい点です。アプリを利用しモバイルデバイスからも利用可能です。使い慣れたアプリを使用してリアルタイムで共同編集することや、たとえばファイルを**クラウド**添付ファイルとして Outlook から直接送信することができます。

　https://www.microsoft.com/ja-jp/microsoft-365/onedrive/onedrive-for-business

9

● BOX

多くの国際的なコンプライアンス、セキュリティ規格をクリアしており、国家機密情報を管理するほどのセキュリティを持ち合わせる点が特徴です。

社内・取引先とファイル共有する際、BOXではファイル・フォルダURLを共有するだけなので非常にスムーズです。セキュリティが高いので安心して社外のファイル共有ができます。

価格は1ユーザー522.5円。使いやすさにもこだわっており、スマホ・タブレットで利用可能でそれらとの連携やExcel、Outlook連携、120種類以上の拡張子のプレビュー表示もでき、今までの業務方法を維持したまま導入しやすいところもメリットです。

一方GoogleドライブやOneDriveとは異なり、ストレージサービス単品で提供されています。あくまでファイル共有や共同作業に特化したサービスであり、オンライン会議などのサービスはありません。

https://www.box.com/ja-jp/home

● Dropbox

マルチデバイス対応で、ITが苦手な人でも使いやすいようシンプルなデザインになっており、特に情報共有をスムーズに行うことができる点が特徴です。

誤ってファイルやフォルダを削除した時のために上記サービスともファイルの復元機能を備えています。つまり、削除・変更後も一定期間であれば、元に戻すことが可能です。ただ削除後に復元可能な日数については大きく異なりDropboxは、180日とおよそ半年にわたり変更の復元が可能で他社と比較し、ミスにやさしい設定となっています。

一方BOXと同じくGoogleドライブやOneDrirveとは異なり、ストレージサービス単品で提供されているのでその点注意が必要です。また価格は1,250円/1ユーザーと他社と比べ高いです。

https://www.dropbox.com/business

6 フォルダ構造

オンラインストレージ導入したんですけど探したいファイルが見つからず、いたずらに時間だけが過ぎていきます…

フォルダ管理や構造を見直すことで業務効率化しましょう

フォルダ管理に気を配ろう

　従業員間の資料共有のために共有フォルダを使用しているという職場は多くありますが、管理されているファイルが多くなればなるほど、フォルダ階層や構成が複雑化し「どこにどのファイルが保管されているかわからない」という困った状態に陥ります。

　フォルダ管理を効率的に行うことで業務効率の向上に寄与できます。ここでは効率化されたフォルダ管理をするためのポイントを紹介します。

フォルダ管理のメリット

　まずは、フォルダ管理を効率化することによるメリットを紹介します。そのうえでフォルダ管理の重要性をご理解ください。

●業務時間の削減

　目的のファイルを探すための時間が削減されれば、個々人の全体の業務時間が削減されます。

　1日10分ファイル探しの時間が削減されることで1年間で10分×24日×12か月＝2880分（＝48時間）の短縮となります。また10名の組織で効率化できれば480時間の短縮となります。

9

●スムーズな情報共有が可能

フォルダ管理が効率化されていると、他のメンバーと情報共有する際もスムーズになります。

特にファイルサーバーや**オンラインストレージ**で共有フォルダを利用している場合は、フォルダ内がスッキリとすることで全員にとって使いやすい環境が整うでしょう。

●無駄なストレージ容量を生まない

特に1人で管理部を回す際はそれほど高いプランで**オンラインストレージ**を申し込むことが難しいでしょうし、ストレージ容量は気を配らないといけない項目です。

重複したファイルを何度も保管するようになると、無駄なストレージ容量を生み、容量を圧迫するだけでなく、あちこちに重複したファイルが作成されることでバージョン管理の認識違いが生じて作業の手戻りを生みます。よって、フォルダ管理を効率化し、無駄なストレージ容量を生まないように努めることも大切です。

フォルダ管理をする際のルール作成

業務効率化するフォルダ管理の具体的なルール・方法を紹介していきます。以下を参考に自社の状況に合わせてカスタマイズするとよいでしょう。

●フォルダ構造

フォルダは内容がわかるもの、かつ01、02というふうに数字を振ることで企業規模の拡大に伴う部署の細分化に耐えられる設計になります。一方階層構造は3つくらいまでが、フォルダをいったり来たりするのを避けられるでしょう。たとえば以下の構造です。

▼フォルダ構造

```
01_コーポレート
├── 01_経理
│   ├── 01_決算_2020
│   └── 02_決算_2019
├── 02_財務
└── 03_法務
02_研究
03_開発
```

●ファイル名

チーム全員がファイル名を見てその内容を想像できるようにすれば、作業効率が上がります。たとえば以下のルールで進めるとよいでしょう。

Ex. **請求書_X社_20200831.pdf**

- ファイル名に内容がわかるものをつける
- つなぎの記号としてハイフン（ー）かアンダーバー（＿）を入れる
- 日付の書き方を統一する（YYMMDD なのか MMDD なのか、YYYYMMDD なのか決めて統一する）
- スペースや全角記号は使わない

●バックアップ

フォルダを適切に管理するために**バックアップ**を実施し、定期的にフォルダを整理する機会を設けます。特に低価格のプランで効率的に運用するためには以下の点に注意するとよいでしょう。

- **バックアップ**のタイミングを決める（自動**バックアップ**の場合はその頻度を確認）
- 過去のどれだけの期間ファイルを残すか
- どういったファイルを削除するか

●ルールの周知徹底

フォルダ構造やファイル・フォルダ管理は従業員全体に共有され統一されたルールで運用されないと意味を成しません。社長・役員を巻き込みコンセンサスを得ることが一番重要といえるでしょう。

9

フォルダへのアクセス
コントロール

ある人に共有したくないファイルやフォルダはどうやって設定
したらよいの？

アクセスコントロールの概念を理解したうえで例を見るとわか
りやすいですよ

アクセスコントロールの重要性

すべてのフォルダやファイルに対し、すべての従業員のアクセス権を放置してお
くと、情報漏えいのリスクは飛躍的に高くなります。

企業規模の拡大に伴い関係者外に見せたくない情報、たとえば経営会議の情報、
人事・給与・経理情報、また資金調達の際の先方共有資料については、グループご
とにアクセスを制限する必要があります。

さらに共有者であっても、その者による重要データの改ざんやデータ流出などに
結びついてしまう危険性も否定できません。

また一人で管理部を掌握する際、従業員の入退社時は相互チェックの統制が効か
せづらいので特に注意が必要です。月次決算等の処理と月末退社が重なることもあ
るため、アカウントの管理も含めて注意が必要でしょう。

上記含めセキュリティを強化し、データ保護の安全性を高めるために、**オンライン
ストレージ**を運用していくうえで、アクセス権の適切な設定が欠かせないというこ
とを意識しておきましょう。

アクセスコントロールの手順

会社によって設定内容等異なると思いますので、Googleドライブをパソコンで設
定する際を例に基本的な設定を紹介します。

●共有フォルダの構成

9-6節「フォルダ構造」を参照してください。

●従業員一人一人にユーザーアカウントを付与する

　次に従業員全員分のユーザーアカウントを作成していきます。管理者は管理コンソールのホームページから、[ユーザー]にアクセスします。

▼管理コンソール画面

　次にページの上部にある[新しいユーザーを招待]又は[新しいユーザーの追加]をクリックします。

▼ユーザー画面

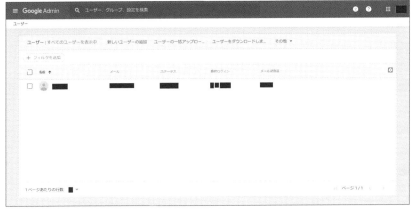

ユーザーをチームに招待する、又はユーザーアカウントの詳細情報を追加するため、フォームに入力します。追加するユーザーごとに上記の手順を繰り返します。

●特定のファイルを特定のユーザーと共有する

パソコンで、Googleドライブ、ドキュメント、スプレッドシート、スライドのいずれかにアクセスします。次に共有したいファイルをクリックします。[共有] 又は共有アイコンをクリックします。

▼特定のファイルの共有

👤 ユーザーやグループと共有

┃ユーザーやグループを追加

[ユーザーやグループと共有] で、共有相手のメールアドレスを入力します。

共有相手がドキュメントに対して行える操作を変更するには、右側にある下向き矢印、次に [閲覧者]、[閲覧者 (コメント可)]、又は [編集者] をクリックします。

次に通知を送信するかどうかを選択します。ドキュメントを共有したことを共有相手に通知する場合は、[通知を送信する] の横にあるチェックボックスをオンにします。メールで通知する場合は、入力したすべてのメールアドレス宛に通知メールが送信されます。

共有相手に通知しない場合は、チェックボックスをオフにします。[共有] (又は [送信]) をクリックします。

●ファイルの共有を制限する

共有相手の権限 (閲覧、コメント、編集) を選択する：ファイルを共有する場合、共有相手が行うことのできる操作を選択できます。

閲覧者：他のユーザーは閲覧できますが、ファイルを変更したり他のユーザーと共有したりすることはできません。

閲覧者 (コメント可)：コメントや提案を行うことはできますが、ファイルを変更したり他のユーザーと共有したりすることはできません。

編集者：ユーザーは変更を加えたり、提案を承認又は拒否したり、他のユーザーとファイルを共有したりできます。

8 コミュニケーション環境の整備

経理 人事 総務

リモートワークでコミュニケーションが非効率にならないか心配なのだけれど…

ツールを導入してコミュニケーションを活性化させましょう!

コミュニケーションツールの導入

リモートワークにおける最大の課題の一つとして、社員間のコミュニケーションが挙げられます。すなわち、オフィスで顔を合わせていれば、特段気を使わなくても問題が発生しない業務指示や進捗確認も、リモートワーク下では大きな問題になり得ます。

日常的なコミュニケーションを図る方法として、伝統的なメールや電話が考えられます。メールは即時性がありかつ記録が残るコミュニケーション方法ですが、すべてを文字情報のみで伝える必要があり、ニュアンスが伝わりにくい場合があります。一方、電話は直接的に語り掛けることは可能ですが、視覚情報や言葉以外の意味が伝わりにくいことがあります。また、両者に共通するのが、直接膝を突き合わせていればそれほど考慮することがない感情を伝えることが難しい側面があります。それらを解決する方法として、①**チャットツール**、②Web会議システムがあります。

チャットツールは、SlackやChatwork、LINE WORKSといった製品に代表されるコミュニケーションツールです。メールのように記録を残しながら、カジュアルなやり取りを必要な範囲に公開しながらコミュニケーションをとることが可能です。また、スタンプ機能により、感情を表現することも可能です。

Web会議システムは、Zoom、Microsoft Teams、Cisco Webexといったサービスに代表されるコミュニケーションツールです。これらを活用すれば、画面を通して相手の顔を見ながら会話が可能なため、相手の表情に合わせたコミュニケーショ

9

ンや身振りを交えた説明などが可能です。なお、利用者が自宅におり、背景を相手に見せたくない場合に、バーチャル背景を設定できるなど、プライバシーに配慮された機能が提供されています。

タスク管理/スケジュール管理

　従業員への業務指示は、上記のツールによってなされるにしても、その後の進捗管理をどのように実施するかが次の問題となります。オフィスでの業務時であれば、日々の声掛けなどで常に業務進捗を確認できますが、リモートワーク下においては、従業員の作業状況を可視化するツールが必要になります。

　その一つとして、TrelloやAsanaといったタスク管理ツールがあります。これらのツールは、従業員のタスクを"付箋"のように作成し、付箋にタスク、期限、担当者などを設定し、現在取り組んでいるタスクや今後取り組むタスクを従業員ごとに可視化することが可能です。また、関連する資料や作業結果の添付なども行えます。

9 業務の連携／自動化

経費精算と会計、勤怠管理から給与計算まで色々なサービスが
あるんですね。それぞれもっと便利に使えませんか？

以下のようにそれぞれ関連させるサービスを連携させると便利
ですよ

打刻から給与計算まで

給与計算は勤怠の打刻を元に計算されます。

したがって、勤怠管理システムの情報が給与計算システムに自動連携（**API連携**）
できるシステム・サービスを選択することが、業務量を減らす意味でも、適切にデー
タを連携する点でも有効です。

勤怠管理システムからExcel形式などで出力した勤怠データを出力し、給与計算
システムに読み込むことが可能なことも多いです。ただし、それぞれで勤怠データ
の表示形式、記録可能なデータが異なることもあり、場合によっては加工が必要な
こともあり得ます。

従業員が適時適切に打刻した勤怠管理データを、加工せずに給与計算システムに
自動連携する方が、効率的で正確なデータ処理ができます。勤怠管理システム・給
与計算システムの導入を検討する際には、双方が自動連携するものを選択すること
が好ましいでしょう。

クラウド会計システムを利用する上での連携について

近年、多くのサービス・システムがWebブラウザや、スマートフォンのアプリで
使えるようになっています。会計システムも例に漏れず、**クラウド**上で運用できる
サービスが増加しています。

9

●銀行明細の同期、連携

　クラウド上で稼働するシステム・サービスである点を利用し、**API連携**を利用することで、銀行の**ネットバンキング**の同期も可能となります。これらを同期することによって、ネットバンキング明細情報を自動で読み込むことが可能となります。ネットバンキングから、銀行の取引明細を自動で取り込むことで入力の手間やミスをなくすことができ、経理処理の時間を大幅に減らすことができます。

　留意点としてネットバンキングは銀行のサービスであるため、強固なセキュリティが要求されます。そのため、銀行取引明細同期に当たって、API連携や電子証明書による連携をする場合は定期的な更新や、ログイン情報の再入力が要求されることもあり得ます。クラウド会計システム及び、銀行のネットバンキングの仕様は確認しましょう。

　また、銀行側のAPI連携を実行できるのは、ネットバンキング上の権限が管理者権限のみの場合や、当初連携したユーザーのIDのみなど、限定されている場合があるので注意が必要です。ネットバンキングと会計システムの連携について、銀行によっては対応していない場合もあるため、注意が必要です。

●クレジットカード明細との連携

　会社の活動にはクレジットカードも必要不可欠です。利用目的については、個人利用と同じく、通販サイトでの物品の購入や各種会費の支払いなどに利用が想定され、日常的に発生する細かい取引での利用が考えられます。

　クレジットカードの利用についても、最終的に金銭の支出に関わるものであるため、会計システムに取り込むことが必要になることが多いです。クレジットカードの明細についても、オンライン口座を通じた自動取得が可能になっているものが増加しています。

　銀行口座と同じく、クレジットカードによっては自動連携に対応していないものもあるので、注意が必要です。業務用のクレジットカードを作成する際には、この部分の連携に対応しているものであるか否かを確認した上で作成すると良いでしょう。

　なお、**クラウド**会計システムには、各種明細の自動同期機能が実装されています。自動同期機能を設定していれば、明細の照会期間を過ぎて、過去の明細が取得できないといった、明細取得忘れの心配がありません。

クラウド経費精算システムを利用する上での自動化

クラウド経費精算システムを利用することで、立替経費の登録及び精算の申請が、インターネット環境さえあれば可能になります。基本的な方法は、内容を入力してアップロードすることですが、画像データをクラウド上にアップロード及び登録する、という点を活かして、OCR読み込み、オペレーター入力という手段も選択できます。また、電子帳簿保存法に対応した経費精算システムを使用することで、紙の領収書の保管が不要になる場合もあります。

●レシートOCR処理

レシートの画像をアップロードすることで必要な情報を自動で読み取り、明細として登録する機能です。この機能を利用することで、手入力の手間を削減することが可能です。

OCR入力を指定し、一般的なレシートを経費精算システムに撮影したレシートの画像を取り込むと、必要な項目を自動で読み取り、明細として登録してくれます。

ただし、OCRによる読込については100%正確というわけではなく、手直しする必要もある可能性に注意しましょう。自動での読み込みのため、対象となるものは、定型的なレシートのみで、手書きの領収書は機械が読み取れないこともあります。その場合には、後述するオペレーター入力を利用も考えましょう。

●オペレーター入力

オペレーター入力とは、スマートフォンのカメラや、PDF形式で画像データとして読み込んだレシートや領収書を撮影し、**クラウド**経費精算システムのオペレーターが経費申請及び精算、会計処理に必要な項目を代理入力してくれる機能となります。オペレーター入力であれば、機械ではなく人の目で確認するサービスのため、手書きの領収書についても入力の対象となります。

なおOCR入力と異なり、人力での入力となるため、時間がかかります。オペレーターの入力なので、対応時間はサービスの営業時間に限られることがあります。本機能の利用は基本的に有料となります（システム・サービス、またプランによっては異なる場合もあります）。

9

参考資料
職能ごとの仕事をまとめてみよう
【職能別対照表】

管理部門の業務を経理、人事、総務、システムの
4つに分けた表が下記です。詳細については、該当
する各章、節を参照してください。

章・節タイトル	経理	人事	総務
第8章　管理業務のリモート化			
1　労働のリモート化方針総論	○	○	○
2　日常記帳のリモート化はどうする？	○		
3　経費精算のリモート化はどうする？	○		
4　売上管理業務のリモート化はどうする？	○		
5　支払管理のリモート化はどうする？	○		
6　決算業務のリモート化はどうする？	○		
7　税務申告のリモート化はどうする？	○		
8　勤怠管理のリモート化はどうする？		○	
9　給与計算のリモート化はどうする？		○	
10　社会保険 / 労働保険手続きのリモート化はどうする？		○	
11　社会保険の電子申告手続きはどうする？		○	
12　契約締結のリモート化はどうする？			○
13　各種議事録作成のリモート化はどうする？			○
14　備品 / 消耗品購入のリモート化はどうする？			○
第9章　リモート化を支えるシステムインフラ			
1　PC 環境の整備	○	○	○
2　ネット環境の整備	○	○	○
3　その他リモートワークで生産性を上げる機器	○	○	○
4　ストレージ管理	○	○	○
5　共有ドライブの活用	○	○	○
6　フォルダ構造	○	○	○
7　フォルダへのアクセスコントロール	○	○	○
8　コミュニケーション環境の整備	○	○	○
9　業務の連携 / 自動化	○	○	○

索引

著者紹介
中小企業の経営を支援する会

田村亮人 (たむら　りょうと)
公認会計士
田村亮人公認会計士事務所　代表
中小企業のバックオフィス支援業務を中心に活動

鈴木郁子 (すずき　いくこ)
弁護士・公認不正検査士
本間合同法律事務所　所属、第二東京弁護士会労働問題検討委員会委員
『働き方改革関連法 その他 重要改正のポイント (労働事件ハンドブック 追補)』執筆
協力

狩野友哉 (かのう　ともや)
弁護士
本間合同法律事務所　所属、第二東京弁護士会労働問題検討委員会所属
一般企業法務、労働法務を中心として、刑事事件まで幅広い分野を取り扱う

河合健一 (かわい　けんいち)
公認会計士・税理士
公認会計士河合健一事務所　代表
監査法人勤務の頃より事業再生支援業務に関与。独立後は税務業務や経理効率化の
支援等の形で中小企業・個人事業主向けの業務を提供

河江健史 (かわえ　けんじ)
公認会計士
河江健史会計事務所　代表、センクサス監査法人　代表社員
中小企業支援の目線で、クラウド会計導入といった管理面の支援や事業承継や海外
展開といった事業面の支援に従事

黒田はるひ (くろだ　はるひ)

弁護士

大手渉外法律事務所で執務したのち、平成28年より本間合同法律事務所にて執務。主に一般企業法務、M＆A・企業再編、コンプライアンス体制支援、不祥事対応、企業内紛・会社関連訴訟等を扱い、一部上場企業の経営企画部や法務部の非常勤アドバイザーとしても助言を行う

小柴健右 (こしば　けんすけ)

公認会計士・税理士

小柴健右会計事務所　代表

クラウド会計を利用した中小企業の管理業務の効率化及び越境ECによる海外展開の支援に従事

小嶋良樹 (こじま　よしき)

公認会計士・税理士

小嶋公認会計士事務所　代表

事業会社、監査法人等での経験を活かし、中小企業における経営者サポートのみならず、管理業務の効率化支援に従事

佐々木洋平 (ささき　ようへい)

公認会計士・税理士

阪神フィナンシャル・アドバイザーズ株式会社　代表取締役

佐々木公認会計士事務所　代表

中小企業の税務・会計を中心として、事業承継やM&Aなど幅広い支援業務に従事

高木明 (たかぎ　あきら)

公認会計士

高木公認会計士事務所　代表

公認会計士協会東京会中小企業支援対応委員会副委員長

不祥事事案の第三者委員会委員等のほか、上場会社及びベンチャー企業の社外役員、顧問等を務める

坪井美由紀 (つぼい　みゆき)

特定社会保険労務士

HRアドバイザリーサービス　代表

国内外のクライアントに給与計算、労務相談、社会保険事務、就業規則や雇用契約書の作成・改訂などコンプライアンスに特化した専門業務を日本語と英語で提供

遠山寛明 (とおやま　ひろあき)

公認会計士

遠山寛明公認会計士事務所 代表

都内ITベンチャー企業にて、経理・財務部門を中心とした経営管理業務及び上場準備業務に従事

飛谷希生 (とびたに　きお)

弁護士

本間合同法律事務所　所属、第二東京弁護士会労働問題検討委員会所属。

クライアントは法人・個人問わず、取扱い分野も訴訟・交渉、一般企業法務、破産事件、労働事件、刑事事件など多岐にわたる

橋本祐樹 (はしもと　ゆうき)

公認会計士

株式会社INFORICH取締役CFO

現職ではコーポレート部門を管掌しながら、IPO準備を実施中

松本裕 (まつもと　ゆう)

公認会計士

松本公認会計士事務所 代表

監査法人での監査業務・企業支援業務の経験を活かして、管理業務を中心とした企業支援業務に従事

山岸裕（やまぎし　ゆたか）

公認会計士

山岸裕公認会計士事務所　代表

大学・短大の非常勤講師として中小企業で働く会計人材の育成に携わる

山田幸平（やまだ　こうへい）

公認会計士

阪神フィナンシャル・アドバイザーズ株式会社代表取締役副社長

「優秀な会計士」とは言われませんが、「面白い会計士」とは言われるタイプ

渡邉拓己（わたなべ　たくみ）

公認会計士

渡邉公認会計士事務所　代表

監査法人、コーポレートベンチャーキャピタル等の経験を活かし、中小企業・スタートアップの資金調達やIPO準備、経営管理業務の支援に従事

カバーデザイン・イラスト
mammoth.

経理・人事・総務のツボとコツが
ゼッタイにわかる本

発行日	2021年 7月23日	第1版第1刷

著　者　中小企業の経営を支援する会

発行者　斉藤　和邦
発行所　株式会社　秀和システム
　　　　〒135-0016
　　　　東京都江東区東陽2-4-2　新宮ビル2F
　　　　Tel 03-6264-3105（販売）　　Fax 03-6264-3094
印刷所　三松堂印刷株式会社　　　　Printed in Japan

ISBN978-4-7980-6292-1 C2034